保育判例
ハンドブック

田村和之　　古畑　淳
倉田賀世　　小泉広子

信山社

はしがき

この春,「保育園落ちた日本死ね！」という匿名ブログの書き込みから，待機児童問題が一気に燃え上がり，保育施設の利用を希望しても利用できない子どもの存在が注目された。

保育所および幼稚園を中心に，保育施設を利用する子どもが数百万人にのぼり，いまや「保育の利用」は生活のなかにすっかり定着し,「保育の利用」から疎外されると，まともに生活できないことが多い。

そのような待機児童の問題が，裁判に持ち込まれることはありうることである。さて，裁判所はどのような判断を示すであろうか。

裁判は紛争の解決を目的とする。そんな裁判の場に，最近,「保育」が登場することが多くなっている。保育裁判は，法を適用して保育や保育施設をめぐる多種多様な紛争の解決をはかるものであり，裁判所が示す判断（保育判例）は，紛争の当事者だけでなく，広く国民に大きな影響をもたらす。そのような保育判例を知り，理解を深めておくことは，いま保育にかかわっている人だけでなく，これから保育にかかわる人にとっても有意義である。

裁判所の判決は，一般の人々には縁遠いものであろう。インターネット社会となり，かつてとは比べものにならないほど判例へのアクセスは容易になったが，必要とする判例を見つけ出すことは簡単でない。まして，それをどう読み解くかは難題であろう。本書は，そのような保育判例を紹介・解説することを目的としている。読みやすさを心がけ，判決理由から重要と思われる個所を抜粋・紹介し，簡略な解説を付けている。

読者としては,「保育」関係者を想定している。保育施設を利用しようとする人・利用している人，保育施設を経営している人，保育士など保育施設の従業員，さらには保育行政に従事している国や地方自治体の職員，そして，保育や福祉を学び，将来保育にかかわる仕事に従事しようとしている学生などである。

本書が，これらの人々に活用されることを願っている。

2016年7月

田村和之
古畑　淳
倉田賀世
小泉広子

目　次

3 保育所における事故

4 保育所職員

Ⅱ　無認可保育施設

Ⅲ　幼　稚　園

〈参考〉掲載法令と判例　［（　）は掲載頁］

■ 随所に囲みで法令を掲げてあります。判例と併せ活用下さい。

■ 参考判例を囲みで掲げてあります。

保育判例
ハンドブック

Introduction

本書は，保育に関して裁判所が示した判断（裁判例・判例）を，分かりやすく紹介・解説し，保育にかかわっている人，関心を有している人の参考に供することを目的としている。

1 「保育判例」のはたす役割について，一言しておこう。

判例は，人々の間で，あるいは国民（住民）と国や地方自治体（行政）との間で生じた紛争について，裁判所が示す判断である。それは，裁判を争った者（当事者）相互間の争いを解決するものであるとともに，再び同じような紛争が起こった場合の解決の目安になるものである。このような目安があれば，人々は裁判を提起せずに問題の解決をはかることができるし，あらかじめ紛争の発生を防ぐこともできよう。

裁判では，国民の法的な権利や利益に関して判断が示される。保育裁判では，国民の保育に関する権利・利益がどのようなものであるかについて，裁判所の見解が示されるので，国民の保育の関する権利や利益の確立のために有意義である。

国民と行政の間で争われる裁判についていえば，裁判所は保育行政を担当する行政機関が法令に基づき適正に業務を実施しているかどうかについて判断を示す。このような裁判所の判断（判例）が示されることにより，適法・適正な保育行政が形成されるようになる。また，国民の保育に関する権利は，行政機関の判断・決定により実現することが多い。行政機関が誤った判断を行ったため，本来受けることができるはずの保育を受けられなかったり，受けられたとしても不十分であったりする場合，言い換えれば保育についての国民の権利が制限・侵害された場合，その救済の役割をはたすのが裁判である。

2 「保育」といえば，まず保育所での「保育」が想起されるが，幼稚園も「保育」を行う施設である（学校教育法22条）。保育所も幼稚園も就学前の子ども（乳幼児）を保育するが，そこで行われる保育は，当然ながら子どもの成長発達をはかる営みである。

以前からそうであるように，保育施設は乳幼児の親・保護者の就労を保障する役割をはたしている。このような意味でそれは，就労権・労働権の実現のために不可欠である。この側面を有する保育施設は，親が就労している時間を超えて「長時間」，乳幼児を預かることは珍しくない。このような保育施設は，乳幼児の「生活」の場であり，子どもが安全に過ごせるだけでなく，すこやかな生活を営むことができなければならない（児童福祉）。

3 そのためには，保育施設の目的や役割をはたせるような仕組みと運営，施設の整備が求められる。運営についていえば，まずはそれを基礎づける財政の仕組みと経費の支出が適切であるかが問われよう。また，子どもの保育をになう保育者にも注目しなければならない。保育者たちが仕事を適切に行えるような仕組みと保育施設の運営，そして保育者の生活と権利の保障をはからなければならない。これも子どもをすこやかなに育成していくうえで，欠かせない事がらである。保育施設の整備については，必要数の確保，すこやかに保育できる環境，条件の確保が求められよう。

4 このように保育のいろいろな場面で争いが生じ，結果として保育判例が形成される。

本書は，そのような保育判例を手っ取り早く知り，理解することを目的として編集されている。保育に関係する人々や，あるいは，保育に関心をいだいている人々の役にたつ「実用」的なものになるよう心がけた。

Ⅰの1は，保育所の入所・利用に関する判例である。最近「保育待機児童」が社会的な大きな問題として注目をあびているが，親・保護者が区市町村に保育所入所を申し込んだところ認められず（待機児童），裁判となった事案を取り上げているある。また，入所中の園児が退園させられたため，これを裁判で争った例もある。裁判の形式は，保育所入所申込み却下（不承諾）処分取消訴訟（行政訴訟），保育所入所（承諾）決定の義務付け訴訟（同前），保育所退園（措置解除）処分取消訴訟（同前），これらの裁判に伴って申し立てられる仮の救済（行政処分執行停止，仮の義務付け，仮の差止め），さらに損害賠償請求（国家賠償請求）訴訟などがある。

Ⅰの２は，公立保育所の廃止を行政訴訟（取消訴訟，差止め訴訟）や国家賠償請求訴訟で争った事案である。公立保育所のような公の施設（地方自治法）の設置・廃止そのものは，裁判では争えないと考えられているが，保育所を現に利用する児童がいる場合には，保育所が廃止されると在園児はその保育所から退所になり，継続的にその保育所で保育を受けられなくなるため，判例は公立保育所の廃止（条例制定）そのものを裁判で争うことができるとしている。

Ⅰの３およびⅡでは，保育園児（保育所と無認可保育施設の子ども）の事故に関する判例を取り上げている。園児事故の判例は，全体ではかなりの数にのぼるが，本書で取り上げたものはそのうちの一部分である。園児事故に関する判例から，裁判所が事故の法的責任について，どのようにとらえ，考えているかを理解できよう。

Ⅰの４では，保育所の日照に関する判例，保育所職員に関する判例，保育財政に関する判例などをとりあげている。保育所職員に関する判例が多い。中には労働関係の近代化が図られていないという印象をいだかせる事案もあり，こうした保育職場では，子どもの保育に問題が生じるのでないかと懸念される。

Ⅲでは，幼稚園に関する判例を取り上げている。法制度上，幼稚園は学校制度に位置づけられているので，幼稚園に関する判例は教育判例の側面を有していることに留意する必要がある。現在のところ，保育所・無認可保育施設に関する判例と比べれば，幼稚園判例の数は多くはないが，私立幼稚園設置，日照，入園申込み拒否など，園児事故，そして職員人事など，いろいろのタイプの判例を紹介・解説している。

５　周知のように，2015年４月より，新保育制度が実施されている。新制度では「保育の利用」の仕組みが大きく変わったが，保育所の法的仕組みは，基本的にはこれまでと同じである。したがって，公私立を問わず保育所の利用にかかわる判例（園児事故判例を含む）は，従前のものを参考にしてよい（ただし，一部の判例については検討を要するものがないわけでない）。私立幼稚園の場合，新保育制度の適用を受けるかどうかは，その幼稚園の選択にゆだねられ，かなり多くの私立幼稚園が新制度の下に移行していないようである。新制度の適用を受けない幼稚園は，これまでと同じように学校教育法の適用を受ける学校の一種であるから，従前の幼稚園判例は，そのまま現在も参考にできる。

このように整理すると，新制度の適用を受ける保育施設・保育事業は，新制度の下に入ることを選択した私立幼稚園および公立幼稚園，幼保連携型認定こども園を含む認定こども園，地域型保育事業（子ども・子育て支援法７条５項）である。これらの保育施設・保育事業にかかわる裁判では，新判例が形成されることになる。

６　読みやすさ・使いやすさを考えて，判例の内容の紹介と解説は簡潔なものにした。そのために，やや「情報」不足であると感じる読者がいるかもしれない。そのような読者は，判例そのものにあたっていただきたい。なお，随所に囲みで「ミニ情報」として，参考法令や判例を掲載している。判例情報とともに活用していただきたい。

◆児童福祉法

（改正部分の施行日は2017年４月１日）

第１条 全て児童は，児童の権利に関する条約の精神にのつとり，適切に養育されること，その生活を保障されること，愛され，保護されること，その心身の健やかな成長及び発達並びにその自立が図られることその他の福祉を等しく保障される権利を有する。

第２条 ① 全て国民は，児童が良好な環境において生まれ，かつ，社会のあらゆる分野において，児童の年齢及び発達の程度に応じて，その意見が尊重され，その最善の利益が優先して考慮され，心身ともに健やかに育成されるよう努めなければならない。

② 児童の保護者は，児童を心身ともに健やかに育成することについて第一義的責任を負う。

③ 国及び地方公共団体は，児童の保護者とともに，児童を心身ともに健やかに育成する責任を負う。

第３条 前２条に規定するところは，児童の福祉を保障するための原理であり，この原理は，すべて児童に関する法令の施行にあたつて，常に尊重されなければならない。

第３条の２ 国及び地方公共団体は，児童が家庭において心身ともに健やかに養育されるよう，児童の保護者を支援しなければならない。ただし，児童及びその保護者の心身の状況，これらの者の置かれている環境その他の状況を勘案し，児童を家庭において養育することが困難であり又は適当でない場合にあつては児童が家庭における養育環境と同様の養育環境において継続的に養育されるよう，児童を家庭及び当該養育環境において養育することが適当でない場合にあつては児童ができる限り良好な家庭的環境において養育されるよう，必要な措置を講じなければならない

第３条の３ ① 市町村（特別区を含む。以下同じ。）は，児童が心身ともに健やかに育成されるよう，基礎的な地方公共団体として，第10条第１項各号に掲げる業務の実施，障害児通所給付費の支給，第24条第１項の規定による保育の実施その他この法律に基づく児童の身近な場所における児童の福祉に関する支援に係る業務を適切に行わなければならない。

② 都道府県は，市町村の行うこの法律に基づく児童の福祉に関する業務が適正かつ円滑に行われるよう，市町村に対する必要な助言及び適切な援助を行うとともに，児童が心身ともに健やかに育成されるよう，専門的な知識及び技術並びに各市町村の区域を超えた広域的な対応が必要な業務として，第11条第１項各号に掲げる業務の実施，小児慢性特定疾病医療費の支給，障害児入所給付費の支給，第27条第１項第３号の規定による委託又は入所の措置その他この法律に基づく児童の福祉に関する業務を適切に行わなければならない。

③ 国は，市町村及び都道府県の行うこの法律に基づく児童の福祉に関する業務が適正かつ円滑に行われるよう，児童が適切に養育される体制の確保に関する施策，市町村及び都道府県に対する助言及び情報の提供その他の必要な各般の措置を講じなければならない。

Ⅰ　保　育　所

1 保育所の入所・利用

小解説

Ⅰ 保育所の入所・利用に関する裁判

1 保育所入所申込みの拒否（申請却下）を争う行政訴訟

保護者が区市町村（福祉事務所）に保育所入所の申込み（申請）を行ったところ，区市町村が拒否（申請却下）したので，保護者が原告となって裁判を提起するケースである。

市町村による入所申込み拒否（入所不承諾，入所申請却下）を行政処分と構成し，行政事件訴訟法の取消訴訟で争われる。原告が勝訴すれば，区市町村が行った入所申込み拒否は取り消され，区市町村は入所承諾を決定しなければならないことになる。**判例5・8**がこの例である。

判例7もこの例であり，保護者は入所不承諾処分取消訴訟を提起したが，同時に入所承諾決定処分を行うことを求めて義務付けの訴えを提起するとともに，緊急の救済を求めて仮の義務付けを申し立てた事案である。

判例3では，同一保育所への継続入所の拒否＝希望しない別の保育所への転園決定の取消訴訟が提起され，合わせて緊急の救済を求めて執行停止が申し立てられたものである。

2 保育所入所申込みの拒否を争う国家賠償訴訟

1の方式で裁判を争っているうちに，子どもが就学してしまうことは珍しくない。そのような場合，訴えの利益が消滅してしまう。原告はそのまま裁判を続けることはできないので，裁判の内容を損害賠償（国家賠償）請求裁判に変更して争い続けることになる。**判例4・6**がそれである。

3 保育所からの退所・退園，保育所による保育拒否を争う裁判

保育所入所中の園児が退所・退園を命じられた場合や保育所側による保育拒否（保育所の閉鎖など）が争われる場合がある。**判例2**は，園児の入所措置（当時）が解除され，退園させられたために提起された取消訴訟である。**判例9**は保護者が育児休業を取得したことを理由に対所を命じられた場合，行政処分（対所処分）執行停止申立てが認められたものである。**判例1**は，私立保育所が一方的に閉鎖を行ったため，保護者がその禁止を求めて仮処分を申し立てた事例である（民事訴訟）。

Ⅱ 新保育制度のもとでの「保育の利用」に関する裁判

2015年4月より子ども・子育て支援関連の3法律（子ども・子育て支援法，児童福祉法の改正法，認定こども園法の改正法）が実施され，保育制度は大きく変化した（新保育制度）。「保育の利用」の仕組みも大きく変わったので，今後，「保育の利用」に関する裁判も変化することが予想される。そこで，新保育制度のもとで想定される裁判について，簡単に述べておきたい。

① 保育所の入所，退所（退園）

改正された児童福祉法24条1項に基づき，市町村が公私立の保育所で保育の実施を行う

ことは，これまでと変わりない。したがって，市町村による保育所入所申込み拒否（入所不承諾）や保育所からの退所決定（保育の実施の解除）を争う裁判は，これまでと変わりない。しかし，改正された24条1項では，これまでのただし書が削除されたので，判例⑥のような「その他の適切な保護」の不実施を争う裁判は難しくなる。

公立保育所の廃止についていえば，保育所の入所・利用の基本的な仕組みは変っていないので，これまでと同じように裁判で争うことができる。

② 「保育の利用」資格の認定

子ども・子育て支援法では，保育に関する給付を受けるために，市町村からその資格を有すること，および，子どもの区分の認定を受けなければならない（19条，20条）。保育所の入所・利用にあたっても，この認定を受けなければならない（改正児童福祉法24条1項）。この認定に不服がある場合，行政訴訟で争うことができる。

③ 保育必要量の認定

子ども・子育て支援法20条1項による認定の申請があった場合，市町村は保育必要量（保育標準時間または保育短時間）の認定を行う。この認定に不服がある場合，行政訴訟を提起できる。

④ 支給認定の有効期間

②および③の認定（支給認定）には有効期間が付けられる（子ども・子育て支援法21条）。付けられた有効期間に不服がある場合，行政訴訟を提起できる。

⑤ 保育の利用調整

改正された児童福祉法24条3項（73条1項により読み替えられる）によれば，市町村は，保育所，認定こども園，家庭的保育事業等の利用について調整する。厚生労働省によれば，この調整は行政処分の法的性格を有するとされるから，これに不服のある場合，行政訴訟を提起できる。

ただし，保育の利用申請についての市町村の対応をみると，おおくの場合，利用調整と利用決定（申請を認める決定）とが一体化しているようである。そうだとすれば，利用調整「処分」でなく，利用決定（入所決定）処分を争うほうが明快である。

⑥ 施設型給付費・地域型保育給付費の支給

子ども・子育て支援法によれば，支給認定を受けた子どもが特定教育・保育施設や特定地域型保育事業を利用したとき，保護者は市町村から施設型給付費または地域型保育給付費の支給を受けることができる（27条，29条）。市町村の支給決定に不服がある場合，行政訴訟を提起できる。

⑦ 認定こども園，地域型保育事業の入所・利用

新保育制度では，認定こども園（幼保連携型認定こども園を含む）や地域型保育事業の利用は，施設・事業者と保護者の契約によるとされる。例えば，保護者が入所・利用（契約締結）を申し込んだところ，「正当な理由」がないのに拒否されたような場合である。このような契約締結の拒否は，子ども・子育て支援法33条1項に違反する。民間の認定こども園や地域型保育事業の場合は，民事訴訟で争うことになる。公立の場合の訴訟形態の選択には慎重な検討が必要である（民事訴訟でよい場合もあれば，行政訴訟でなければならない場合もあり得よう）。

1 私立保育所の閉鎖の続行

◆私立七光《ななひかり》保育所閉鎖続行禁止の仮処分申請事件◆

松江地裁益田支部1975(昭和50)年９月６日決定

裁判のポイント

私立保育所の経営者による一方的な保育所閉鎖（休止）に対し，保護者による仮処分申請は認められるか。

解 説

私人が設置する児童福祉施設を休止しようとするときは，都道府県知事の承認が必要である（児童福祉法35条12項。本件当時の同法35条６項）。

本件では，保育所を設置経営する社会福祉法人が，県知事の承認を得ずに保育所を休止したため，園児の保護者が原告となって，保育所「閉鎖」の続行の禁止を求めて仮処分を申し立て，裁判所はこれを認め，「七光保育所の閉鎖を続行してはならない」との決定を出した。裁判例としては珍しいものであるが，園児の保育を受ける権利の保障を図る有意義なものである。

七光保育所の閉鎖は労働争議の中で行われているが，本決定は使用者側がロックアウトとして行ったものとは認められず，正当事由による閉鎖とはいえないとした。また，保護者と社会福祉法人との間で児童を保育すべき契約が成立しているとし，保護者は社会福祉法人保育所に対して「児童の保育を善良なる管理者の注意義務を以て履行すべきことを請求しうる」権利を有しているとしている（本決定の理由によれば，この権利は児童福祉法１条に基づいて請求できるかのように読めるが，根拠規定としては同法24条が重要である）。

本件は民事訴訟の仮処分で争われたものである（民事保全法）。仮処分は権利を有する者の著しい損害の発生を避ける必要があるときなどに認められるものであるが，本決定は園児が「長期の保育所閉鎖により適当な保育を受けられないでいることにより著しい損害を受けている」とし，当然のように著しい損害の発生を認めている。

「裁判所の判断」の部分での引用紹介は省略しているが，本決定の理由の中に，町と社会福祉法人七光保育所との間で委託契約が締結されていることを否定するかのような叙述があるが，適切でない。児童福祉法24条によれば，市町村は保育所入所の要件を満たしている子どもを保育所で保育する義務を負っているのであり（新保育制度においても同じ），市町村は自ら設置経営する公立保育所でなく，私立保育所に保育を委託することによっても，この義務を果たすことができると考えられている。この場合，市町村は保育（事務）を私立保育所に委託しているのであり，したがって両者は法的には委託契約の関係にあると理解されている（厳密にいえば，この契約は民法656条の準委任契約であると考えられる。準委任契約については同法643条～655条の委任契約に関する規定が準用される）。また，この契約の当事者は市町村と私立保育所（の設置者）であるが，その効果は私立保育所で保育を受ける園児・保護者に及ぶので，「第三者のためにする契約」（民法537条）と理解されている（多数説）。したがって，園児・保護者（民法537条１項にいう「第三者」にあたる）は，私立保育所（同項の「債務者」にあたる）に対し，直接に保育を行うことを請求する権利を有することになる。

【事件のあらまし】

社会福祉法人七光保育所（債務者）は，その従業員が加入する労働組合との団体交渉が決裂した直後に，従業員全員を解雇するとともに，島根県知事の承認を得ないで保育所に施錠して閉鎖したため，園児全員の保育が行われない状態となった。そこで園児の保護者（債権者）は，松江地裁益田支部に対し七光保育所の閉鎖を続行してはならない旨の仮処分を申請した。

裁判所の判断

■保護者の仮処分申請を認めた。

1　保護者（債権者）の被保全権利

「債権者らと債務者（社会福祉法人七光保育所）との間には児童を保育すべき契約（準委任）が成立しており，該契約の趣旨（児童が心身ともに健やかに育成されること〔法1条〕）に則り」保護者は債務者が「児童の保育を善良なる管理者の注意義務を以て履行すべきことを請求しうる債権を有しているものと言わねばならない。」

2　保育所閉鎖の正当事由

債務者は「労使紛争に嫌気がさして保育所経営を休止しているものとしか評価しえないものであって，到底，正当事由による閉鎖とは認められないのである。

従って，債務者は債権者らの児童を保育すべき債務を違法に遅滞しているものと言わねばならない。」

3　保全の必要性

「本件保育所の閉鎖が債権者らに甚しい損害を与えていることは推定するに困難でないし，さらに重大なことは，他に適当な代りの保育所もない債権者ら居住地域における（この点は債務者も認めているところである）債権者らの児童が，長期の保育所閉鎖により適当な保育を受けられないでいることにより著しい損害を受けていることは，殆んど贅言を要しないところと考えられるのであって，これらの継続する著しい損害を避けるため，速かに債務者は保育所の閉鎖を解き，保育業務を再開せねばならない」

◆児童福祉法

第39条　① 保育所は，保育を必要とする乳児・幼児を日々保護者の下から通わせて保育を行うことを目的とする施設（利用定員が20人以上であるものに限り，幼保連携型認定こども園を除く。）とする。

② 保育所は，前項の規定にかかわらず，特に必要があるときは，保育を必要とするその他の児童を日々保護者の下から通わせて保育することができる。

2 福祉事務所長による保育所の退園決定

◆私立貴船保育所入所措置解除処分取消請求事件◆

福岡地裁1977(昭和52)年12月23日判決

裁判のポイント

在園中に,「保育に欠ける」状態が消滅したとして,入所中の園児を退園させることができるか。

解　説

この事件は,当時の北九州市の同和行政をめぐる対立のなかで起こったものであり,問題の全体像を正確に把握するには,同市の同和行政のあり方を視野に入れた考察が必要であるが(本判決はそのような観点から判断している),ここでは保育所行政に関する法的側面に限って述べることにしたい。本件当時の児童福祉法は1997年改正以前のものである。

本件の争点の一つは,保育所入所要件に該当するとして市町村は入所措置(当時)決定をしたが,その後保護者(母親)は就労していないので入所要件に該当していない状況にあることが判明した場合,市町村が入所措置を解除する(退所させる)決定をすることが許されるかという問題である。行政法学の通説によれば,このような人びとに権利や法的な利益を与える行政による決定(授益的行政処分)が,その後,元の要件を満たさない状態に変化したとき,ただちに元の決定(行政処分)を取り消してよいとはされていない。その理由は,いったん授益的行政処分がなされると,これをもと国民は新たな生活を形成するので,これを保護する必要があるというところにある。

このような考え方に立ち,本判決は,いったんなされた保育所入所措置決定(授益的行政処分)を取り消すことができるのは,「処分が詐欺・強迫その他不正な手段に基づいてなされた」場合,および処分を受けた者の「既得の権利,利益を剥奪してもやむをえないと認めるに足りる公益上の必要がある場合」に限られると判断している。このような判断は,支持されてよいであろう。

本判決は,原告Xの妻Aが就労していないことは認めながら,2人の子ども(幼児)が「保育に欠けるところがない」と福祉事務所長Yが判断したことに疑問を呈している。本判決は,「保育所入所措置はある程度弾力的な運用が容認されるのみならず,むしろそれが望まれる場合」があるとし,Xは健康がすぐれず,家庭には2人の幼児がいる状況にあり,「Aが現実に就労していなかったにしても,本件児童の保育所入所を継続してAに就労の機会を与えることが前記の措置基準に反し,法の趣旨にもとる」というのは疑問であるとした。このような判断に加え,本件に独特の事情である北九州市の同和行政のゆがみを考慮に入れ,本判決は,X・A夫婦のおかれている状況について必ずしも保育所入所措置基準に反しているとまではいえないと判断したのである。このような判断のあり方は支持されてよいし,また,現在でも参考にされてよいであろう。

【事件のあらまし】

1977年５月31日，北九州市小倉中福祉事務所長Ｙ（被告）は，同年３月に行った原告Ｘ（父親）の２人の子ども（幼児）を私立貴船保育所に入所させる措置決定（保育所入所措置決定処分）を解除する決定（保育所入所措置解除処分）を行った。その理由についてＹは，Ｘの妻Ａ（２人の子どもの母親）は居宅外労働の常態にあると認めて入所措置決定をしたが，その後の調査によりまったく就労していないので，児童福祉法24条にいう「保育に欠ける」事由はないことが判明したと主張した。

本件は，Ｘが原告となり，Ｙを被告にして，Ｙが行った保育所入所措置解除処分の取消しを求めて福岡地裁に提訴された裁判である。

裁判所の判断

■退園決定の取消請求を認めた。

1　保育所入所措置の解除について

「本件保育所入所措置処分は，個人に一定の利益を与える処分であるから，いったんその処分がなされた以上は，当該処分が詐欺・強迫その他不正な手段に基づいてなされたというような特別な事情がある場合は別として，単に当該処分に瑕疵があったとの理由で当然にこれを取り消し得るものではなく，処分の相手方から既得の権利，利益を剥奪してもやむをえないと認めるに足りる公益上の必要がある場合でなければその処分を取り消すことはできない」

「このまま本件児童が保育を受けられないことになると，健全で平和な家庭を築こうとの原告ら夫婦の希望に反しいつか原告の家庭は再び困窮の状態に陥るかも知れず，本件処分によって原告及びその家族の不利益は大きいものと認められる。」

しかしながら，Ｙは「本件解除処分をなすべき特段の公益上の必要があることについて」主張・立証しようとしない。

2　入所措置要件の「保育に欠ける」にあたらないか

Ｙが２人の子どもについて「保育に欠けるところがないと判断したことの当否自体が甚だ疑わしい」として，次のように述べる。

「（児童福祉）法１条ないし３条に定める児童福祉の理念達成のために必要かつ妥当である限り，法24条の保育所入所措置はある程度弾力的な運用が容認されるのみならず，むしろそれが望まれる場合」がある。「原告は健康がすぐれないため十分な収入をあげることができず，妻は共稼ぎをして家計を助けようにも……幼児をかかえ，他に子供の世話をすることのできる同居の親族はないという状況にあったのであるから，たとえその当時Ａが現実に就労してなかったにしても，本件児童の保育所入所を継続して妻に就労の機会を与えることが前記の措置基準に反し，法の趣旨にもとるものというべきかは大いに疑問」である。

3 市立保育所の転園

◆大阪市立保育所転園処分執行停止申立て事件◆

大阪高裁1989(平成元)年８月10日決定

裁判のポイント

1．入所決定処分の６か月満了による，入所決定の効力は消滅するか。
2．保護者の希望しない転園処分の執行停止。

解 説

本件は，1997年４月の児童福祉法改正以前の裁判である。当時，児童福祉法24条に基づく保育所入所措置には６か月の入所期間が付けられていたため，同じ保育所で入所を継続する場合は，そのための手続きがとられることになっていた。その際，保護者が同じ保育所を希望すれば認められるのが通例であった。

本件は，当時の大阪市の同和行政の方針に従うことを拒否した保護者について，同市の福祉事務所長が行ったいわゆる同和保育所への継続入所の拒否・いわゆる一般保育所への転園決定が認められるかどうかという事案である。

1997年児童福祉法改正の後は，当時の厚生省が発した通達により同法24条１項に基づく保育の実施決定に付けられる期間は，一般的には園児の小学校入学の前日までとされるようになり（保護者が常用雇用などの場合），６か月ごとに期間の更新をするなどといった取扱いはあまりみられなくなったが，しかし，その後も一部の市町村では保育の実施期間を１年としている例があり，本件で争われた問題は，現在でも起こりうるといってよい。

本件の第一審の大阪地裁1989年５月10日決定は，保育所入所措置処分には同年３月31日までの６か月間とする入所措置期間が付いているから，期間満了によりこれまでの保育所への入所措置処分の効力は消滅しており，翌４月１日からの別の保育所への入所措置決定は，実は新規の保育所入所措置処分であるとした。

これに対して第二審（抗告審）の大阪高裁の本決定は，大阪地裁決定の考え方を改め，「一律に児童の保育所入所措置の措置期間を６か月と定め，その措置期間の満了（期限の到来）をもって保育所入所措置が当然に失効するものとすることは」例外的な場合を除いては児童福祉法の趣旨に合致しないとし，入所措置処分が６か月の措置期間付きでなされていても，期間が満了した時点でなお入所措置を継続すべき園児については期間の更新がなされることが予定されているというべきであり，期間が満了したからといって「当然にその効力が消滅するものではな」いと判断した。

以上のような大阪高裁の判断は，今なお一部の市町村行政においてとられているとみられる「保育の実施期間（１年間）が満了すれば，ただちに退所しなければならない」という取扱いの是正を求めるものである。

本件のような希望しない保育所への転園決定処分の取消しを求める訴えを提起しても，継続入所を希望する保育所で保育を受けられるわけでない。このような場合，行政処分執行停止申立て制度の活用が有効である。この制度は，取消訴訟を提起しても行政処分の効力は存続するので，これにより「生じる重大な損害を避けるため緊急の必要があるとき」裁判所は同処分の効力停止を決定できるとするものであり（行政事件訴訟法25条），民事訴訟の仮処分に対応する制度である。本決定は執行停止申立てを認め，福祉事務所長の行った転園決定の効力を停止したので，子どもはそれまで入所していた保育所で引き続き保育を受けられることになった。

【事件のあらまし】

本件の行政処分執行停止申立ての抗告人（申立人）の保護者（複数）は大阪市内に居住し，同市の福祉事務所長から保育所入所措置処分を受けて，1989年３月まで子ども（本件各児童）を同市内のいわゆる同和保育所に継続的に入所させていた。大阪市は保育所入所措置処分に６か月間の入所期間（期限）を付けることにしていたので，本件の抗告人に対して行われた入所措置処分にもこの期限が付けられていたが，これまでは期限満了ごとに入所措置処分は繰り返し更新されてきた。1989年３月の期限満了にあたり，抗告人（保護者）はそれまで子どもが入所していた保育所での継続入所を求めたが，福祉事務所長はこれを認めず同年４月１日より別の保育所（いわゆる一般保育所）に入所させる措置処分（本件各処分）を行った。

そこで保護者（原告）は，本件各処分を行った大阪市の福祉事務所長を被告（相手方）として，大阪地裁にその取消訴訟を提起するとともに，執行停止を申し立てた。同地裁はこの申立てを却下したので，保護者（抗告人）は大阪高裁に即時抗告した。本決定は，これに対する同高裁の判断である。

裁判所の判断

■転園処分の執行停止を決定した。

1　６か月入所措置期間をどう考えるか

市町村長は，入所措置事由の認められる児童について措置期間（期限）を付することがまったくできないとは解することができない。しかし，「一律に児童の保育所入所措置の措置期間を６か月と定め，その措置期間の満了（期限の到来）をもって保育所入所措置が当然に失効するものとすることは，法が入所措置事由を具備した児童についての保育所入所措置を……措置権者の義務としている前記趣旨に合致しないものと考えられる。なぜならば，措置期限付の保育所入所措置は措置期限の到来によって当然にその効力が消滅するものとすれば，右措置期限後も法第24条により保育所入所措置を継続してなすべき児童について，新しい保育所入所措置がなされるまで，一時的にしろ保育所入所措置が採られない期間が生ずることがありうることとなるが，そのような事態の発生の余地を残す措置期限についての理解は，法の右趣旨に沿わないからである。」

相手方の福祉事務所長が行った児童福祉法「24条による保育所入所措置は，６か月の期限付でなされているが，期限の到来した時点でなお保育所入所措置を継続すべき児童については期限の更新がなされることが予定されていたものというべきであ」る。「このように期限の更新が予定されている保育所入所措置は，それに付されていた期限の到来によっては当然にその効力が消滅するものではなく，措置権者が保護者のした更新申請の受理を拒み，あるいは保護者に対しその保護する児童につきそれまで入所していた保育所からの退所を求めるなどの方法で保育所入所措置の期限の更新を拒絶する処分をした時にはじめてその効力が消滅するものと解するのが相当である。」

相手方らは，「本件各児童につき保育所入所措置要件が存続していることを承認して保育所入所措置を継続するとともに，入所措置する保育所をそれまでの保育所とは別の保育所とするとの本件各処分をしたのであるが，このような内容の本件各処分は，直前の保育所入所措置の期限を更新するとともに，保育所入所措置の実施方法である入所措置する保育所を変更する処分であると解される」

2　転園処分の執行停止

「本件各処分の効力が停止されれば，本件各処分に先行する保育所入所措置についての抗告人らの更新申請に対する相手方らによる処分が未だなされていない状態に復帰し，相手方らは右保育所入所措置に付された措置期間の満了後も本件児童を当初保育所で引き続き保育しなければならないという外ない。

そうとすると，抗告人らは，本件各処分の効力の停止を求めるについて申立ての利益を有するものというべきであるから，抗告人らにつき本件各処分の執行停止を求めるについての法的利益が認められないことを理由として，抗告人らの本件執行停止の申立てを不適法却下した原決定は取消しを免れない。」

◆子ども・子育て支援法

（支給要件）

第19条　① 子どものための教育・保育給付は，次に掲げる小学校就学前子どもの保護者に対し，その小学校就学前子どもの第27条第１項に規定する特定教育・保育，第28条第１項第２号に規定する特別利用保育，同項第３号に規定する特別利用教育，第29条第１項に規定する特定地域型保育又は第30条第１項第４号に規定する特例保育の利用について行う。

一　満３歳以上の小学校就学前子ども（次号に掲げる小学校就学前子どもに該当するものを除く。）

二　満３歳以上の小学校就学前子どもであって，保護者の労働又は疾病その他の内閣府令で定める事由により家庭において必要な保育を受けることが困難であるもの

三　満３歳未満の小学校就学前子どもであって，前号の内閣府令で定める事由により家庭において必要な保育を受けることが困難であるもの

② 内閣総理大臣は，前項第２号の内閣府令を定め，又は変更しようとするときは，あらかじめ，厚生労働大臣に協議しなければならない。

（市町村の認定等）

第20条　① 前条第１項各号に掲げる小学校就学前子どもの保護者は，子どものための教育・保育給付を受けようとするときは，内閣府令で定めるところにより，市町村に対し，その小学校就学前子どもごとに，子どものための教育・保育給付を受ける資格を有すること及びその該当する同項各号に掲げる小学校就学前子どもの区分についての認定を申請し，その認定を受けなければならない。

② 前項の認定は，小学校就学前子どもの保護者の居住地の市町村が行うものとする。ただし，小学校就学前子どもの保護者が居住地を有しないとき，又は明らかでないときは，その小学校就学前子どもの保護者の現在地の市町村が行うものとする。

③ 市町村は，第１項の規定による申請があった場合において，当該申請に係る小学校就学前子どもが前条第１項第２号又は第３号に掲げる小学校就学前子どもに該当すると認めるときは，政令で定めるところにより，当該小学校就学前子どもに係る保育必要量（月を単位として内閣府令で定める期間において施設型給付費，特例施設型給付費，地域型保育給付費又は特例地域型保育給付費を支給する保育の量をいう。以下同じ。）の認定を行うものとする。

④ 市町村は，第１項及び前項の認定（以下「支給認定」という。）を行ったときは，その結果を当該支給認定に係る保護者（以下「支給認定保護者」という。）に通知しなければならない。この場合において，市町村は，内閣府令で定めるところにより，当該支給認定に係る小学校就学前子ども（以下「支給認定子ども」という。）の該当する前条第１項各号に掲げる小学校就学前子どもの区分，保育必要量その他の内閣府令で定める事項を記載した認定証（以下「支給認定証」という。）を交付するものとする。

⑤ 市町村は，第１項の規定による申請について，当該保護者が子どものための教育・保育給付を受ける資格を有すると認められないときは，理由を付して，その旨を当該申請に係る保護者に通知するものとする。

⑥ 第１項の規定による申請に対する処分は，当該申請のあった日から30日以内にしなければならない。ただし，当該申請に係る保護者の労働又は疾病の状況の調査に日時を要することその他の特別な理由がある場合には，当該申請のあった日から30日以内に，当該保護者に対し，当該申請に対する処分をするためになお要する期間（次項において「処理見込期間」という。）及びその理由を通知し，これを延期することができる。

⑦ 第１項の規定による申請をした日から30日以内に当該申請に対する処分がされないとき，若しくは前項ただし書の通知がないとき，又は処理見込期間が経過した日までに当該申請に対する処分がされないときは，当該申請に係る保護者は，市町村が当該申請を却下したものとみなすことができる。

◆子ども・子育て支援法施行規則

（法第19条第１項第２号の内閣府令で定める事由）

第１条　子ども・子育て支援法（以下「法」という。）第19条第１項第２号の内閣府令で定める事由は，小学校就学前子どもの保護者のいずれもが次の各号のいずれかに該当することとする。

一　１月において，48時間から64時間までの範囲内で月を単位に市町村（特別区を含む。以下同じ。）が定める時間以上労働することを常態とすること。

二　妊娠中であるか又は出産後間がないこと。

三　疾病にかかり，若しくは負傷し，又は精神若しくは身体に障害を有していること。

四　同居の親族（長期間入院等をしている親族を含む。）を常時介護又は看護していること。

五　震災，風水害，火災その他の災害の復旧に当たっていること。

六　求職活動（起業の準備を含む。）を継続的に行っていること。

七　次のいずれかに該当すること。

イ　学校教育法（昭和22年法律第26号）第１条に規定する学校，同法第124条に規定する専修学校，同法第134条第１項に規定する各種学校その他これらに準ずる教育施設に在学していること。

ロ　職業能力開発促進法（昭和44年法律第64号）第15条の７第３項に規定する公共職業能力開発施設において行う職業訓練若しくは同法第27条第１項に規定する職業能力開発総合大学校において行う同項に規定する指導員訓練若しくは職業訓練又は職業訓練の実施等による特定求職者の就職の支援に関する法律（平成23年法律第47号）第４条第２項に規定する認定職業訓練その他の職業訓練を受けていること。

八　次のいずれかに該当すること。

イ　児童虐待の防止等に関する法律（平成12年法律第82号）第２条に規定する児童虐待を行っている又は再び行われるおそれがあると認められること。

ロ　配偶者からの暴力の防止及び被害者の保護等に関する法律（平成13年法律第31号）第１条に規定する配偶者からの暴力により小学校就学前子どもの保育を行うことが困難であると認められること（イに該当する場合を除く。）

九　育児休業をする場合であって，当該保護者の当該育児休業に係る子ども以外の小学校就学前子どもが特定教育・保育施設又は特定地域型保育事業（以下この号において「特定教育・保育施設等」という。）を利用しており，当該育児休業の間に当該特定教育・保育施設等を引き続き利用することが必要であると認められること。

十　前各号に掲げるもののほか，前各号に類するものとして市町村が認める事由に該当すること。

4 保育所入所申込みに対する保留

◆東大阪市保育所入所保留の損害賠償請求事件◆

大阪地裁2002(平成14)年6月28日判決

裁判のポイント

保育所入所保留処分は，どのような場合に違法と判断されるか。

解 説

本件は，児童福祉法の1997年改正の以前の裁判である。争点は多岐にわたるが，保護者による保育所入所申請に対して東大阪市の福祉事務所長が行った保育所入所措置を保留する旨の処分（保留処分）について，①児童福祉法24条違反，②行政手続法違反および行政不服審査法違反などを理由に，保護者が同市に対して損害賠償を請求した裁判（国家賠償請求裁判）である。

本判決は，②の請求を認めた。すなわち，東大阪市の市長や職員が，行政手続法および行政不服審査法という行政活動の手続きを定めた法律に違反した行為を行ったことにより，保護者は精神的な苦痛を受けたとし，国家賠償法1条1項に基づき慰謝料の支払を命じた。この点は，本件と同じように，行政手続法5条3項の審査基準の公表義務違反および同法8条1項の申請拒否の理由記載義務違反を認めながら，損害は発生していないとして，訴えを退けた**判例8**の京都地裁判決と対照的である。

①について原告は，保育所の入所選考における優先順位の判断のあり方を問題にした。具体的には，入所選考にあたり東大阪市が策定していた選考指数（判断基準）が合理的であるかどうか，および，選考指数に基づいて適切に優先順位の判断が行われていたかどうか，である。これら2点について，本判決は児童福祉法24条本文違反は認められないと判断した（原告の子ども達の保留処分はやむを得ないとした）。また，東大阪市では同条ただし書の「その他の適切な保護」が行われていないのでないかとの点について，本判決は，原告の子ども達は同市が補助金を交付している簡易保育施設を利用しており，「児童保育状況を改善することに資する措置」が行われているとし，「適切な保護」が行われているとしたが，無理のある判断である。なぜならば，同条の規定のしかたからみて明らかなように，「適切な保護」を行わなければならないものは市町村であり，補助金交付は民間が行っている事業を援助するものではあるが，市町村自らが「保護」を行っているわけでないからである。

【事件のあらまし】

東大阪市内に居住する保護者ら（複数）は，同市の福祉事務所にその子ども達の保育所入所申請を行った。しかし，同所長は保育所の収容能力の関係上入所の見込みがつきがたいとの理由で，保育所入所措置を保留する旨の処分（本件保留処分）を行った。これを不服とする保護者らは，同市長に対し行政不服審査法に基づき審査請求を行ったが，同市長は棄却した。

そこで保護者らとその子ども達が原告となり，本件保留処分の取消しを請求する訴え（取消訴訟。被告は福祉事務所長）を提起するとともに，福祉事務所長の行った同処分および同市長の行った審査請求の棄却について国家賠償法1条1項違反を理由に，東大阪市（被告）に対する損害賠償請求の訴えを提起した。裁判の進行中に子ども達は順次保育所に入所できたので，原告らは取消訴訟を取り下げた（この旨は判決文に書かれていない）。そのため，本件は，国家賠償請求裁判として，判決が出された。

本件の主な争点次のとおりである。保護者らに対して行われた本件保留処分は，児童福祉法24条の本文またはただし書に違反しないか，行政手続法違反５条および８条に違反しないか，また，審査請求に対する東大阪市の審査手続きに行政不服審査法違反がなかったか，などである。

裁判所の判断

■損害賠償請求を認めた。

1　児童福祉法24条本文違反について

児童福祉法24条本文によれば，「市町村は，児童の保護に欠けるところがあると認めるときは，『やむを得ない事由』がない限り，当該児童を保育所に入所させて保育する措置を採る義務があるのであり，『やむを得ない事由』がないにもかかわらず，保育所に入所させることなく保留処分を行った場合には，当該保留処分は違法であると解するのが相当である。」「付近にある保育所の定員が不足している場合には『やむを得ない事由』が認められるものと解するのが相当である。」

本件では，福祉事務所長は合理的な内容と認められる選考指数（本件選考指数）を策定し，これに従って原告の子ども達よりも「保育の必要性が高い児童らを優先的に入所させる措置を採ったために」原告の子ども達を入所させることができなかったのであるから，「やむを得ない事由」がある場合にあたる。

2　児童福祉法24条ただし書違反について

「市町村が，保育に欠ける児童につき保育所に入所させて保育する措置を採らなかったうえ，『その他適切な保護』を加えなかった場合には，かかる市町村の不作為は法24条ただし書に反し違法であると解するのが相当である。

そして，「その他適切な保護」とは，保育に欠ける児童らの保育状況を改善するために加えられるのであるから，保育に欠ける児童保育状況を改善することに資する措置を行うことを指す」と考えられる。原告の子ども達は，被告の東大阪市が補助金を交付している簡易保育施設で保育を受けており，「児童保育状況を改善することに資する措置」が行われているということができる。

3　行政手続法違反について

本件選考指数は行政手続法５条１項にいう審査基準に該当するが，公にされていたといえないから，同条３項に違反する。また，「行政手続法８条１項が申請により求められた許認可等を拒否する処分に理由を提示すべきものとしているのは，行政庁の判断を慎重ならしめ，恣意を抑制するとともに，処分の理由を申請者に知らせて不服の申立てに便宜を与える趣旨に出たものであることに照らすと，どのような事実に基づいて判断したのか，審査基準のどの項目がいかなる点で満たされないと判断したのか，どのような法的理由により判断されたのかが示されていなければならないものと解するのが相当である。」ところが，福祉事務所長が送付した「保育所入所保留通知書には『過日，申込のありました保育所入所措置申請につきましては，４月１日現在保育所の収容能力の関係上入所の見込みがつきがたく，やむを得ず保留措置をとらざるを得ませんので，あしからずご了承ください。』と記載されているにすぎず，……いかなる事実認定のもとに判断がなされたのか，どのような審査基準が適用されいかなる審査項目が満たされていないのかが全く不明であり，これをもって行政手続法８条１項にいう当該処分の理由が示されたものと認めることはできない。」したがって，本件保留処分は，理由を提示することなくなされており，行政手続法８条１項に反し違法である。

4　行政不服審査法違反について

原告らは，審査請求を申請する際に，口頭意見陳述の機会を設けるように申し出たにもかかわらず，東大阪市長はこの機会を与えずに審査請求を棄却したのは，行政不服審査法25条１項ただし書（2016年４月改正以前の旧行政不服審査法）に違反する。また，裁決書に記載されている棄却理由は不十分であり，「具体的理由の記載があった」とはいえず，同法41条１項に違反する。

本判決は，上記の３および４を理由にして，原告らは精神的苦痛をこうむったとして，国家賠償法１条１項により東大阪市に原告１人あたり15万円の慰謝料の支払を命じた。

5 他の区市町村内にある保育所の入所申込み

◆和光市保育所入所申込み不承諾処分取消請求事件◆

さいたま地裁2002(平成14)年12月4日判決

裁判のポイント

1．他・区市町村内の保育所の入所（広域入所）選考のあり方。
2．入所選考における「母（親）指数方式」の当否。

解　説

児童福祉法24条（当時）に基づき，保護者が居住する区市町村ではなく，他の区市町村内にある保育所へ入所させようとする場合も（いわゆる広域入所），入所申込みは居住する区市町村に対して行う。申込みを受けた区市町村（自・区市町村）は，保育所が所在する区市町村（他・区市町村）と協議し，その結果を受けて，保護者に対し入所承諾・不承諾を決定し通知する。

このような広域入所では，協議を申し込まれた他・区市町村の入所可否に関する選考・判断が決定的に重要である。この選考・判断にあたり，自・区市町村の住民と他・区市町村の住民とを区別し，前者を優先させる区市町村がある一方，そうはせずに自他の区市町村の住民を区別せずに選考するところもある。本件は後者の例であり，埼玉県和光市から東京都板橋区へ入所可否の協議が申し込まれ，板橋区は区民と区別せずに入所選考を行い，和光市に協議不承諾とする旨の回答を行った。これを受けて和光市長は入所申込みを行った保護者に対し，入所不承諾を通知した。

付言すれば，これまでの市町村行政によれば，広域入所の場合，入所の可否の判断は，本件のように実質的には他・区市町村が行うが，保育料の決定・徴収は自・区市町村が行うことになっているようである。

以上のような広域入所の仕組みは，本裁判では争いになっていない。

本件の争点は，板橋区が行った入所選考は児童福祉法24条3項（当時）にいう「公正な方法」で行ったといえるかどうかである。同区は，母指数方式という母親の状態に着目して保育に欠ける程度を判断するという選考方法を採用していたが，このような入所選考のあり方は適切であろうか。本判決は，それまでの厚生省の考え方や「母が主に児童の保育に当たっているのが現在の社会の一般的な実情である」ことなどを考慮すると，母指数方式には「それなりの合理性が認められる」「社会通念上著しく妥当性を欠くとみることはできない」と判断した。本件は2001(平成13)年の事件であり，筆者はこの時点における判断として本判決のような考え方に疑念を抱くが，そもそもの問題は，本判決が児童福祉法24条1項の保育の実施の要件である「保育に欠ける」について「市町村等の社会的経済的実情に即した福祉政策に基づく合理的裁量に委ねられる」との解釈をとったところにあるとみている。このように，市町村に広い裁量判断の余地を認めれば，社会通念上著しく合理性・妥当性を欠き，合理的裁量権の範囲を逸脱したものであると結論づけることは困難になってしまうであろう。

なお，その後，板橋区は，母（親）指数方式を廃止したとのことである。

【事件のあらまし】

埼玉県和光市民である原告（父親）は，和光市長（被告）に対し，児童福祉法24条１項に基づき，０歳の子どもを東京都板橋区に所在する私立保育所への入所申込みを行った。被告は板橋区長と協議したところ，同区長はいわゆる母指数方式（特に母親の状態に着目して指数化した数値により，入所の可否を判定する方式）を用いて選考した結果，希望者多数のよりこの子どもは入所可能な順位に達しないとの理由で，和光市長に対し協議不承諾の旨を回答した。そこで，同市長は，原告に対し入所不承諾処分（本件処分）をした。その理由は「定員に比較して入所希望者が多く入所可能な順位に達しないため」というものであった。

原告は，母指数方式による選考は，保護者を母のみに限定することに帰するものであり，憲法24条，育児・介護休業法，男女共同参画社会基本法及び男女雇用機会均等法などの趣旨に反するものであり，このようにして行われた本件処分は「公正な方法で選考」（児童福祉法24条３項）したものといえないとして，その取消しを求めて，さいたま地裁に提訴した。

裁判所の判断

■入所不承諾処分の取消請求を棄却。

１　「公正な方法」による選考（児童福祉法24条３項）

「保育実施の前提となる『保育に欠ける程度』につきいかなる区分を設け，そこにおいて，いかなる児童を優先し，いかなる児童を劣後させるかについては，具体的に保育の実施に当たる当該市町村等の社会的経済的実情に即した福祉政策に基づく合理的裁量に委ねられるのでなければ，その適切な処理が期待できないものというべきであるから，法は，上記の選考の具体的な方法については，その実施に当たる市町村等の合理的な裁量に委ねているものと解するのが相当である。

そうであるとすれば……この解釈運用が，社会通念上著しく妥当性を欠き，上記趣旨からみた合理的裁量権の範囲を逸脱し，又は，これを濫用しているものと認められない限り，その判断基準に基づいてされた選考は，法24条３項所定の『公正な方法』でされたものと評価すべきものと解される。」

２　母（親）指数方式

「児童福祉法の解釈に関する厚生省児童局長ないし児童家庭局長による前記内容の通知（昭和36年２月20日付け厚生省児童局長通知児発129号，昭和62年１月13日厚生省児童家庭局長通知児発21号。筆者）が示されていること等からみて，上記昭和62年の法改正後においても，母親の状態に着目して保育に欠ける程度を判断することを許容する法の解釈が維持されていると理解することは不合理とはいえないものというべきである。

そうであるとすれば，児童福祉法，ひいては区条例等の解釈運用として，児童の保護者として，母親の状態に着目して保育に欠ける程度を判断するという母指数方式を採用すること自体が許されないものと解することはできないものというべきである。」

「母が主に児童の保育に当たっているのが現在の社会の一般的な実情であると考え得ることからみて，安定的かつ類型的判断を可能にするという見地から，主に保育に当たる保護者としては，母を指すものと解釈運用することにはそれなりの合理性が認められるものというべきである。」したがって，板橋区長の行った選考は「社会通念上著しく妥当性を欠くとみることはできないものというべきである。」

6 幼児の障害を理由とする保育所入所の拒否

◆川越市保育所入所拒否損害賠償請求事件◆

さいたま地裁2004(平成16)年1月28日判決

裁判のポイント

障害があることを理由に保育所入所を拒むことができるか。

解 説

本件は2001年・2002年の事案である。当時の児童福祉法24条1項本文によれば，子どもが「保育に欠ける」状態にあることが保育所入所の要件であり，これを充足した子どもは保育所に入所する権利（保育所保育を受ける権利）が認められるが，同項ただし書には「付近に保育所がない等やむを得ない事由があるときは，その他の適切な保護をしなければならない」と定められていたため，市町村は「やむを得ない事由があるときは」保育所入所を拒むことができると理解されていた（代わりに市町村は「その他の適切な保護をしなければならない」のであり，この場合，子どもは保育所保育に代わる適切な保護を受ける権利を有することになる）。

本件では，障害を有することが，保育所入所を拒むこと（入所拒否）ができる事由にあたるかどうかが，争点であった。本判決は，「児童の年齢，性質，体力，障害の程度等から慎重に判断した結果，市町村の保育所が実施している集団保育の方法によっては適切な保育が不可能と判断される場合」は入所拒否できるとの判断を示した。このような判断のしかたは，一般論として認められてよいであろうが，障害児に即していえば，さらに次の事柄の検討が必要であると考えられる。その一つは「障害の程度」をどのように判断するかである。もう一つはその時点で保育所が用意している人的・物的条件を前提にして判断してよいのかどうかである。

この点について想起されるのは，保育所入所決定仮の義務付けの申立てを認めた2006年1月25日東京地裁決定（**判例7**）である。同決定は，カニューレを装着している4歳の子どもについて，当時の東京都東大和市が保育所に看護士（看護婦）1名を配置していることを踏まえて保育所での保育が可能であると判断した。本判決は，川越市の保育所における当時の一般的な職員配置状況を前提にして判断しているようであるが，適切であったかどうか慎重に検討されなければならない。

本判決の注目されるところは，被告の川越市の「その他の適切な保護」義務違反を認めたところである。保育所入所要件に該当する子どもを保育所に入所させることができない場合，市町村は保育所入所に代わる適切な保護を行わなければならないことは児童福祉法24条1項から明らかであるが，現実にはほとんど全ての市町村がこの義務を履行していなかった。このことを明確に認め，市町村に損害賠償の支払いを命じた裁判所の判決は，本判決以外にはないとみられる。

なお，児童福祉法の2015年4月改正により，同法24条1項は改正され，従前のただし書は削除された。

【事件のあらまし】

埼玉県川越市に居住し，いずれも居宅外労働に従事するX_1（原告）およびX_2（原告）は，小頭症による重度の障害児X_3（原告）の父母であり，1997年から2001年にかけて数回，X_3（について川越市長に対し児童福祉法24条1項に基づき保育所入所申請をしたが，同市長はX_3の障害を理由に，集団保育が不可能であると判断して保育の実施不可決定をした（本件で争われたのは2000年度（当時４歳児）と2001年度（当時５歳児）の保育の実施不可決定に関してである）。X_1およびX_2はX_3を保育所に入所させることができなかったので，X_3を数km離れて住んでいる祖父母の援助を受けながら，心身障害児通園施設や認可外の家庭保育室を利用した。

そこで原告らは，障害を理由にした保育所における集団保育の拒否は児童福祉法24条１項に違反する，川越市（被告）は同項ただし書の「その他の適切な保護」を加えていないなどとして，損害賠償を求めてさいたま地裁に提訴した（国家賠償請求裁判）。

裁判所の判断

■原告の損害賠償請求を認めた。

1　保育所入所を拒むことができる場合

児童福祉法24条１項による保育所入所の対象児童には，健常児，障害児に関わりなく児童一般が含まれる。「保育に欠ける」状況は本来客観的に存在するものであり，原告両親の勤務状況などに照らせば，原告X_3は児童福祉法24条１項の「保育に欠ける」児童であったというべきであるから，被告には，特段の事情がない限り，保育所において保育しなければならない義務が課せられていたというべきである。

しかしながら，児童福祉法24条１項ただし書は，やむを得ない事由があるときは保育所入所以外の保護を行うことを認めている。「『やむを得ない事由』の中には，付近に保育所がない，すでに保育所に定員一杯の児童が入所しているとき等の物理的，定員的障害の場合のほか，児童の年齢，性質，体力，障害の程度等から慎重に判断した結果，市町村の保育所が実施している集団保育の方法によっては適切な保育が不可能と判断される場合も含まれると解される。」市町村が「地域の保育所全体を通じての物的・人的条件，能力をもってしても申込にかかる児童を集団保育の観点から適切に受け入れ得ない」と判断したときは，児童福祉法24条１項ただし書の「やむを得ない事由」に該当するというべきである。

原告X_3は「座位が保てず，首が据わらず，四肢体幹機能障害により，自力での移動が困難な状態であり，他の児童とのコミュニケーションもなかなかとりにくい状況にあって，少なくとも，保育士をX_3のために，１人配置しなければ，施設入所することも不可能であったこと，保育所に入所する乳児，幼児の行動が，常に予測可能な範囲にとどまるものではなく，原告花子を集団保育の場に日常置くことは安全確保の面からも懸念された」「被告が，このようなことから原告花子の保育所における集団保育は不可能であると判断したことを不合理と評価することはできない」

2　市町村の「その他の適切な保護」義務

「保育に欠ける児童について『付近に保育所がない等やむを得ない事由』があるときは，市町村がそれらの児童を保育所に入所させて保育を実施しなくとも違法ではないが，その場合それに代替して「その他適切な保護」を加えなかった場合には，かかる市町村の不作為は法24条１項ただし書に反し違法となる」どのような措置が「その他適切な保護」に当たるかについては，諸般の事情を考慮して決しなければならないが，市町村は「保育所に入所することができなかった児童についてそれなりの保育状況の改善に資する措置を講じなければならない」

被告は「原告X_3の保育について保育所における集団保育になじまないと拒否しておきながら，特段の代替的措置をとることなく，いわば漫然原告X_3の祖父母や家庭保育室等の善意にまかせるまま放置したと評価されてもやむを得ないものがある。そうすると，本件の場合，被告には，児童福祉法24条１項ただし書に定める代替的保護義務違反であったものといわざるを得ない。」したがって，被告はこのような代替的保護義務違反に伴い生じた原告らの精神的損害に対し賠償する義務がある。

7 障害児に対する保育所入所決定の義務付け

◆東大和市保育所入所仮の義務付け申立て事件◆

東京地裁2006(平成18)年1月25日決定

裁判のポイント

市町村は，障害のある子どもの保育所入所を拒否できるか。

解 説

保育所入所申込みを行ったが不承諾となったとき，これを不服とする保護者は不承諾処分の取消訴訟を提起できる。この場合，さらに入所承諾決定を行うことを求める義務付けの訴えを提起するとともに，迅速な裁判所の判断が必要であるときは，仮の義務付け（民事訴訟の仮処分にあたる）の申立てを行うことができる。

本件は，保育所入所不承諾（処分）について，5歳児Aの保護者X（原告，申立人）が提起した仮の義務付けの申立てが認められた最初の裁判例であり（これまでのところ，この例のみ），大きな注目を集めた。この結果，被告（相手方）の東大和市は，直ちにAを市立保育所に「仮入所」させた。

東京地裁は，①保育所入所要件の「保育に欠ける」状態にある児童（児童福祉法24条1項。事件当時）に該当するとき，市町村が保育の実施の不承諾処分をすることは違法である，②幼児が保育所に入所して保育を受ける機会を喪失することは「償うことができない損害」に当たり，これを「避けなければならない緊急の必要性」があるとして，東大和市に対し入所承諾の「仮の義務付け」を命じて，待機児として放置されていた子どもの救済を図った。

①について補足すれば，本件のAには軽い障害があった。東大和市はこの障害を理由に「普通保育園」での保育は困難なので，入所不承諾としたのはやむを得ないとした。これに対して東京地裁は，障害者であるからといって一律に普通保育園における保育を認めないことは許されないとし，本件の5歳児については，「たん等の吸引と誤えんへの注意の点について格別の配慮を要するとしても，その程度に照らし，普通保育園に通う児童と，身体的，精神的状態及び発達の点で同視できるものであって，普通保育園での保育が可能である」と判断している。

なお，本件の本訴である入所不承諾処分取消訴訟および入所承諾を命じる義務付けの訴えについても，東京地裁は原告の請求を認めた（東京地裁2006年10月25日判決・確定。判時1956号，判タ1233号，賃社1441号，裁判所ウェブサイト）。

【事件のあらまし】

Aは喉頭軟化症により2001年11月に気管切開手術を受け，気管への空気の通り道を確保するため，常時カニューレを喉に装着・挿入している（2003年5月より肢体不自由児通園施設に通園している）。そのため，定期的にたん等の吸引が必要である。Xはとも働きであり，Aは保育所入所要件をみたしているので，保育所入所を申し込んだところ，東大和市福祉事務所長は，「たんの吸引措置が必要な健康状態であるところから……市として児童福祉法24条における適切な保育を確保することが困難との判断」をし，入所不承諾（処分）を通知した。

Xは，東大和市長に対して審査請求をした後の2005年11月，児童福祉法24条1項本文における「児童の保育に欠ける」事由があり，かつ，たん等の吸引が適切に行われれば，保育所に通園できるので，不承諾処分は違法であるとして，東京地裁に①不承諾処分の取消しを求める訴え（取消訴訟）を提起するとともに，②福祉事務所長が保育所入所を承諾する処分を行うべき旨を命ずることを求める訴え（義務付けの訴え）を提起し，あわせて③「償うことができない損害を避けるため緊急の必要があ」る旨を主張して，行政事件訴訟法37条の５に基づき東大和市に対し，福祉事務所長がＡの保育所入所を仮に承諾することを求める「仮の義務付け」を申し立てた。

本決定は，Ｘの申し立てた③に対して示されたものである。

裁判所の判断

■入所決定を行うよう命じた

1　保育の実施の義務

東京地裁は，市町村が「保育に欠ける」児童を保育所で保育しなければならないことについて，次のようにいう。

児童福祉法「24条１項に基づいて，児童の保育に欠けるところのある保護者から申込みがあったときに，処分行政庁（注　東大和市福祉事務所長）は当該児童に対し，保育所における保育を行う際に，当該児童が心身ともに健やかに育成する上で真にふさわしい保育を行う責務があるというべきである。このことは，当該児童が障害を有する場合であっても同様である。そして，真にふさわしい保育を行う上では，障害者であるからといって一律に障害のない者が通う普通保育園における保育を認めないことは許されず，障害の程度を考えて，当該児童が，普通保育園に通う児童と身体的，精神的状態及び発達の点で同視することができ，普通保育園での保育が可能な場合には，普通保育園での保育を実施すべきである。

よって，このような場合であるにもかかわらず，処分行政庁が，児童福祉法24条１項ただし書にいう『やむを得ない事由』があるとして，当該児童に対し，普通保育園における保育を認めなかった場合には，処分行政庁の保育所への不承諾処分は，裁量の範囲を超え又はその濫用となるものであって，違法となると解すべきである。」

「Ａがたん等の吸引と誤えんへの注意の点について格別の配慮を要するとしても，その程度に照らし，普通保育園に通う児童と，身体的，精神的状態及び発達の点で同視することができるものであって，普通保育園での保育が可能と認めるべきである」，したがって，Ａの「普通保育園での適切な保育が困難であって，児童福祉法24条１項ただし書にいう『やむを得ない事由』があると判断した東大和市福祉事務所長の判断は，裁量の範囲を超えまたはその濫用」であり，同所長が行った保育所入所の不承諾処分は違法である。

2　「仮の義務付け」の要件該当性

「仮の義務付け」を命じる要件である「償うことができない損害を避けるため緊急の必要性」とは，「処分または裁決がされないことによって被る損害が，原状回復ないし金銭賠償による塡補が不能であるか，または社会通念上相当に困難であるとみられる程度に達していて，そのような損害の発生が切迫しており，社会通念上，これを避けなければならない緊急の必要性が存在することをいう」

Ａは５歳であり，取消訴訟の確定を待っていては，「保育園に入園して保育を受ける機会を喪失する可能性が高い」。「子供にとって，幼児期は，その健康かつ安全な生活のために必要な社会習慣を身につけたり，自主的，自立的な精神をはぐくんだり，集団生活を経験することによって社会生活をしていく上での素養を身につけたりするなどの重要な時期であるということができるから，子供にとって，幼児期においてどのような環境において生活を送るかはその子供の心身の成長，発達のために重要な事柄である。……Ａが保育園に入園して保育を受ける機会を喪失するという損害は，その性質上，原状回復ないし金銭賠償によって塡補が不能な損害である。」「Ａは，現に保育園に入園することができない状況に置かれているのであるから，損害の発生が切迫しており，社会通念上，これを避けなければならない緊急の必要性」が認められる。

8　保育所入所申込みの不承諾

◆京都市保育所入所申込み不承諾処分取消請求事件◆

京都地裁2013(平成25)年1月17日判決

裁判のポイント

1．保護者は希望しない保育所への入所に同意しなければならないか。

2．申込み却下の行政手続。

解　説

2015年4月改正以前の児童福祉法24条1項は，本文で市町村は「保育に欠ける」乳幼児の保護者から申込みがあったとき（保育所を選択して申し込む)，保育所において保育しなければならないと定め，ただし書で「やむを得ない事由があるときは，家庭的保育事業による保育を行うことその他の適切な保護をしなければならない」と定めていた。この条文によれば，市町村に「保育に欠ける」子どもを保育所で保育すること，または「適切な保護」を行うことを義務付けているから，その反対解釈として，「保育に欠ける」子どもには，保育所保育またはこれに代わる「適切な保護」を受ける権利が保障されていると理解された。

法文の構造から明らかなように，市町村は保育所保育を行うのが原則であるが，地域に必要な数の保育所が設置されていない場合は，例外として「その他の適切な保護」を行うことになる。

定員などの制約のため，保育所入所（利用）申込書に記載（選択）された保育所に子どもを受け入れる余裕がないとき，市町村（福祉事務所）は入所申込みを承諾するわけにいかない（不承諾・申込みの拒否)。この場合，市町村は児童福祉法24条1項ただし書の「適切な保護」をしなければならない。「適切な保護」の具体的なあり方としては，無認可保育施設を活用した保育などが考えられるが，これにとどまるわけではない。しかし，実際には，多くの市町村で「適切な保護」を行っていなかった。

本件では，被告の京都市は，保護者が希望する保育所に余裕はないが，希望していない別の保育所であれば入所承諾（決定）を行うことができると判断し，この保育所への入所を促した。しかし，保護者はこれを拒否した。このような場合，保護者の希望する無認可保育施設に入所させなければ同市として「適切な保護」を行ったといえないのかどうかが争われた。京都地裁は，同市は別の保育所であれば入所承諾するとの意向を示しているのだから，「適切な保護」を行わなかったとはいえないとして，原告の保護者の請求を退けた。この判断が是認されるとすれば，結局のところ保護者の保育所選択（権）は無に帰してしまうのではないかという疑問が残る。

本件では，希望保育所の受入数に余裕がない場合の市町村による入所園児の選考（優先順位の判断）基準の未公表が問題となった。京都市は，この基準を「要綱」および「要領」という2つの行政内部文書で定めていたが，後者は公表されていなかった。この点をとらえて京都地裁は，行政手続法5条3項違反であると判断した。また，入所申込み不承諾通知書には「入所希望者が多数のため，選考した結果により，入所できませんでした」と理由が記載されていたが，本判決は，この程度の記載からは，どのような事実関係により他の児童の優先度が高かったのかをうかがい知ることができないとして，行政手続法8条に違反する理由記載であると判断した。

このように，本判決は行政手続法に則った誠実な行政事務の実施を求めているが，結論的には，原告の損害賠償請求を退けており，いささか色あせたものになってしまった。

【事件のあらまし】

京都市在住のXは，年度途中の9月から0歳児のA保育所への入所を希望して福祉事務所に入所申込みを行ったが，入所の受入れができる枠が１名であったところ，他に入所の優先順位の高い子どもがいることを理由にして，福祉事務所は申込みを拒否し（不承諾処分），「保育所入所に関する通知書」（本件通知書）でＸに告知した。これを不服とする原告Ｘは，京都市長に審査請求を行ったが棄却されたので，違法な本件拒否処分により損害（精神的苦痛）を被ったとして，京都市を被告とする損害賠償請求（国家賠償法１条１項）の訴えを京都地裁に提起した。

本件の争点は次のとおりである。

①Ａ保育所への入所に代わる「適切な保護」を行わなかったことは違法ではないか（児童福祉法24条１項ただし書違反）。

②入所の優先順位を判断する基準（審査基準）が公にされていなかったことは，行政手続法５条３項に違反するのでないか。

③本件通知書に記載されている不承諾理由は不十分であり，行政手続法８条１項に違反するのではないか。

裁判所の判断

■損害賠償請求を棄却した。

1　適切な保護」の不作為（争点①）

京都地裁は，Ａ保育所入所の優先順位の判断は公正に行われた（Ａ保育所への入所決定をしなかったことに問題はない）として，Ａ保育所への入所決定はできないとしたうえで，児童福祉法24条１項ただし書の「適切な保護」が行われたかどうかを検討している。本判決は，保護者の負担は増すものの，送迎が可能で福祉事務所としも入所承諾ができる別の保育所がある旨をＸに教示したのに，ＸはＡ保育所以外の保育所への入所を申し込まなかった，別の保育所の入所承諾は「実現可能な最善の『適切な保護』と考えられるところ，Ｘはそこへの入所を希望しなかった，このような場合，福祉事務所はそれ以外の代替保護措置を講じる義務はないと判断した。

2　優先順位の判断基準の不公表（争点②）

「京都市保育の実施に関する要綱」は保育所入所希望者が多い場合に，優先度の高低を判断する審査基準であり，公表されていた。京都市はこの要綱の運用のため「保育所入所選考方法及び選考基準取扱要領」を定めていた。本判決は，本件取扱要領もまた審査基準の一部を構成すると認められるとしたうえで，京都市は「内部資料であるとしてこれを公にしていない。本件取扱要領を公にしないことは行政手続法５条３項に抵触しているように思われる」と判断しているが，「このことによって，申請拒否処分を受けた原告の権利利益が侵害されたとは認められない」として，Ｘの請求を退けた。

3　不承諾理由の記載の不備（争点③）

行政処分（本件の場合は保育所入所不承諾処分）を行う際に，行政庁（福祉事務所長）に義務付けている申請却下理由の提示（行政手続法８条）について，本判決は次のようにいう。

「この規定は，行政庁の判断を慎重ならしめ，処分の理由を申請者に知らせて不服の申立てに便宜を与える意図の下に置かれたものと解されるから，理由を記載した書面には，行政庁がどのような事実認識に基づき，そのような審査基準へのあてはめをしたのかが分かるような理由を記載しなければならないと解される。

ところが，本件通知書の付記された理由は『入所希望者が多数のため，選考した結果により，入所できません』というものにすぎず，この記載からは，どのような事実関係があったため，Ｒよりも他の児童の優先度が高かったのかをうかがい知ることができない。このような理由の付記は，行政手続法８条に適うものとはいい難い。」「本件処分は行政手続法８条１項に反して行われたものといわざるを得ないが，理由付記の違法は，直ちに処分の名宛人に具体的な損害を発生させるものではないから，国家賠償請求という手段で間接的にその違法を是正することは困難であって，本来的には，行政不服審査法に基づく裁決又は裁決に対する取消訴訟によってその違法を是正すべきことになる。」

9 母親の育児休業取得を理由とする保育所退園決定

◆所沢市保育所利用継続拒否処分執行停止申立て事件◆

さいたま地裁2015(平成27)年9月29日決定

裁判のポイント

母親が育休を取得した時，在園児（上の子）の保育所継続利用は認められるか。

解 説

本件は，2015年4月に新保育制度が実施された直後に埼玉県所沢市で生じた，保育所入所中の子ども（長女A。2015年3月31日現在満2歳）について，保護者の育児休業取得を理由として，同市が行った保育の利用解除（保育所退所決定）をめぐる裁判である。

2015年4月より新法の子ども・子育て支援法や児童福祉法の改正法などが実施され，「保育の利用」の仕組みは改められている（新制度）。児童福祉法による保育所の入所・利用の仕組みも一部改められたが，基本的な部分は維持されている。すなわち，同法24条1項は改正され，保育所の入所・利用の要件は「保育に欠ける場合」から「保育を必要とする場合」に改められたが，改正後の同項（現行の規定）には，市町村は「保育を必要とする」子どもを「保育所において保育しなければならない」と定めているから，市町村の保育の実施義務は変更されていない。

所沢市では，以前は保護者が育児休業をとったとき，保育所に入所中の子どもは引き続き保育所入所・利用の要件に該当するとして，継続的に入所することができた。この取扱いは，法令に明記されていたわけでなく，厚生労働省の通達などを踏まえた同市の法解釈によるものであった。ところが，同市は，新制度移行後は保護者が育休をとると，それまで保育所に入所していた3歳未満の子どもを退園させる方針をとることにしたため，この裁判の提起となった。

新制度での保育所入所・利用の要件である「保育を必要とする場合」については，子ども・子育て支援法施行規則1条で具体化され，その第9号に「育児休業をする場合であって，当該保護者の当該育児休業に係る子ども以外の小学校就学前子どもが特定教育・保育施設又は特定地域型保育事業……を利用しており，当該育児休業の間に当該特定教育・保育施設等を<u>引き続き利用することが必要であると認められること</u>。」と定められ（下線は筆者），育児休業中が「保育を必要とする場合」に当たることが明記された。所沢市は，この条項の下線部分について，在園児が年度の初日の前日に3歳，4歳または5歳である場合とし（所沢市保育の必要性の認定等に関する規則（以下では「本件規則」という）3条2項1号），3歳未満児は原則として保育所などを「引き続き利用することが必要である」と認めないこととした（この背後には「3歳までは親のもとで育てるのがよい」という所沢市長の独特の子育て思想があるようである）。

このような3歳未満児の継続入所を認めないことについては，市民から強い批判が出されたようである。同市は，6月1日付けで本件規則を改正し，その第3条2項に第6号として「前各号に掲げるもののほか，在園児の家庭における保育環境等を考慮し，引き続き保育所等を利用することが必要と認められる場合」を追加し，3歳未満児の継続入所に道を開いた。

本件では，上述の長女を保育所に入所させている母親がBを出産し，育児休業を取得したが，Aの保育所入所の継続をはかるための手続を所沢市に対しとった。しかし，同市は本件規則3条2項6号の場合に該当すると認めず（保育の利用継続不可決定），保育の実施を解除したので（保育の利用解除処分），長女は保育所を退園した。そこで，母親が行政訴訟（取消訴訟・執行停止申立て）を提起したところ，裁判所は執行停止申立てを認め，所沢市長が行った保育の利用継続不可決定と，所沢市福祉事務所長が行った保育の利用解除処分のいずれについても効力停止の決定を行った。この結果，Aは，取消訴訟の結果を待たず，元の保育所に復帰できた。

執行停止を決定した理由について，さいたま地裁は，まず，母親は出産後，産後高血圧症となり，慢性的な頭痛に悩まされているなど，心理的に不安定な状況にあること，夫Cは以前に病気休職をしたことがあり，現在も就業が不規則であり，かつ夜勤で家を空けることが多く，家事，育児に十分な協力が得られないなどの事情を考慮すれば，「保育を必要とする場合」にあたらないとする同市の判断は違法とみる余地があるとした。また，同地裁は，所沢市福祉事務所長が行った保育の利用解除処分（退園決定処分）は行政手続法にいう不利益処分（2条4号）にあたるにもかかわらず，同法15条以下に定められている聴聞の手続きを経ていないという違法があると判断する余地もあるとした。

ここで執行停止申立て制度について，簡単に説明しておこう。この制度は民事訴訟の仮処分にあたるものである。原告は行政処分の取消しの訴え（取消訴訟）を提起したうえで，その効力・執行の停止申し立てる。この場合，裁判所は簡易迅速に判断し，取消訴訟の判決を出す前に，①行政処分の執行により「重大な損害を避けるための緊急の必要があるとき」で（行政事件訴訟法25条2項），②取消訴訟（本案）に理由がないとみえるときにあたらないと判断したとき（同条3項），申立てを認めて行政処分の効力・執行を停止することができる。保育所退園決定を裁判で争う場合，係争中に子ども・子育て支援法は就学してしまうなど，裁判を争う意味がなくなってしまうことがある。このような場合，行政処分執行停止制度を活用することにより，問題の早期「解決」を図ることができる。本件はそのような事例である。

【事件のあらまし】

本件の申立人である母親は所沢市民であり，就労している（夫も就労）。そして，同市福祉事務所長の承諾を得て，その長女A（2015年3月31日現在2歳児）を同年4月から（2019年3月まで）A保育所に入所させている。母親は，2015年6月20日にBを出産し，その後育児休業を取得した。この場合，「在園児の保育の利用を継続しようとする保護者」は，同市長にその旨を申請し，保育の利用継続決定がされれば，在園児は，保育所で引き続き保育を受けることができる。

本件では，同年7月16日付けで，Aは本件規則3条2項6号にあたるとして，保育の利用継続申請がされた。所沢市長はこれを認めず，8月13日付けで，同号に該当しないとしてこれを却下した（本件継続不可決定）。そして，9月1日，同市福祉事務所長は，Aにつき，保育実施の認定事由に該当しないことを理由に，保育の利用を解除した（本件解除処分。退園決定である）。

そこで，母親（原告・申立人）は，8月31日，本件継続不可決定処分の取消訴訟の提起とその執行停止申立てを，また，9月

11日，本件解除処分の取消訴訟の提起とその執行停止申立てを，いずれも所沢市を被告・相手方として，さいたま地裁に対し行った。同地裁は，執行停止申立てを認め，両処分の効力を停止する決定をした。

裁判所の判断

■保育所退園処分の執行停止を決定した。

1 重大な損害を避けるための緊急の必要

「幼児期は，人格の基礎を形成する時期であるから，児童にとって，幼児期にどのような環境の下でどのような生活を送るかは，こうした人格形成にとって重要な意味を有するものである。そして，児童は，保育所等で保育を受けることによって，集団生活のルール等を学ぶとともに，保育士や他の児童等と人間関係を結ぶこととなるのであって，これによって，児童の人格形成に重大な影響があることは明らかである。そうすると，一旦本件保育所で保育を受け始めたAが，本件保育所で継続的に保育を受ける機会を喪失することによる損害は，A，ひいては親権者である申立人にとって看過し得ないものとみる余地が十分にある。……Aが本件保育所において保育を受けられないのは，A及び申立人双方にとって酷な事態ということもできる。そして，Aや申立人のこれらの損害は，事後的な金銭賠償等によって補填されるものではあり得ない。

以上によれば，申立人にとって，本件各決定により重大な損害を避けるため緊急の必要があるというべきである。」

2 本案について理由がないとみえるとき保育の利用を継続する必要性

「①申立人は，Bを出産後，産後高血圧となり，慢性的な頭痛に悩まされており，鎮痛剤の処方を受けているばかりか，Bの発育状況に不安があることなどから心理的に不安定な状況になっていること，②申立人の夫であるCは，５年前にうつ病を発症し，３箇月間休職をしていた上，現在も，就業が不規則であり，かつ，夜勤があるために家を空けることが多く，家事や育児に足して十分な協力を求めることは期待し難いこと，また，仕事や家庭の環境の変化によって，Cがうつ病を再発することも懸念されること……などが認められ，これらの諸事情を勘案すると，Aにつき保育の利用を継続する必要がないと断ずることはできないというべきである」。

したがって，本件継続不可決定を違法とみる余地がないとはいえない。

本件各決定は行政手続法にいう不利益処分か

保護者が育児休業をする場合，在園児を引き続き保育所に入所させようとすれば，保育の必要性の認定を受けなければならないが，所沢市では，この認定は，保護者による保育の利用継続申請を受けてなされており，したがって，所沢市長が行った本件継続不可決定は，行政手続法２条４号ロにあたり，不利益処分ではない。

本件継続不可決定が行われたからといって，「そのことから直ちに，相手方と保護者との間の保育の利用に係る契約関係が消滅するということはできず，当該契約關係を消滅させるためには……所沢市福祉事務所長が保育の利用を解除することが必要というべきである」。そうすると，本件解除処分は，行政手続法２条２号の不利益処分にあたり，同法13条１項の聴聞手続をとる必要があるにもかかわらず，これをとっていない。したがって，本件解除処分は違法とみる余地がある。

2　公立保育所の廃止（民営化）

小解説

1990年代以降，公立保育所を廃止（民営化）する事例が多発している。保育所が廃止されると，在園児は退所（退園。場合によっては転園）となる。この退所処分を行政訴訟で争う裁判が続発した。**判例10**は園児とその保護者が原告となって公立保育所の廃止処分を取消訴訟で争った事案である。**判例11**は，公立保育所が廃止される直前に，廃止処分の差止め訴えを提起するとともに，合わせて仮の差止めが申し立てられ，後者が認められた例である。なお，差止めの訴えを提起しても，決められた期日になると公立保育所は廃止される。そのような場合，差止めの訴えを取消訴訟に変更すれば，裁判は継続される。**判例12**は，公立保育所の廃止・民営化に伴って園児に発生した「被害」について，損害賠償請求が認められた事例である。いずれの判例も，社会的影響が大きかったものであり，今後，同じような問題が行ったときには，参考になると考える。

現在，新保育制度のもとで，保育所あるいは幼稚園を廃止して幼保連携型認定こども園を新設する事例が，各地でみられるが，公立保育所廃止・民営化裁判の論点が参考にされるべきであろう。

10　横浜市立保育所の廃止・民営化

◆横浜市立保育所廃止処分取消請求事件◆

横浜地裁2006（平成18）年５月22日判決，最高裁2009（平成21）年11月26日判決

裁判のポイント

1．保護者は，子どもの保育所を選択できる法的地位・権利を有するか。
2．保育の実施期間中に，子どもが入所している保育所を廃止できるか。
3．公立保育所廃止の条例は，行政庁の処分か（取消訴訟で争うことができるか）。
4．廃止する際の市町村の裁量のあり方。

解　説

1　保育所を選択し得る法的利益・地位

保育所入所にあたって，保護者は希望保育所を選択して入所申込みを行い，市町村がこれを承認すれば，「保育所入所承諾書」が送られてくる。この承諾通知書には，保育所名，保育の実施期間が記載されている。厚生労働省は，このような入所・利用の関係は契約によるものであると説明している。したがって，保護者には，入所申込みを行うにあたり保育所を選択する権利が認められ，入所が決まれば保育の実施期間が満了するまで選択した保育所で保育を受けることができることになる。これがこの契約の意味するところである。

以上の趣旨を横浜地裁は「保護者に対して，その監護する乳幼児が保育の実施を受けるべき保育所を選択し得るという地位を一つの法的利益として保障した」として，また，最高裁は「特定の保育所で現に保育を受けている児童及びその保護者は，保育

の実施期間が満了するまでの間は当該保育所における保育を受けることを期待し得る法的地位を有する」として認めている。つまり，両判決ともに，園児とその保護者の保育所選択の権利を認めたと理解できる。

両判決は，このような法的地位または法的利益は「保育の実施が解除されない限り(児童福祉法33条の４参照)」認められるとしている。言い換えれば，保育の実施期間中に保育の実施の解除が適法に行われれば，この「法的地位」は否定され得るのである。そうだとすれば，これからの公立保育所廃止・民営化裁判では，保育の実施を解除する手続きが適法に行われたかどうかも争点となり得るであろう。

2　廃止の処分性（取消訴訟の適法性）

行政事件訴訟法の抗告訴訟・取消訴訟は，「行政庁の公権力の行使」「行政庁の処分その他公権力の行使に当たる行為」を争う訴訟である（同法３条１項・２項)。つまり，行政庁の処分・行政処分が抗告訴訟・取消訴訟の対象となる。これに当たらない場合は，行政が行った行為であっても，抗告訴訟・取消訴訟で争うことはできない。行政庁の処分・行政処分でないものを抗告訴訟・取消訴訟で提訴すると，訴えが不適法であるとして却下（門前払い）される。

条例の制定や改正（改正条例の制定）が行政庁の処分・行政処分でないことは，広く承認されている。しかし，これには例外があるとされ，両判決ともに，公立保育所を廃止する条例の制定は例外に当たると認めた。この点，控訴審の東京高裁は，条例制定は行政処分性を認めず，事実上，公立保育所廃止を裁判で争う道を閉ざすものであったが，最高裁判決はこのような東京高裁の判断を改め，公立保育所の廃止を定める条例制定を裁判で争えるとしたものであり，注目されている。

3　違法なの廃止と損害賠償

公立保育所の廃止が違法であるとされるとき，園児と保護者に対し損害賠償が命じられる場合がある。横浜地裁は「保護者原告らは……突然に本件民営化の計画を知らされて以来，被告の担当者らに対して反対の意思を表明してきたものの，結局は……予定どおり実施され，これに対する憤りや，引き継ぎ，共同保育の期間が十分でなかった等のことから児童の保育環境の悪化を心配し，心を痛めたものと認められる」として，慰謝料として１世帯につき10万円の損害賠償を命じた。

【事件のあらまし】

横浜市は，2003(平成15)年２月に同市児童福祉審議会が出した「意見具申」を受けて，同年４月に「今後の重点保育施策（方針)」を策定・公表し，「市立保育所の民営化」を掲げた。これによれば，2004(平成16)年度から各行政区１園ずつ，年４園程度を民営化することとし，本裁判で争われた４市立保育所の廃止・民営化が計画された。

同市は，この４保育所の保護者に2004年４月より民営化する方針を通知し，それぞれ説明会を実施し，2003年７月以降，民営化される４保育所の設置・経営を引き受ける社会福祉法人の募集・選考を行い，同年11月にその結果を発表した（建物は有償譲渡，土地は無償貸与，備品は無償譲渡)。

同市は，同年12月５日，「横浜市保育所条例の一部を改正する条例案」を市議会に提出し，同月18日，同条例案は可決された。この改正条例（本件条例）の制定により４保育所の廃止・民営化が決定した。そこで，これらの保育所の園児とその保護者が原告となり被告を横浜市として，本件条例の制定によって行った市立保育所の廃止処分の取消しを請求する訴え（取消訴訟）と損害賠償請求訴訟を横浜地裁に提起した。なお，原告らは保育所廃止処分の執行停止を申し立てたが，同地裁および東京高裁ともに認めなかった。このため，4保育所は2004年4月1日に廃止・民営化された。

第1審の横浜地裁は保育所廃止処分の違法性を認めたが，いわゆる事情判決制度（行政事件訴訟法31条）を適用して取消請求そのものは棄却した。損害賠償請求については，1世帯あたり10万円の慰謝料の支払いを横浜市に命じた。被告の横浜市が東京高裁へ控訴した。同高裁（2009年1月29日判決）は公立保育所の廃止は条例改正により行われるが，条例の改正は取消訴訟の対象となる行政庁の処分（行政処分）とはいえなとして，取消訴訟は不適法であるとした（原判決を取り消し，請求を却下）。損害賠償請求については請求を退けた。

原告の園児・保護者が最高裁に上告した（損害賠償請求については，上告受理申立て理由が上告受理決定において排除された）。最高裁判決の時点では，原告の園児全員が小学校に就学していた。そのため，取消訴訟の訴えの利益は消滅したとして上告は棄却されたが，最高裁は上述の東京高裁の条例改正は取消訴訟（抗告訴訟）の対象とならないという判断は是認できないとし，逆にこれを肯定する判断を示した。

裁判所の判断

■横浜地裁判決

1　改正条例の処分性（取消訴訟の適法性）

「（児童福祉）法24条は，保護者に対して，その監護する乳幼児が保育の実施を受けるべき保育所を選択し得るという地位を一つの法的利益として保障したものと認め」られる。

「入所時における保育所の選択は……その後の一定期間にわたる継続的な保育の実施を当然の前提としたものであ（り）……必然的に入所後における継続的な保育の実施を要請するもの」である。入所に当たっては「具体的な保育の実施期間を前提として利用関係が設定されるのであるから，この保育期間中に当該選択に係る保育所を廃止することは，このような保護者の有する保育所を選択し得るとの法的利益を侵害するもの」である。

「本件改正条例は，本件4園を平成16年3月末日をもって廃止することを定めるものであるから，これが法33条の4に定める保育の実施の解除に当たることは否定できない」「児童及び保護者の特定の保育所で保育の実施を受ける権利は，いずれも法律上保護された利益であり，本件改正条例の制定は，このような利益を他に行政庁による具体的な処分によることなく，必然的に侵害するものである。また，本件改正条例は本件4園における保育の実施を解除するものであり，法はこれを不利益処分と位置づけていると解される。」

以上から，本件改正条例の制定は，行政事件訴訟法3条2項所定の「処分」に該当すると解される。

2　改正条例による4保育所廃止の違法性

市町村の設置する保育所の廃止は，設置者の政策的な裁量判断にゆだねられており，園児や保護者の同意が得られない限り廃止できないとまではいえない。しかし，保育所廃止は無制約的に許されるわけではなく「当該施設が保育所であるという施設の性質や入所中の児童や保護者の前記利益が尊重されるべきことを踏まえたうえで，その廃止の目的，必要性，これによって利用者の被る不利益の内容，性質，程度等の諸事情を総合的に考慮した合理的なものでなければならない」

「保育所としての性質からして，利用者の日々の生活と密接に結びついており，長期間にわたり，継続的な利用関係が想定されていること，その廃止が利用者に与える影響は……一般的には深刻なものがあると考えられること，法は市町村に対して必要な保育所の設置義務を定めていること（24条），……法は，児童及び保護者の特定の保育所で保育を受ける利益を尊重すべきものとしていること等のことが挙げられるのであり，これらの点にかんがみるならば，その廃止について……市町村の広範な裁量にゆだねられているとは解し得ない。」

入所児童がいる保育所の廃止・民営化は，「当該保育所で保育の実施を受けている児童及び保護者の特定の保育所で保育の実施を受ける利益を尊重する必要があり，その同意が得られない場合には，そのような利益侵害を正当化し得るだけの合理的な理由とこれを補うべき代替的な措置が講じられることが必要である」

「本件民営化について大方の保護者の承諾が得られているとはいい難い状況であった。のみならず，これら保護者と被告との関係は，本件民営化に向けて建設的な話し合いが期待できるという状況にはなく，早急に信頼関係の回復が見込める状況にもなかったといわざるを得ない。」

「公立保育所を民営化するについて，保護者全員の同意が必要とまでは解されないが，本件民営化について保護者らが上記のような対応をとったことについては，突然に本件民営化が公表されたことや上記の被告の対応等に照らすと，一概に理不尽なものということはできず，また，それが極く一部の保護者の意向であったとも認められない。」

「このような状況下にあった平成15年12月18日の時点で，平成16年４月１日に本件民営化を実施しなければならないといった特段の事情があったとはいえない。」

以上からすれば，「被告が，本件改正条例の制定によって，上記民営化を平成16年４月１日に実施する……としたことは，その裁量の範囲を逸脱，濫用し」違法である。

3　損害賠償請求（国家賠償請求）

「被告としては，平成16年４月１日以降も保育期間が満了しない児童らが本件４園で保育の実施を受ける予定であったのであるから，仮に本件４園を廃止，民営化する場合には，これによる児童への悪影響を最小限にとどめるに必要な措置をとり，また，そのような観点に立って民営化の実施時期を定めるべき注意義務を負っていた」

本件改正条例の制定により，本件４園を廃止，民営化する時期を平成16年４月１日としたことが，その裁量権を逸脱，濫用したもので違法と解されることは前述したが，「上記の注意義務に照らすならば，この点は国家賠償法上も原告らに対する違法行為となるものと解される。」

「保護者原告らは，……平成15年４月後半に突然に本件民営化の計画を知らされて以来，被告の担当者らに対して反対の意思を表明してきたものの，結局は本件改正条例の制定により本件民営化は予定どおり実施され，これに対する憤りや，引き継ぎ，共同保育の期間が十分でなかった等のことから児童の保育環境の悪化を心配し，心を痛めたものと認められる」「これら保護者原告らの精神的な苦痛を慰謝する額としては，一世帯につき金10万円を基準として」認めるのが相当である。

■最高裁判決

「市町村は，保護者の労働又は疾病等の事由により児童の保育に欠けるところがある場合において，その児童の保護者から入所を希望する保育所等を記載した申込書を提出しての申込みがあったときは，希望児童のすべてが入所すると適切な保育の実施が困難になるなどのやむを得ない事由がある場合に入所児童を選考することができること等を除けば，その児童を当該保育所において保育しなければならないとされている（児童福祉法24条１項～３項）。平成９年法律第74号による児童福祉法の改正がこうした仕組みを採用したのは，女性の社会進出や就労形態の多様化に伴って，乳児保育や保育時間の延長を始めとする多様なサービスの提供が必要となった状況を踏まえ，その保育所の受入れ能力がある限り，希望どおりの入所を図らなければならないこととして，保護者の選択を制度上保障したものと解される。そして，前記のとおり，被上告人においては，保育所への入所承諾の際に，保育の実施期間が指定されることになっている。このように，被上告人における保育所の利用関係は，保護者の選択に基づき，保育所及び保育の実施期間を定めて設定されるものであり，保育の実施の解除がされない限り（同法33条の４参照），保育の実施期間が満了するまで継続するものである。そうすると特定の保育所で現に保育を受けている児童及びその保護者は，保育の実施期間が満了するまでの間は当該保育所における保育を受けることを期待し得る法的地位を有するものということができる。

ところで，公の施設である保育所を廃止するのは，市町村長の担任事務であるが（地方自治法149条７号），これについては条例をもって定めることが必要とされている（同法244条の２）。条例の制定は，普通地方公共団体の議会が行う立法作用に属するから一般的には，抗告訴訟の対象となる行政処分に当たるものでないことはいうまでもないが，本件改正条例は，本件各保育所の廃止のみを内容とするものであって，他に行政庁の処分を待つことなく，その施行により各保育所廃止の効果を発生させ，当該保育所に現に入所中の児童及びその保護者という限られた特定の者らに対して，直接，当該保育所において保育を受けることを期待し得る上記の法的地位を奪う結果を生じさせるものであるからその制定行為は，行政庁の処分と実質的に同視し得るものということができる。」

「以上によれば，本件改正条例の制定行為は，抗告訴訟の対象となる行政処分に当たると解するのが相当である。」

◆安芸市立穴内保育所休止処分執行停止申立て事件［高知地裁2010（平成22）年３月23日決定］

2010年３月23日，高知地裁は，安芸市立穴内保育所休止処分の執行停止を命じた。これにより，安芸市は予定していた同年４月１日からの同保育所の休止を行えなくなった。

公立保育所の廃止については，最高裁が「保育所の利用関係は，保護者の選択に基づき，保育所及び保育の実施期間を定めて設定されるものであり，保育の実施が解除されない限り，保育の実施が満了するまで継続するものである」との判断を示しているが（判例10），高知地裁決定は，この最高裁判決を踏まえたものである。

事案のあらましは次のとおり。安芸市は，数年前より穴内保育所の廃止を計画し，2007年には同保育所廃止条例案を提案したが，市議会は否決した。ところが，2009年11月，同保育所の休止を決定した（期間は2010年４月１日から翌年３月31日まで）。休止されると，園児はバスで別の市立Ａ保育所に通うことになる。そこで，保護者は穴内保育所休止処分取消訴訟を提起し，合わせて執行停止を申し立てた。高知地裁が示した執行停止の主な理由は次のとおりである。

・穴内保育所での保育の実施期間は１年間に限定されているが，保護者は，小学校就学までの期間，同保育所での保育を受けることを期待しうる法的地位を有する。
・同保育所とＡ保育所との間での引継ぎ期間が設けられていないなど，園児と保護者が受ける不利益は看過できない。バス通園の保育関係への影響も無視できない。
・以上のような事情からすれば，休止処分の執行を停止し，園児と保護者の損害の発生を避ける緊急の必要性は高い。
・本件の休止処分は実質的には廃止処分にあたるものであり，条例改正の手続きをとらないことは，地方自治法244条の２第１項に反し，違法である。

11　神戸市立保育所廃止・民営化

◆神戸市立枝吉保育所廃止処分仮の差止め申立て事件◆

神戸地裁2007(平成19)年2月27日決定

裁判のポイント

公立保育所の廃止を差止めの訴え・仮の差止めの申立てから認められるか。

解　説

公立保育所の廃止は条例を制定（保育所設置条例の改正）して行われるので，条例の制定行為を行政庁の処分（行政処分）と構成して取消訴訟で争われるのが一般的である。ところが，神戸市は市立枝吉保育所の廃止を定める条例案を，廃止予定日の直前に市議会に提出するとしていたため，同条例の成立・公布は予定日の2～3日前になると予想された。その時点で取消訴訟を提起しても，審理が始まる前に条例は施行され，同保育所は廃止されてしまう。そこで，同保育所の保護者と園児は，行政訴訟の一類型である差止めの訴えを提起し，合わせて仮の差止めを申し立てた。

差止めの訴えは，行政庁が行政処分をすべきでないにかかわらずこれがされようとしている場合に，その行政処分をしてはならない旨を命じることを求める裁判であり（行訴法3条7項・37条の4），緊急の必要がある場合は仮の差止めを申し立てることができる（同前37条の5第2項）。仮の差止めは民事訴訟の仮処分（仮差止め）に相当するもので，本訴の差止めの訴えの確定をまっていては救済の実があがらない場合に，簡略な手続きで，早急に当事者の権利や利益の保全をはかる行政訴訟の一種である。

神戸地裁決定は，決定により仮の差止めの申立てを認め，神戸市に対し，枝吉保育所の廃止を定める条例制定により同保育所を2007年3月31日限りで廃止する旨の処分をしてはならないと命じた。このため，同市は同保育所の同日限りでの廃止ができなくなり，関係者から大きな注目を受けた。なお，差止めの裁判で公立保育所の廃止が止められたのは，これまでのところ，この裁判だけである。

裁判所は次の2つの要件に該当するとき，仮の差止めを命じることができる。①行政処分がされることにより生じる償うことができない損害を避けるため緊急の必要があるとき，②本案（本訴の差止めの訴え）に理由があるとみえるとき（行訴法37条の5第2項）。

神戸地裁は，「裁判所の判断」の1のように，枝吉保育所を廃止し民営化するにもかかわらず，引継ぎは2007年3月26日から行う予定であることなどに着目して，要件①の該当性を認めた。要件②については，公立保育所廃止にあたり神戸市には裁量権が認められるが，その行使は保護者と園児に認められている保育所選択権の制約を合理化できるものでなければならないとし，本件の場合，極めて不十分で実質的にみれば無きに等しい性急な共同保育を経ただけでの同保育所の廃止は，裁量権の濫用にあたり，違法であるとした（「裁判所の判断」の2）。

【事件のあらまし】

神戸市は，2006年より枝吉保育所の廃止・民営化を計画していたが，同保育所の保護者の大半はこれに強く異をとなえていた。しかし，同市は保護者の言い分に耳を貸そうとせず，ひたすら07年3月31日限りでの同保育所廃止（法的には4月1日廃止）の準備を進めていた。3月31日限りで公立保育所を廃止・民営化するためには，保育所設置条例を前年中に改正するのが通例であるが，同市は06年の12月議会に同条例の改正案を提出せず，07年の２月・３月議会に同案を提出することにした。

話合いによる問題の解決は不可能と判断した保護者たちは，裁判に訴えることにした。設置条例が改正されて同保育所の廃止が決まっていれば，保育所廃止処分取消訴訟を提起するのだが，枝吉保育所の場合，いまだ設置条例は改正されていない。つまり，枝吉保育所の廃止処分はいまだ行われていない。そこで，保護者と園児は，07年２月・３月市議会での可決・成立が確実視されている設置条例の改正の差止めの訴えを提起するとともに，あわせて仮の差止めを申し立てた。

裁判所の判断

■仮の差止めの申立てを認めた。

1　償うことのできない損害を避けるための緊急の必要（要件①）

本決定は以下のように述べて，これを認めた。

神戸市は，枝吉保育所を2007年３月31日限りで廃止し，４月１日に民営化しようとしているにもかかわらず，引継ぎは同年３月26日から行う予定にしている。「わずか５日程度の共同保育及びその他の書面等による引継ぎにより，個々の児童の個性等を把握し，その生命，身体の安全等に危険が及ぶことのない体制を確立できるとはおよそ考えられない。」「関係者の多くが反対する中，わずか５日間だけの移管前共同保育による本件保育所の民間移管を強行すれば，これに伴って多大な混乱が起きる蓋然性は極めて高い」

「児童福祉法24条は保護者に対してその監護する乳幼児にどの保育所で保育の実施を受けさせるかを選択する機会を与え，市町村はその選択を可能な限り尊重すべきものとしており，これは保護者に対して保育所を選択し得るという地位（入所後，当該保育所において，一定期間にわたる継続的な保育の実施を受ける地位を含む。）を法的利益として保障しているものと認められること，児童自身についても，直接の保育の対象であることから，上記の法的地位が認められるべきであることからして，かかる意味での保育所選択権であるというべきである。」「極めて不十分で実質的にみれば無きに等しい性急な共同保育を経ただけで市立保育所としての本件保育所を廃止してこれを民間移管することは」保護者らの「保育所選択に関する法的利益を侵害するものであり，社会通念に照らして金銭賠償のみによることが著しく不相当と認められる」

2　枝吉保育所廃止の違法性（要件②）

本決定は以下のように述べて，枝吉保育所の廃止は違法であるとした。

「市町村が，その設置している当該保育所を廃止すること自体が全く許されないわけではないというべきであり，廃止についての判断は保育所を取り巻く諸事情を総合的に考慮した上での当該市町村の政策的な裁量判断にゆだねられている」

「保育所廃止に係る判断は無制約に許容されるわけではなく，当該施設が保育所であるという施設の性質や入所中の児童や保護者の前記利益が尊重されるべきことを踏まえた上で，その廃止の目的，必要性，これによって利用者の被る不利益の内容，性質，程度等の諸事情を総合的に考慮した合理的なものでなければならないことは当然である。そして，本件においては，市立保育所としての本件保育所の廃止による保育所選択権の侵害を保育児童やその保護者らに受忍させるには，児童及び保護者の損害及び不利益をできる限り少なくするため十分な措置を講ずることが必要となるというべきである。」

神戸市から「本件法人への円滑な引継ぎのために行われる共同保育の計画の期間，内容及び実行可能性等については計画自体において問題があり……極めて不十分で実質的にみれば無きに等しい性急な共同保育を経ただけで市立保育所としての本件保育所を廃止しこれを民間移管することは，申立人ら（保護者と園児）の保育所選択権を，相手方（神戸市）に与えられた裁量権を逸脱又は濫用して侵害するものといわざるを得ず，本案について理由があるとみえる場合に当たる」

12　大阪府大東市立保育所の廃止・民営化

◆大東市立上三箇《かみさんが》保育所廃止・民営化損害賠償請求事件◆

大阪高裁2006（平成18）年４月20日判決

裁判のポイント

公立保育所の廃止・民営化により子どもに発生したトラブル被害の損害賠償。

解　説

公立保育所の廃止を親・保護者，その子どもが原告となって争う裁判は，2000年代に入り，まず大阪府下の３市（高石，大東，枚方）で提起された。本件は２番目に提訴されたものであり（取消訴訟と損害賠償請求訴訟）であり，第一審の2005年１月18日大阪地裁判決はいずれの訴えも棄却し，原告の敗訴であった。ところが，控訴審の大阪高裁は，原告の親たちの損害賠償請求を認めた（取消訴訟は控訴審でも原告の敗訴）。この判決は，公立保育所廃止裁判で原告側が勝訴した最初のものであり，注目された。

公立保育所が廃止され，民営化されると，園児はいったんその保育所から退所し，同じ敷地と建物をつかって新しく設置される民間保育所に入所するか，他の保育所に転園するかを迫られる。いずれを選ぶにせよ，園児は大きな負担・困難を負わされることになる。

本判決は，そのような園児が負った負担・困難のいくつかの発生を具体的に認めている。具体的にいえば，民営化された新保育所への登園を嫌がる子どもがいること，保育士が知らないうちに帰宅した園児がいたこと，子どもが園内でバラバラの行動をとっていること，怪我の発生の増加などである（下記の「裁判所の判断」の後半部分）。

本判決は，これらの負担・困難の発生を防止するための施策・配慮が十分に講じられなかったとして大東市に損害賠償を命じた。判決理由では，親の意見を十分に聴取しなかったこと，新保育園への引継ぎが不十分であること，信頼関係が形成されていなかったことなどが問題として指摘され，それらを防止するために講じられるべき施策が挙げられている（「裁判所の判断」の前半部分）。

【事件のあらまし】

大阪府大東市Ｙ（被告，被控訴人）が，2002年９月に条例を改正して翌年４月１日に同市立上三箇保育所（判決文では「本件保育所」）を廃止したことに対し，同保育所の保護者たちＸが原告（控訴人）となって，同廃止処分の取消訴訟および損害賠償請求訴訟を提起した。第一審の2005年１月18日大阪地裁判決はいずれもＸの敗訴であった。本件はその控訴審である。

大阪高裁は，Ｘの損害賠償請求を認め，原告１世帯につき，33万円の損害賠償を認めている。どのような事実について，Ｙ市側にどのような違法行為があったかについては，下記の「裁判所の判断」で抜粋・紹介した判決文を参照されたい。

なお，本判決は最高裁で確定している。

裁判所の判断

■Ｙ（大東市）に対し損害賠償を命じた。

（以下の引用文中「本件保育所」とは廃止された市立上三箇保育所を，「新保育園」とは本件保育所を廃止して新たに設置され

た民間保育所を指している）

「ＸらはＹ市との間で締結した保育所利用契約に基づき，本件保育所が存続する限り，Ｘらの監護する児童らが就学するまでの間，本件保育所において保育を受ける権利を有していたこと，Ｙ市による本件保育所の廃止・民営化の結果，本件各児童及びそのＸらは新保育園への入所又は他の保育所への入所を選択することを余儀なくされたこと，それにもかかわらず，Ｙ市は，本件保育所の民営化方針やその実施方法の決定に当たって，重大な利害関係を有するＸらの意見を聴取する機会を持つことなく，新保育園の保育内容や引継ぎの実施方法についても，ＸらにＹ市の方針を説明するのみであって，積極的にＸらの希望や意見等を取り入れなかったこと，児童の発達における人的環境の影響には大きいものがあり，児童の保育に当たっては，保育士と児童及びＸとの信頼関係が重要であるところ，３か月間の引継期間で数名の保育士が参加しただけでは，上記のような信頼関係を構築することは難しいこと，本件保育所の廃止・民営化の結果，本件各児童に対する保育に当たっていた本件保育所の保育士は全員交替し，他方，新保育園における保育士は，本件保育所の保育士に比べて，経験年数の少ない者が多いことが予定されていたことがそれぞれ認められる。」

「Ｙ市は，保育士の総入替を伴う本件保育園の廃止・民営化という本件各児童及びそのＸらの権利内容に大きな影響を及ぼす可能性のある決定を実行するに際して，移管先の新保育園において本件各児童が心理的に不安定になることを防止するとともに，Ｘらの懸念や不安を少しでも軽減するため，Ｘらに対し，引継期間を少なくとも１年程度設定して，新保育園の保育士となる予定者のうちの数名に，本件保育所における主要な行事等をその過程を含めて見せたり，平成15年４月１日の民営化以降も，数か月間程度，本件保育所において実際に本件各児童に対する保育に当たっていた保育士のうち数名程度を新保育園に派遣するなどの十分な配慮をすべき信義則上の義務（公法上の契約に伴う付随義務）を負っていたものと解するのが相当である。

ところが……Ｙ市が実際に行った引継ぎは，期間が３か月間のみであり，また，同年４月１日以降については，本件保育所の元所長１人を週に２，３回程度新保育園に派遣して指導や助言を行ったに過ぎなかったことが認められ，上記のような配慮をしたものであったとはいえないから，Ｙ市は，上記義務に違反したものであって，Ｙ市において，同義務違反につき責めに帰すべき事由がなかったことについての立証がない以上，Ｘらに対し，債務不履行に基づく損害賠償責任を負うものというべきである。

「同民営化以降，新保育園において，登園を嫌がる児童が存在したこと，児童に怪我が多く発生し，その発生状況について保育士が認識できていない事態があったり，児童が保育士の知らないうちに自宅に戻るなど，児童の安全に重大な危険が生じかねない状況もあったこと，５歳児クラスにおいて，保育士の話に集中せず，各自がバラバラの行動をとる混乱状態が生じたことが認められ，その主たる原因としては，上記の引継ぎの不十分さが考えられること，他方，Ｙ市としても，必要最小限度の引継ぎは行ったこと，当初混乱が見られた新保育園での本件各児童の生活も，日時経過するにつれて落ち着きが見られるようになっていること等の事情を総合考慮すると，Ｘらの損害としては，１世帯につき慰謝料30万円及び弁護士費用３万円の合計33万円（父親と母親の双方が控訴人となっている場合には，各自につきその半額）を認めるのが相当である。」

3 保育所における事故

小解説

保育事故をめぐる裁判例は，保育所における事故（**判例13〜26**）と無認可保育施設における事故（Ⅱ章**判例49〜59**）とに分けて掲載している。

保育所における事故として取り上げた裁判例は14件であるが，これらは，事故の類型に注目して選択したものである。熱中症事故，火傷事故，遊具事故，園児間で発生した傷害事故，園外への引率中に発生した事故等々，様々な事故の裁判例を掲載している。なお，保育事故ではないが，保育の実施過程において園児が死亡したという点に注目して，保育中の園児が自然災害（地震後の津波）により死亡した事件（**判例26**）も取り上げている。

以下では，保育所において発生した事故（一部は事件。以下同じ）について，裁判例ごとに，事故の内容と裁判の争点，そして，事故の責任についての裁判所の判断を簡単に紹介することとする（14件のうち13件は損害賠償請求事件であるが，**判例25**のみ，保育事故の責任をめぐり業務上過失傷害罪の成立が争点となった刑事事件である）。

判例13は，路線バスにより通園する園児（５歳11か月）が降園中に交通事故にあったとの事故について，園児の通園に付き添っていた保母（当時。以下同じ）の注意義務違反の有無が争点となった事案である。以上について裁判所は，保母の不法行為上の過失を認定して，保母と社会福祉法人の責任を認める判断をしている（ただし，裁判所は，園児の過失も認めて，認定した損害額につき過失相殺した額と損害塡補額とを比較して，保母と法人には負担するべき金額は存しないとして，園児及び園児の父の不法行為を理由とする損害賠償請求を棄却する判決をしている）。

判例14は，保母が園児を園外に引率していたところ，園児（６歳３か月）が電車の踏切内で電車に轢かれて死亡したとの事故について，保母の注意義務違反の有無が争点となった事案である。以上について裁判所は，保母の不法行為上の過失を認定して，財団法人の使用者責任を認める判断をしている。

判例15は，市立保育所において園児（５歳２か月）が転倒して建物玄関前のポーチの縁止部分に前額部をぶつけて裂傷を負ったとの事故について，同ポーチの安全性をめぐり，市の保育所設備の設置又は管理上の安全配慮義務違反の有無が争点となった事案である。以上について裁判所は，市には同ポーチの設置又は管理の点において安全配慮義務違反があったと認定して，市の債務不履行責任を認める判断をしている。

判例16は，保育所の園舎屋上に設置された駐車場から乗用車が転落した事故により，園庭にいた園児（３歳２か月）が死亡したとの事故について，駐車場の瑕疵の有無のほか，法人代表者理事及び保育所園長の注意義務違反の有無が争点となった事案である。以上について裁判所は，駐車場の設置又は保存の瑕疵を認めるとともに，法人代表者理事及び保育所園長の注意義務違反を認めて，保育所を設置する社会福祉法人の工作物所有者責任のほか，法人代表者理事及び保育所園長の不法行為責任を認める判断をしている。

判例17は，市立保育所において園児（４歳４か月）が滑り台で遊んでいたところ，肩から掛けていた鞄の紐が滑り台の手すり部分にひっかかり，鞄の紐で首が締まったことにより窒息死したとの事故について，滑り台の設置又は管理の瑕疵の有無，及び保母の保育上の注意義務違反の有無が争点となった事案である。以上について裁判所は，滑り台の設置又は管理の瑕疵を認めて（保母の過失も本件事故発生の一因として認めている），市の国家賠償責任を認める判断をしている。

判例18は，園児（３歳２か月）が自身の耳に異物を入れ鼓膜を破る等の傷害を負ったとの事故について，保育士らに保育室内の異物を除去する義務の違反があったかどうか，また，事故発生後の保育士らの対応に注意義務違反があったかが争点となった事案である。以上について裁判所は，保育士らに事故前後における過失は認められないとして，園児及び園児の母の，社会福祉法人及び園長に対する不法行為に基づく損害賠償請求を棄却する判決をしている。

判例19は，園児（4歳11か月）が熱湯の入ったバケツを運搬中の保母と衝突して熱湯を浴び，左肩，左上肢，背腰部に終生残存する熱傷瘢痕の傷害を受けたとの事故について，保母の注意義務違反の有無が争点となった事案である。以上について裁判所は，保母の重大な過失を認定して，社会福祉法人の園児に対する不法行為責任，また，法人の園児の両親に対する債務不履行責任を認める判断をしている。

判例20は，年長園児の危険行為により園児（2歳9か月）が目を負傷した傷害事故について，園長の代理監督義務違反の有無，及び親権者の監督義務違反の有無が争点となった事案である。以上について裁判所は，園長の代理監督義務違反，及び親権者の監督義務違反を認めて，園長及び親権者の不法行為責任を認める判断をしている。

判例21は，強い下痢状態等にあった病児（1歳2か月）が昼寝中に嘔吐したものを吸引したことが原因で窒息死したとの事故について，社会福祉法人の履行補助者である保母の過失の有無が争点となった事案である。以上について裁判所は，保母らには事故の発生について予見可能性はなかったとして保母らの過失を否定して，園児の両親の，法人に対する債務不履行を理由とする損害賠償請求を棄却する判断をしている。

判例22は，市立保育所において園児（5歳）が午睡中に体調不良となったにもかかわらず，保母らが嘱託医などの医療機関に連絡して指示を仰ぐなど，必要な措置を採らなかったとの事案について，保母の安全配慮義務違反の有無が争点となった事案である。以上について裁判所は，保母らの安全配慮義務違反を認定して，市の債務不履行責任を認める判断をしている。

判例23は，ベッドにうつぶせの体勢で寝かせられていた乳児（4か月）が死亡したとの事故について，乳児の死亡原因，乳児をうつぶせの体勢で寝かせた保母の注意義務違反の有無が争点となった事案である。以上について裁判所は，乳児の死因は窒息死であると認定した上で，保母の過失を認めて，保母の不法行為責任と社会福祉法人の使用者責任を認める判断をしている。

判例24は，市立保育所において園児（4歳5か月）が保育所内で熱中症により死亡したとの事故について，担任保育士2名の児童動静把握義務違反の重過失の有無，及び同2名の児童捜索活動上の注意義務違反の重過失の有無が争点となった事案である。以上について裁判所は，担任保育士2名に児童動静把握義務違反の重大な過失があったと認定して，また，児童捜索活動上の注意義務違反の過失があったとして，市の国家賠償責任を認める判断をしている。

判例25は，園外保育の実施において園児（3歳）が池に転落したにもかかわらず，保母がこれに気付かないまま放置したために同児が溺れて傷害を負ったとの事故について，園外保育を企画した園長及び主任保母の業務上の注意義務違反の有無（刑法211条）が争点となった事案である。以上について裁判所は，両名の業務上の過失を認めて，業務上過失致死傷等について定める刑法211条を適用して，両名をそれぞれ罰金15万円に処する有罪判決を言い渡している。

判例26は，宮城県山元町の町立保育所の園児らが平成23年3月11日に発生した「平成23年東北地方太平洋沖地震」後の津波により死亡したとの事件について，保育所に津波が到達することについての保育士らの予見可能性の有無，及び保育士らの保育委託契約の債務不履行の有無等が争点となった事案である。以上について裁判所は，保育士らにおいても保育所に津波が到達することについて予見することはできなかったと述べて，園児の母親の町に対する債務不履行等を理由とする損害賠償請求を棄却する判断をしている。

13 通園中の園児の交通事故

◆私立保育所園児事故損害賠償請求事件◆

鳥取地裁1973(昭和48)年10月12日判決

裁判のポイント

路線バスを利用の園児に付き添う保育士が負う注意義務。

解 説

本件は，社会福祉法人が設置・運営する保育所に路線バスを利用して通所していた５歳11か月の園児が，バスの乗り換え停留所で帰宅方面行きバスに乗車するために道路を横断していたところ，進行してきた車両に衝突されて傷害を負ったとの事故について，同園児の付き添いをしていた保育所保母（当時）の監護上の注意義務違反の有無が争われた事案である。

判決はまず，園児の通園に付き添う保母の行為が保育所の事業に該当するかどうについて判断しているが，これについて判決は，「保母の引率行為は被告保育園の事業と密接に付随するものであって，なお同被告の事業の範囲内にある」と述べている。このように判決は，保母の本件引率行為は保育園の事業の範囲内であると解しているが，以上は，市町村と保育所との間の法関係，つまり，市町村と保育所との間で締結される「措置委託契約」を念頭に述べられたものではないことに留意する必要がある(因みに原告は，本件において，市町村の損害賠償責任は争っていない)。なお，本件における保母による園児のバス通園の引率は，父兄の要望もある中で，保育園の了解の下，10日間に限って行われたものである。この点に注目するならば，保母の本件引率行為は，保育所における保育の実施としてではなく，保育所と保護者との間の合意，すなわち，バス通園をする園児を保母が引率するとの内容を合意事項とする契約(準委任契約）に基づいて行われた行為と見ることができるように思われる。

次に判決は，園児を引率していた保母について，同保母には「保母として園児を交通事故から護るため園児らが自己の周囲を離れないよう充分配慮し，監護すべき義務があった」と述べて，園児を引率する保母の，保母としての監護義務について確認している。そして本件事故について，本件では保母が「園児１人１人を確認して下車させ，原告園児ら年長組の園児にも自分の傍から離れないようにいい聞かせるなどの措置をとっていたなら事故の発生を防止し得たであろうのに年少園児のみに気を奪われて叙上の措置に出なかったのであるから，保母の監護につき過失があった」と述べて，保母の過失（不法行為上の過失）を認定している。

本件は，路線バスによりバス通園する園児13人を保母が１人で引率していたところ，途中，バスの乗り換え停留所で園児７人を下車させた際に，保母が年長であった園児を見失い，同園児が道路横断中に交通事故にあったというものであるが，以上について判決が，園児を引率していた保母の行為について，「園児１人１人を確認して下車させ」なかったこと，また，年長組の園児に対して「自分の傍から離れないようにいい聞かせるなどの措置をとってい」なかったことを過失と認定しているところに注目する必要がある。

なお，判決は，損害の判断において，園児にも「本件事故の発生につき過失相殺すべき程度の過失が存した」として，１割5分の過失相殺を認めているが，過失相殺に関して言えば，園児13人の引率を１人の保母に委ねた親権者の過失（責任）も問題とする余地があるように思われる。

【事件のあらまし】

５歳11か月である男児X_1（昭和36年４月生まれ）は，1966(昭和41)年９月頃から社会福祉法人Y_1保育園にバス通園し，往路は小学校に通う兄（昭和34年８月生まれ）と共にＡバスＢ停留所で乗車しそのままＣ停留所で下車し，復路は保育園保母が同園近くのＣ停留所まで送りバスに乗車させていた。ところが，1967（昭和42）年４月上旬の新学期からバスの運転系統が変更になり，通園するには乗り換えを要することとなった。このため保育園保母（当時）らは，バス通園の園児がバスになれるまでの間ということで，父兄の要望もあり，保母ら協議の結果，保育園も了解の上，同年４月６日の入園式の翌日から10日間，X_1ら13名については保母１名が交替して送ることとした。なお，13名の園児中，乗り換えを要しない園児は６名であり，乗り換えの停留所であるＤ停留所で下車する園児は３名，Ｄ停留所でＥ方面行きバスに乗り換えをする園児は３名，同停留所でＦ方面行きバスに乗り換えをする園児はX_1の１名であった。

事故当日の同年４月12日，保母であるY_2は13名の園児を帰宅させるべくＣ停留所から園児らとバスに乗車し，Ｄ停留所において，乗り換えを要しない６名の園児以外の７名の園児を下車させたが，既にＥ方面行きバス，Ｆ方面行きバス等が到着しており，Ｄ停留所は各方面への乗降客で混雑していた。そこでY_2は，３，４歳の年少児の手を取って降車させ，自分の傍らを動かないようにしなさいと言い付け，最初に発車するＦ方面行きバスにX_1を乗車させようとあたりを探したが，X_1は１人降車したバスの後方からＦ行きバスに乗車しようと道路を横断中，折から進行してきた訴外Ｇ運転の加害車両に衝突された。これによりX_1は頭蓋亀裂骨折，脳内出血の傷害を負い，Ｈ病院に49日間入院するなどした。

以上について，X_1及びX_1の父X_2が，Y_2及びY_2の使用者である社会福祉法人Y_1に対して，損害賠償を請求した。

なお，加害車両運転手訴外Ｇ及び運行供用者訴外Ｉ株式会社は，Ｘらに対して，慰謝料，治療費などとして合計47万2136円の支払いをした。

裁判所の判断

■原告の損害賠償請求を棄却した。

「Y_2の引率行為はY_1保育園の事業と密接に付随するものであって，なおY_1の事業の範囲内にあるものというべく，又，Y_2は保母として園児を交通事故から護るため園児らが自己の周囲を離れないよう充分配慮し，監護すべき義務があったというべく，若し，同人が園児１人１人を確認して下車させ，X_1ら年長組の園児にも自分の傍から離れないようにいい聞かせるなどの措置をとっていたなら事故の発生を防止し得たであろうのに年少園児のみに気を奪われて叙上の措置に出なかったのであるから，Y_2の監護につき過失があったもので，右過失は本件事故発生の一因をなしたものと認めるのが相当である。

そして，Y_2の過失により本件事故が発生した以上使用者たるY_1保育園に監督上の過失がないとはいえないというべきである。

ところで，X_1は当時満６歳にわずか16日足りない者であるところ，既に半年間にわたりバス通園を経験していたものであるから，日頃保育園乃至家庭で交通の危険について充分訓戒されており交通の危険について弁識する能力を有していたものと推定できるからX_1にも本件事故の発生につき過失相殺すべき程度の過失が存したものというべきである。そして諸般の事情に照らせばX_1の過失は１割５分を下ることはないものと認められる。」

Ｘらの全損害は合計54万9422円となるが，ＸらはＹらと共同不法行為者の関係に立つ訴外Ｇ及及び訴外Ｉ株式会社から合計47万2136円の支払いを得ている。

「ところで，右認定の損害額につき前記認定の割合による過失相殺した額（46万7009円）と右損害塡補額とを比較すれば，加害者らが負担すべき賠償額は前記訴外人らによる支払により既に塡補され本件被告らの負担すべき金額は存しないこととなる。

してみると，本訴請求は結局理由がないことに帰するからこれを棄却する」。

14　保母の引率中に生じた園児の電車踏切死亡事故

◆私立保育所園児事故損害賠償請求事件◆

京都地裁1971年(昭和46)年12月８日判決

裁判のポイント

園児を園外に引率する保母が負う注意義務。

解　説

本件は，電車踏切において６歳３か月の園児が電車に轢かれて死亡したとの事故について,園児を引率していた保母（当時）の注意義務違反の有無が争われた事案である。

本件事故は，保母が園児22人の先頭に立って踏切を横断していたところ，踏切の中央に達するまでに警報が鳴り出したにもかかわらず，保母がそのまま踏切を渡ってしまったために，踏切を途中で引き返した園児の数名が保母の付き添いを失うことになったという事案であり，以上の状況の下で，保母の付き添いを失った園児のうちの１人が上り列車通過後に踏切を渡り始めたために，進行してきた下り列車に轢かれて死亡したというものである。

判決は，保母の注意義務について，電車踏切において「園児らが渡り終えた者と，渡り終えていない者とに２分された状態で電車が通過することになると，園児らの一方は保母のつきそいなしに踏切を横断するのと同様の状態におかれ，（略）極めて危険である」と指摘して，園児を引率する保母には，園児が踏切を隔てて「２分されることのないよう万全の措置をとるべき義務がある」と述べている。

そして，本件において保母は，警報が鳴り出した時にただちに引き返していれば，園児らが２分されることを防止することが十分可能であったにもかかわらずこれを怠ったなどと述べて，保母の過失を認定して，保母を使用する財団法人の使用者責任を認める判断をしている。

ところで，被告財団法人は園児にも過失があると主張したが，判決は，本件保母の行動の下では園児の過失を損害賠償額算定にあたって斟酌することは相当でないと述べて，これを認めていない。なお，以上の判断に際して判決は，「保育園の保母は，とくに園外保育の場合，（略）園児らを外部からの危険あるいは園児自らの不注意に基づく危険から守るのを職務としている。」と述べているが，以上の確認は，本判決の注目箇所の１つであると見ることができる。

【事件のあらまし】

財団法人Ｙ保育所の保母（当時）であるＡは，1964(昭和39)年７月21日，６歳３か月の女児である園児Ｂを含む年長組の園児22人と共に，保育所の北東約500メートルにあるＣ事務所へ予防注射を受けに行った。

Ａは，上記園児22人を引率してＣ事務所からＹ保育所に帰園する途中，阪急電車Ｄ踏切（以下「本件踏切」という）にさしかかったが，その際，園児らは２列となり，Ａが先頭になって歩行し，その列の長さは十数メートルに達していた。しかしＡは先頭を制止して停止させ，全体をまとめるなど特段の行為にでることなく，そのまま漫然と園児の先頭グループと共に踏切を渡り出した。踏切を渡り出して間もなく（おそくとも，踏切の中央付近に達したときに）警報が鳴り始めたため，Ａはすでに踏切内に入っていた園児らと共にそのまま踏切を横断した。このとき，踏切内に入っていた４，５人の園児は引き返した。本件踏切では，遮断棒が下りた後，上り特急電車が通過したが，まだ警報は鳴ったままであり，引き続き対向列車が通過することを示していたため，Ａは向かい側の渡り終えていない園児らに対し，「まだよ，まだよ」と大声で言ったがその声が向こう側に届いたかどうかは分からなかった。その直後に，踏切の遮断棒が届かない間隙（遮断棒は3.8メートルあったが，道路を遮断するには足りず1.8メートルの間隙が残っていた）の付近にいたBが突然飛び出して踏切を渡り始め，Aが制止の合図をしたが及ばず，Bは下り急行電車に腹部を轢かれて即死した。

本件踏切の長さは約10メートルで，同踏切をゆっくり歩いて横断し終わるのに要する時間は約10秒である。同踏切における電車の往来は非常に頻繁で，上・下線を２分ないし３分に１本の割合で通行していた。同踏切は無人で警報付自動片側遮断機が設置され，列車が接近するとまず警報が「かんかん」と鳴り，ついでブザーが鳴ったのちに自動遮断機が作動して遮断棒が下り，列車が通過し終わると警報が止み，遮断棒が上がるが，列車通過後対向列車が来るときには警報が鳴り続け，遮断棒もそれが通過し終わるまでは下がったままになる仕組みであった。なお，同踏切は，警報が鳴り始めてからブザーが鳴り出すまでに約10秒，さらにその後遮断棒が下りるまでに約７秒かかり，警報が鳴り始めてから上り普通電車先頭が踏切に達するまでに約43秒かかるというものであった。

以上について，Bの両親であるX_1・X_2が，Aの使用者である財団法人Y保育所に対して，訴外Aの不法行為に基づく使用者責任を原因として，損害賠償を請求した。

裁判所の判断

■被告に対し損害賠償を命じた。

1　園児を引率していた保母の注意義務違反の有無について

本件のような「無人踏切を渡る場合，園児らが渡り終えた者と，渡り終えていない者とに２分された状態で電車が通過することになると，園児らの一方は保母のつきそいなしに踏切を横断するのと同様の状態におかれ，まだ渡り終えない園児らが早く渡りたい心理にかられることは見やすい道理であって極めて危険であるから，保母としては，園児が２分されることのないよう万全の措置をとるべき義務があるものといわなければならない。」

本件では，Aが園児の先頭に立って踏切を「渡り始めてまもなくおそくとも踏切の中央に達するまでには，警報が鳴り出していい」たのであるから，Aが「ただちにひきかえせば，ブザーの鳴り出す前に園児全員を踏切の外に出すことができたことが窺われ，しかも（略）同人は以前にも本件踏切を園児を引率して渡ったことがあり，その状況をよく知っていたことが認められるのである。従って同人には，警報が鳴り出した時に，ただちに引き返して園児らが２分されることを防止すべき義務があり，しかもそうすることが十分可能であったにもかかわらず，同人はこれを怠りそのまま踏切を渡り，そのため園児らは２分されてしまい，ために保母のつきそいを失った亡Bが遮断棒の欠けた部分から飛び出し，本件事故にいたったものということができる。

保母が踏切手前に居てつきそっておれば，Bが本件踏切に飛び出すことを防げたことは明らかであるから，Bの死亡は右の訴外Aの過失により生じたものということができる。」

2　園児の過失について

「保育園の保母は，とくに園外保育の場合，幼児である園児らに自らを守る能力が欠け，あるいは不十分であるため，それを補い園児らを外部からの危険あるいは園児自らの不注意に基づく危険から守るのを職務としている。即ち保母は，園児らが負っている自らを守るべき義務を園児らに代って引き受けていると見るべきである。従って，保母である監督義務者は本件踏切のような上り電車と下り電車が同時に交叉するような場合，園児らが判断を誤る虞が多分にあるのであるから，全園児を踏切手前に待機させて保母が先頭にいて制止して，その判断力の不足を補い、本件のような事故の発生を防止すべきであって，本件のように保母が先に渡ってしまい，反って事故を誘発するような行動に出た場合は，園児の過失を損害賠償額算定にあたって斟酌することは相当でないというべきである。」

15 市立保育所における園児の転倒負傷

◆市立保育所園児事故損害賠償請求事件◆

東京地裁八王子支部1998(平成10)年12月7日判決

裁判のポイント

保育所の建物玄関前に設置されたポーチの安全性。

解 説

本件は，保母（当時）の指導の下，園庭において4歳児クラスの園児の全員が鬼ごっこをしていたところ，同クラスに所属する男児（5歳2か月）が転倒し，建物玄関前のポーチの縁止部分に前額部をぶつけて約3センチメートルの裂傷を負ったとの事故について，園児の両親が園児を原告として，保育所を設置，経営する武蔵野市に対して，同市の債務不履行（安全配慮義務違反）を主張して損害賠償を請求した事案である。

本件の特徴は，本件事故が市立保育所での保育活動中に生じた事故であったにもかかわらず，原告が国家賠償法1条1項（不法行為責任）ないし2条（営造物責任）に基づいて損害賠償の請求をしていないところにある。これはおそらく，損害賠償請求権の存続期間（債務不履行責任は原則10年間，不法行為責任は原則3年間）との関係で，原告が債務不履行責任の追及を選択したためであると思われる。いずれにしても本件裁判では，園児の保護者と市との間に契約関係が存在するかどうかが争われているが，判決はこれについて，両者の間には「幼児保育委託契約」又は「これに準じる法律関係」が形成されている，また，入所措置が行政処分であることは保護者と市との間の法律関係が契約関係であることを否定する根拠にはならないと判断している。以上は，本判決の注目箇所の1つと見ることができるであろう。

以上を前提として判決は，市の安全配慮義務違反の有無について検討しているが，判決は，園庭，玄関前のポーチは「些少の打撲傷等は格別，重大な負傷を生じないような形状，材質でなければなら」ないと指摘した上で，「この要件を欠く構造，設備（略）は園児の危害防止に十分な考慮を払って設けられたものとはいえない」と述べている。そして，本件について，市は「ポーチと地表面との間の段差を斜面にしたり，段差を設けるにしても本件ポーチの縁止部分の角を丸くしたり，（略）園児が重大な怪我を負わないような措置を採るべきであったのにそのような措置を採らず，本件ポーチと地表面との間の段差を放置していた」と述べて，市には，本件ポーチの設置又は管理の点において安全配慮義務違反があったと判断している。

以上から判決は，債務不履行を原因とする市の損害賠償責任を認める判決をしているが，本件は，保育所設置者の安全配慮義務（保育所設備の設置又は管理上の安全配慮義務）について，裁判所が具体的に判断した事例として注目する必要がある。

【事件のあらまし】

1980(昭和55)年10月生まれの男児Xは，(1997年改正前の）児童福祉法24条に基づくY市（武蔵野市）福祉部福祉事務所長の保育所入所措置により，Y市が設置，経営するA保育所に昭和56年4月から昭和62年3月まで通園していた。なお，Y市福祉部福祉事務所長によるXのA保育所への入所措置は，Xの両親の保育所入所申請に基づいて行われたものである。

1985(昭和60)年12月6日，当時4歳児クラスに属していたXは，担任保母（当時）Bの指導の下で，午前10時頃から園庭においてクラス全員（19名）で鬼ごっこをはじめた。A保育所では園庭で鬼ごっこをする場合，園舎の玄関内に入らないことなどがルールとされていたため，Bは4歳児クラスの園児に右ルールを説明した上で鬼ごっこを始めさせた。午前10時20分頃，Xは鬼役の子に追われて園庭を走り回っていたが，段々と追いつめられ玄関の方向に逃げていって，A保育所の建物玄関前のタイルレンガ製の玄関ポーチ（以下「本件ポーチ」という）の縁止と並行して走るかたちとなった。そして，本件ポーチの少し手前で鬼役の園児に捕まりそうになったとき，Xは右鬼役園児に背中を手で押されて足がもつれて倒れ，本件ポーチの縁止部分に前額部をぶつけて額に長さ約3センチメートルの裂傷を負った。

本件ポーチの形状と材質であるが，本件ポーチと園庭の地盤面との高低差はおよそ15センチメートルあり，本件ポーチの水平部分には小口レンガタイルが用いられ，園庭に接する縁止部分には「クリンカータイル」と呼ばれる焼過赤レンガが用いられていた。焼過赤レンガは硬度の高いレンガで，角は直角で鋭利なままでままであった（なお，本件ポーチは本件事故後1か月程して，スロープ状態のものに改修されている）。

以上について，XがY市に対して，Y市の債務不履行を理由として，民法415条に基づいて損害賠償を請求した。

裁判所の判断

■被告に対し損害賠償を命じた。

1　園児の両親と市との間に契約関係が存在するかについて

「XとY間の法律関係について検討すると，入所措置が保護者の保育所への入所申請に基づく場合，実質的には保護者の申請が幼児保育委託契約の申込み，市町村の入所措置の決定が右契約の承諾に当たり，その結果市町村と保護者の間に，第3者である児童を保育することを内容とする第3者のためにする契約が締結されたこととなると解される。すなわち，本件の場合，実質的にはXの両親によるY市福祉部福祉事務所長に対するXの入所申請が幼児保育委託契約の申込みに当たり，Yの入所措置の決定が承諾に当たり，これによって第3者であるXのためにする幼児保育委託契約が締結された，又はこれに準じる法律関係が形成されたというべきである。」なお，「入所措置が行政処分であることはXの両親とYとの間の法律関係が幼児保育委託契約又はこれに準じる法律関係であることを否定する根拠にはならない。」

2　本件ポーチの設置又は管理に安全配慮義務違反があったといえるかについて

本件ポーチは，「園児が転ぶなどして縁止部分にぶつかった場合には，負傷するおそれがあり，ぶつかり方によっては重大な負傷事故が発生する可能性もあったものというべきである。」「園児が園庭や玄関前のポーチで転び，その結果園庭，玄関前のポーチ，その縁止部分等に体の一部をぶつけることは必ずしも珍しいことではなく，むしろ当然予想されることであるから，これらの構造，設備はそのような場合でも些少の打撲傷等は格別，重大な負傷を生じないような形状，材質でなければならず，もしこの要件を欠く構造，設備を設置した場合は，その構造，設備は園児の危害防止に十分な考慮を払って設けられたものとはいえないというべきである。」

「本件ポーチは園庭に接しており，園児が園舎への出入りに使用するほか，園庭で遊ぶ際にもその前を通るのであり，したがって，本件ポーチの付近で転んだりすることも通常予想されることであるから，Yは，本件ポーチと地表面との間の段差を斜面にしたり，段差を設けるにしても本件ポーチの縁止部分の角を丸くしたり，本件ポーチの床に木製のすのこや人工芝，カーペット等を敷いたりするなど，園児が重大な怪我を負わないような措置を採るべきであったのにそのような措置を採らず，本件ポーチと地表面との間の段差を放置していたのであるから，Yには，本件ポーチの設置又は管理の点において安全配慮義務違反があったというべきである。」

よって，Y市にはXが被った損害を賠償すべき義務がある。

16 園舎屋上駐車場からの車転落による園児の死亡

◆私立保育所園児事故損害賠償請求事件◆

名古屋高裁2006（平成18）年２月15日判決

裁判のポイント

保育所の設置法人，法人代表者及び園長の，保育所工作物について負う注意義務。

解　説

本件は，社会福祉法人が経営する保育所の園舎屋上に設置された駐車場（以下「本件駐車場」という）から乗用車が転落した事故により，園庭にいた園児が死亡した事故について，園児の両親が，社会福祉法人のほか，法人の代表者理事及び保育所園長らに対して，損害賠償を請求した事案である。

本件の中心的な争点は，土地の工作物たる本件駐車場に瑕疵があったかどうかであるが，判決は，本件駐車場については，その構造につき「高度の安全性が要求される」と述べた上で，本件駐車場柵は，通常有すべき安全性を欠いており，本件事故は駐車場の瑕疵により発生したものと認められるとして，法人の工作物所有者責任を認める判断をしている。また，法人の代表者理事及び保育所園長の責任については，本件事故発生以前に同駐車場で柵が破損するとの自動車事故が生じていたにもかかわらず，同人らが本件駐車場柵の強化等，本件事故の発生を防止するために必要な措置を講じていなかったことを指摘して，注意義務違反を認定して，不法行為責任を認めている。

児童福祉施設の設備及び運営に関する基準５条５項は，「児童福祉施設の構造設備は，（略）入所している者（略）に対する危害防止に十分な考慮を払つて設けられなければならない。」と定めている。本件は，園庭に接する園舎の屋上駐車場の「安全性」が問題となった事案であるが，同時に，保育所の構造設備の配置等の在り方を考える事案としても注目する必要がある。

【事件のあらまし】

社会福祉法人Y_1が経営するＡ保育所は園舎１階屋上に駐車場を設置していたが，同駐車場は園庭から約3.6メートルの高さに位置していた。

2002（平成14）年９月18日午後４時５分頃，孫を迎えに普通乗用車を運転してＡ保育所にきたY_4は，本件駐車場において運転操作を誤り，同駐車場の車止めを乗り越え，本件駐車場の柵を突き破って，乗用車を本件園庭に転落させた。これにより同園の園児である女児（３歳２か月）が同車の下敷きになって，頭蓋骨陥没等の傷害により死亡した（以下「本件事故」という）。

本件駐車場においては，本件事故に先立つ同年２月に，保護者の自動車が本件駐車場の車止めを乗り越え，本件駐車場柵に衝突するとの事故が発生していた。そして，以上により，本件駐車場柵のほか，柵の支柱の根元部分がコンクリート基礎と共に損傷するなどした（以下「本件駐車場２月事故」という）。しかし，Y_1の代表者理事であるY_2は事故の現場を直接見に行くことをせず，本件駐車場柵の損傷状況等について写真による確認もしなかった。また，損傷部分について事故前の状態に戻すとの内容の補修工事を行っただけであった。なお，Y_1らは本件駐車場２月事故の前も以後も，保育士らに対して，本件駐車場のすぐ下にある本件園庭に園児らを近づけないようにとの指示ないし指導を行わなかった。

そこで，死亡したＡの両親X_1・X_2が原告となり，Y_1に対して，安全配慮義務不履行責任，民法709条による安全配慮義務違反の不法行為責任，同法717条１項の土地工作物所有者責任等に基づいて損害賠償を請求するとともに，Y_2及び本件保育所園長Y_3に対して，安全配慮義務不履行責任，民法709条による安全配慮義務違反の不法行為責任等に基づいて損害賠償を請求し，本件事故を発生させたY_4に対しても損害賠償を請求して名古屋地裁に提訴した（Y_1－Y_4が被告）。

原審の名古屋地裁は，Y_1については民法717条1項の工作物所有者責任に基づいて，Y_4については自動車損害賠償保障法3条ないし民法709条に基づいて，損害賠償義務を負う旨の判決をした（それ以外の請求は棄却。平成17年3月29日判決，判例時報1898号）。そこで，原審に不服のX_1・X_2，Y_1・Y_4が名古屋高裁に控訴した。

裁判所の判断

■一審判決を変更し，Y_2，Y_3にも損害賠償を命じた。

1　法人の民法717条1項の工作物所有者責任について

「本件駐車場柵は，多数の園児の命を守る生命線というべきものであり，その強度やこれと一体となった本件駐車場の構造については，高度の安全性が要求されるものと解すのが相当である。」しかしながら，「本件事故当時，本件駐車場柵の強度は，（略）自動車の衝突による転落を防止するには不十分で」，「通常有すべき安全性を欠いていた状態であるといわざるを得ない」ものであった。「以上によれば，土地の工作物たる本件駐車場の設置又は保存には瑕疵があったというべきであり，本件事故は上記設置又は保存の瑕疵により発生したものと認められる。」「以上によれば，（略）被告法人は，民法717条1項の工作物所有者責任に基づき，本件事故による損害賠償責任を負うものと認められる。」

2　代表者理事Y_2の責任について

Y_2は，本件駐車場2月事故により，本件駐車場柵について「何らかの対策を講じる必要があることは十分認識できたと認められる。」したがって，「Y_2としては，本件駐車場2月事故がどのような態様（原因）で発生したのかということや，本件駐車場2月事故により本件駐車場柵の損傷の程度等を確認の上，本件駐車場の構造が高度の安全性を満たしたものであるか否かを検討し，責任を持った判断ができないのであれば，設計事務所等に対しそのための調査ないし確認を求めるべき注意義務があったというべきである。ところが，Y_2は，（略）同事故の現場を直接見に行くことはせず，本件駐車場柵の損傷状況等について写真による確認もせず，補修についても（略）その内容について確認しなかったのであるから，Y_2には上記注意義務違反があったというべきである。」そして本件では，「Y_2が上記注意義務を尽くしていれば，本件駐車場柵の強化等本件事故の発生を防止するために必要な措置を取ることが可能であったと認められる。したがって，Y_2には，本件事故につき，民法709条の不法行為責任がある。」

3　保育所園長Y_3の責任について

「Y_3としては，（略）本件駐車場2月事故による本件駐車場柵の損傷の程度等を確認の上，本件駐車場の構造が高度の安全性を満たしたものであるか否かを検討し，安全性を確認できない場合には，Y_2に対し，設計事務所等に安全性に関する調査を求めるよう勧告するとともに，安全性が確認されるまで，本件駐車場の利用を中止する等所要の措置をとるべき注意義務があったというべきである。

しかし，（略）Y_3は，本件駐車場2月事故の後，本件駐車場の使用を中止したことはなく，保育士らに対し，本件駐車場のすぐ下にある本件園庭に園児らを近づけないようにという指示ないし指導をしたこともなかったことが認められる。また，Y_3が，本件駐車場2月事故の後，Y_2に対し，本件駐車場の安全対策を強化するように要望したことを窺わせる証拠はない。したがって，Y_3には，注意義務違反があったというべきである。」

本件では，Y_3が「注意義務を尽くしていれば，本件駐車場柵の強化や本件駐車場の使用禁止等本件事故の発生を防止するために必要な所要の措置を講ずることが可能であったと認められる。したがって，Y_3には，本件事故につき，民法709条の不法行為責任がある。」

17 市立保育所の滑り台で発生した園児の窒息死

◆公の営造物の瑕疵による損害賠償請求事件◆

松山地裁1971（昭和46）年８月30日判決

裁判のポイント

市立保育所に設置されていた滑り台の安全性。

解 説

本件は，市立保育所に通園する４歳４か月の女児が同園に設置されていた滑り台で遊んでいたところ，肩から掛けていた鞄の紐が滑り台の手すり部分にひっかかり，鞄の紐で首が締まったことにより窒息死したとの事故について，①設置されていた滑り台（以下「本件滑り台」という）に設置又は管理の瑕疵があったといえるか，②保母（当時）に保育上の注意義務違反があったといえるか，の２点が争われた事案である。

①は，国家賠償法２条の「公の営造物の設置又は管理」の瑕疵の有無を争点とするものであるが，判決は，本件滑り台で園児の相当数の者が鞄を肩からかけたまま遊んでいたこと，鞄の紐が肩からずり落ちたり，たるんだりしたときは，手すり上端部に鞄の紐がひっかかり，園児の首が紐で締まるなどの事故が発生し得ることが充分予測できたことを指摘して，市が本件形状の滑り台を設置したこと，市において手すり上端部分の改善を行っていなかったことを理由として，「本件滑り台には園児の遊戯具としてその安全性に欠けるところがあり，公の営造物の設置又は管理について瑕疵が存在した」と述べ，市には国家賠償法２条の損害賠償責任があると判断した。

その上で判決は，②について，担当保母らには「常に，園児に対し鞄をかけたまま滑り台で遊ぶのは危険であることを教え，右危険行為に出ないことを実行させるとともに，園内においては，園児の行動の監視」をするなどの義務があったとして，本件事実においては，担当保母らに上記義務を怠った過失が認められると述べ，右過失も本件事故発生の一因と認めることができるとした。

なお，本件事故は，条例が定める保育時間を10分ほど過ぎた土曜日の12時10分頃に発生したものであるが，判決はこの点について，「市と園児の保護者らの間では土曜日における保育時間は午後零時30分頃まで延長する黙示的合意がなされていたものと推認でき」ると述べて，本件事故は保育時間内に発生したものであると判断している。以上は，保育所利用をめぐる保育所と保護者との間の法律関係（契約関係の存在）について言及するものとして注目する必要がある。

【事件のあらまし】

Ｙ市（松山市）が設置するＡ保育所に通園していた４歳４か月の女児Ｂが，1966（昭和41）年10月22日土曜日の午後零時10分頃，母親Ｘの迎えを待ちながら園内の滑り台で遊んでいたところ，肩から掛けていた鞄の紐が滑走用斜面の両側に設けられた高さ約20センチの手すりの外枠の鉄製パイプにひっかかり，右鞄の紐で首が締まって窒息死した。手すりの外枠の鉄製パイプは，その上端部分において鋭角状に曲って垂直に踊り場に接着しており，本件事故は同接着部分に鞄の紐がひっかかって発生したものである。

Ａ保育所においては，土曜日は正午から午後零時30分頃までの間に父兄の迎えで大部分の園児は帰宅していくが，それ以後も居残る園児がいるので保母１名が居残っていた。保母らは正午から午後零時30分頃までの間は，迎えに来た父兄に園児を引き渡したり，園内の清掃をしていた（なお，土曜日の保育時間は条例上は午前12時までと定められていた）。また，その間，迎えを待っている園児らは園内の砂場や滑り台などで遊んでいた。以上が同園の従前からの事実上の運営体制であった。

本件事故発生時刻頃も十数名の園児が園内に残っていたが，そのうちの数名は鞄をかけたまま滑り台で滑って遊んでおり，Bが東側の滑走面で首を鞄の紐で締められて動けないでいたので，他の園児は西側の滑走面で滑っていた。保母のうち，Bの担当保母Cをはじめ大部分の者は本件滑り台から十数メートル離れた地点附近で掃除をしていて滑り台の園児を監視している者はおらず，Cは本件事故の少し前，園児数名が滑り台で鞄をかけたまま遊んでいるのを目撃し，危険は感じたものの他の用事にまぎれて特に注意はしなかった。Cはその後，Xの知らせで滑り台へかけつけBを助け降ろしたが，そのときBは既に口から多量の泡をふき，放尿していた。

以上について，Bの母親XがY市に対して，責任原因として，公の営造物の設置管理の瑕疵（国家賠償法2条），土地の工作物の設置保存の瑕疵（民法717条），保母の過失を原因とする使用者責任（民法715条）を選択的に主張して，損害賠償を請求した。

なお，Y市は本件事故後，本件滑り台の手すり上端部を踊り場の支柱に接続させ，本件のような事故が発生しない構造にした。

裁判所の判断

■被告に対し損害賠償を命じた。

1　滑り台の瑕疵の有無について

「国家賠償法第2条の営造物の設置又は管理の瑕疵とは，当該営造物の通常の利用者の判断能力や行動能力，設置された場所の環境などを具体的に考慮して，当該営造物が本来備うべき安全性を欠いている状態をいうものと解すべきところこれを本件についてみると，（略）園児の中には相当数の者が父兄の迎えを待つ間，鞄を肩からかけたまま滑り台で遊んでいたのであるから，鞄の紐が肩からずり落ちたり，たるんだりしたときは，手すり上端部にひっかかり，園児の首が紐で締まるなどの事故の発生し得ることは充分予測できることであり，（略）Yにおいて保育園入《ママ》に滑り台を設置する場合は，右事情を考慮して，本件滑り台に見られる手すり上端部分のような形状のものは採用せず，手すり上端部と踊り場の支柱の間に隙間の存在しない，前示Yが本件事故後改善したような形状のものを選ぶべきであり，もし，本件滑り台のような形状のものを選んだ場合は，前示のような改善を事故発生前に行うべきであり，本件事故当時の本件滑り台には園児の遊戯具としてその安全性に欠けるところがあり，公の営造物の設置又は管理について瑕疵が存在したものというべく，本件事故は右瑕疵が原因となったものといわざるを得ない。」

2　保母の注意義務違反の有無について

「もちろん，担当保母らにおいても，園児が右のような事故に遭遇するのを防止するため，常に，園児に対し鞄をかけたまま滑り台で遊ぶのは危険であることを教え，右危険行為に出ないことを実行させるとともに，園内においては，園児の行動の監視を怠らず，不幸にして園児が右危険行為に出て生命，身体に体に《ママ》対する危険が生じた場合は直ちに救護の措置をとるべき義務があるところ，前示事実によれば，担当保母らにおいて右義務を怠ったものといわざるを得ず（（略）Yと園児の保護者らの間では土曜日における保育時間は午後零時30分頃まで延長する黙示的合意がなされていたものと推認でき〔る。〕（略）），右過失も本件事故発生の一因と認めることができるが，既にみたとおり，Yの本件滑り台の設置又は管理に瑕疵があり，それが原因となって本件事故が発生した以上，Yは本件事故によって生じた後記損害を賠償すべき義務があるものといわなければならない。」

18 異物による園児の鼓膜の損傷

◆私立保育所園児事故損害賠償請求事件◆

名古屋地裁2007(平成19)年９月６日判決

裁判のポイント

保育室内の環境整備について保育士が負う注意義務。

解　説

本件は，社会福祉法人が設置，経営する保育所の保育室内において，同保育所に通園していた３歳２か月の園児が自身の右耳に異物を入れ鼓膜を破る等の傷害を負ったとの事故について，①保育士らに保育室内の異物を除去する義務の違反があったかどうか，又は②事故発生後の保育士らの対応に注意義務違反があったかどうか，の２つが争われた事案である。

①について判決は，本件保育所では，保育開始前，昼食前後，保育終了後に定期に掃除が行われていたこと，また，本件事故当時においても，保育士らにおいて保育開始前及び昼食時の掃除が行われていたことを指摘して，保育士らに「異物除去についての具体的措置をとる義務の違反があったということはできない」と判断している。

そして②について，本件保育所には，本件のような事故の場合には医師等の専門家に委ねるという申合せがあったこと，また，実際に保育士らは本件事故発覚後直ちに園児を総合病院等に受診させていることなどを指摘して，本件事故直後の保育士らの対応に不適切な処置をしたとの過失は認められないと判断している。

以上から判決は，保育士らに「事故前後における過失を認めることはできない」として，園児及び園児の母の，社会福祉法人及び園長に対する民法715条１項及び２項に基づく損害賠償請求を棄却しているが，本件については判決が，過失の有無の判断において，本件保育所が日常的に実践してきた掃除等の保育環境の整備の取組み，及び本件保育所が事故対応時の申合わせを事前に準備し，当該申合せを実践していたことを重視した点に注目する必要がある。

【事件のあらまし】

３歳２か月の女児X_1は，社会福祉法人Y_1が設置，経営するＡ保育所に通園していたが，同園では週１回くらいの割合で，異なる年齢の園児でクラスを構成して保育を行う，異年齢保育と呼ばれる保育を実施していた。

2004(平成16)年１月30日当日は異年齢保育の実施日であったが，X_1の所属するグループは異年齢保育が開始されると（同グループは３歳児室を使用)，保育所近くのグランドに散歩に出かけ風船遊びをするなどした。そして，同グランドから帰所した後に給食の準備をした。食事は教室の半分くらいにテーブルを出して行われるところ，グループ担当の保育士であるＢとＣは食事に使用している以外の空いている部分につき，先にモップを使って掃き掃除を行った。12時30分頃に園児らが給食を食べ終わったので，両保育士は食事に使っていた場所を雑巾で拭き取り，その周囲につき掃き掃除及び拭き掃除を行った。給食後の片づけが終了したのは13時頃であり，両保育士は昼寝の準備のため，手分けをして昼寝用の大きな布団の上に園児らのバスタオルを敷いた。その際Ｂは，布団の中に異物が紛れ込んでいたり，落ちていたことには気づかなかった。またＢは，昼寝の準備が終わると教室の片付けを行ったが，この片付けの際に異物が落ちていることはなかった（なお，Ａ保育所では毎日，保育が始まる早朝に教室内の掃き掃除を行い，昼食前後にもそれぞれ教室内の掃除が行われ，保育が終了する夕方にも掃き掃除が行われていた)。

13時過ぎ頃，両保育士は昼寝をする園児

らに声をかけて園児を布団に誘導した。X_1はBの誘導にしたがい布団に入ったが，このときBは，X_1が手に何かを持っているような様子はなかったため，その手の中に何かを持っているかを確認することはなかった。BはX_1を昼寝に誘導した後，他の園児らを昼寝に誘導していたが，X_1が「入っちゃった，入っちゃった。」と言ったので，X_1のところに行き，その耳の中を確認したところ，X_1の右耳に異物がはまっていた。このとき異物はX_1の右耳の穴に入っているが，その一部が少し外に出ており，外から見える状態であった。なお，X_1の右耳に入った異物は現存せず，異物が何であるかについては植物の種子らしきものという以上に特定できていない。

A保育所においては，園児に事故等があった場合，必ず専門家である医師等に見せることにするという申し合わせがあった。そのためBは，X_1の右耳内の異物を確認した後も異物に触らず，X_1をそのまま保育所内の事務室に連れて行った。B，園長であるY_2，D保育士の3名は，X_1の右耳の状況を確認した後，異物に触れることはせず，X_1を病院に連れていくことにし，X_1を総合病院であるE病院，F耳鼻咽喉科，E病院（再受診）の順番で受診させた。しかし，いずれの受診においても異物は取れなかった。

その後，X_1の母であるX_2がX_1を連れてG大学病院等を受診したが，やはり異物は取れなかったため，X_1は2月2日にG大学病院で右外耳道異物摘出術を受けた。X_1は右鼓膜穿孔，右耳小骨離断の傷害を負っていると診断された。

以上について，X_1・X_2が，保育所の職員らには，保育室内の異物を除去し事故を防止すべき義務があったのにこれを怠った過失があるとして，また，X_1が異物を右耳に入れた後に，X_1の右耳から異物を取り出そうとするなど不適切な処置をした過失があるなどと主張して，社会福祉法人Y_1及びA保育所の園長Y_2に対して，民法715条1項及び同2項に基づいて損害賠償を請求した。

裁判所の判断

■原告の損害賠償請求を棄却した。

1　保育士らに保育室内の異物を除去する義務の違反があったかについて

「本件保育園では，保育開始前，昼食前後，保育終了後に定期に掃除が行われており，ごみ等が落ちていたのが確認された場合にも随時掃除が行われ，Bらが布団を敷くときにも異物が存在していたことはうかがわれない。このことからすれば，当時X_1がいた3歳児室内に異物が放置されていたとも考えづらい。」

「一般に，低年齢児の保育を行う保育園においては，園児が木の実，BB弾等の異物を耳に入れてしまう等の事故が発生する危険があることは予見されるところであるから，その保育に当たる保育士は，保育室内から異物を除去せしめるための具体的措置，具体的には保育室等保育園内の掃除をする義務があったというべきである。」

本件では，「本件事故当時においてもBら保育士において保育開始前及び昼食時の掃除が行われている以上，本件事故前にY_1の職員において異物除去についての具体的措置をとる義務の違反があったということはできない。」

2　事故発生後の保育士らの対応に注意義務違反があったかについて

「原告らは，Bら保育士が本件事故直後に，X_1の右耳から異物を取り出そうと不適切な処置をしたと主張する」が，「本件保育園には本件のような事故の場合には医師等の専門家に委ねるという申合せがあり，実際にBら保育士は，本件事故発覚後直ちにE病院及びF耳鼻咽喉科へ受診させているのであって，このような対応から考えても，Bら保育士において原告らが主張するような事後対応を行ったとは考え難い。」そして，「本件おいては，Y_1の職員であるBら保育士において本件事故直後に異物を取り出そうとしたことを認めるに足り」る証拠はない。

「以上のとおり，本件では，Y_1の職員らの事故前後における過失を認めることはできない。」

19 保母が運搬するバケツの熱湯による火傷

◆私立保育所園児事故損害賠償請求事件◆

盛岡地裁一関支部1981（昭和56）年11月19日判決

裁判のポイント

熱湯入りのバケツ（危険物）を運搬する保母が負う注意義務。

解 説

本件は，児童福祉法24条（当時）の規定により，社会福祉法人が設置，経営する保育所で保育を受けていた4歳11か月の男児が，熱湯の入ったバケツを運搬中の保母（当時）と衝突して熱湯を浴び，左肩，左上肢，背腰部に終生残存する熱傷瘢痕の傷害を受けたという事案である。

裁判では，まず，熱湯の入ったバケツを運搬していた保母の過失（注意義務違反）の有無が争われているが，判決は，保母には保育園内で熱湯を運搬するにあたり，「園児の飛び出し等にそなえ充分に安全を確認したうえ運搬をなすべき注意義務があるのに，これを怠った重大な過失がある」と述べて，保母の重大な過失を認定している。

本件事故は，保母が掃除のため，熱湯の入ったバケツを持って保育室から廊下に出ようとした際に発生したものであるが，本件には以下の事実，すなわち，保母は廊下に出る際に，①廊下に通ずるドアの前で一度バケツを床に置き，ドアを開けて廊下に園児がいないのを確認の上，再び右手でバケツを取り上げてから廊下に一歩出たが，②再びバケツを取り上げて廊下に出る時点においては，隣のクラスの園児の動静を注意していま一度確認することを怠った（熱湯を浴びた男児は，隣のクラスに所属する園児であり，保母の出たドアと男児の所属する教室の入り口は隣り合っていた）との事実が認められている。

判決は，②について，保母の「廊下に出る前の確認のみでは到底園児の安全を守る義務を果したものと評価することはできない」と述べているが，以上は，熱湯などの危険物を運搬する際の保母の注意義務の中身について，裁判所が具体的に判断したものとして注目する必要がある（もっとも本件については，保母が保育時間中に熱湯をバケツに入れて運搬したこと自体の過失も問題とする余地があろう）。

なお，判決は，保母に「重大な過失」があったと判断しているが，裁判例には，同じく熱湯により園児が火傷を負ったとの事故について，幼稚園教諭の重大な過失を認定したものがある（東京地裁昭和45年5月7日判決，判例時報612号）。

ところで，判決は，保育所と園児の両親との間の法律関係について，町から保育所に対する措置委託を委託契約と解した上で，保育所と両親との間にも「右委託契約とは別個にこれと重畳的に，保育児の保護のため，（略）保育委託契約関係が生ずるものと解するのが相当である。」と述べている。そして以上の判断に基づいて，社会福祉法人は本件事故について，園児に対しては不法行為として，園児の両親に対しては保育委託契約の債務不履行として，損害賠償義務を負うと判断している。なお，保育所と保護者との間に契約関係の存在を認める裁判例として，松江地裁益田支部昭和50年9月6日決定（判例時報805号）があるが，本判決は同決定に連なる裁判例であるとみることができる。

【事件のあらまし】

4歳11か月である男児X_1は，児童福祉法24条の保育所への入所手続により，社会福祉法人Yが設置，経営するA保育所に入所して，同園で保育を受けていた。

A保育所の保母（当時）Bは，掃除のため熱湯の入ったバケツを持って保育室から廊下に出ようとしたところ，出会い頭に隣の保育室から廊下に出ようとしたX_1と衝突した。この衝突により，バケツの熱湯がX_1にかかったため，X_1は，左肩，左上肢，背腰部に終生残存する熱傷瘢痕の傷害を受けた（以下これを「本件事故」という）。本件事故発生後X_1は，C病院に37日間入院し，その後も2年半余り同病院に通院して治療を受けたが，X_1の上記患部にはなおも熱傷性瘢痕ケロイドが残っている。

なお，本件事故の発生については，以下の事情が認められる。⑴Bは，熱湯の入ったバケツを持って廊下に出る際，担当する5歳児のクラスの園児たちには湯が危険だから座っているようにと注意を与えたこと，また，廊下に出る際には，廊下に通ずるドアの前で一度バケツを床に置き，ドアを開けて廊下に園児がいないのを確認の上，再び右手でバケツを取り上げてから，廊下に一歩出たこと，しかし，再びバケツを取り上げて廊下に出る時点においては，隣のクラスの園児の動静を注意していま一度確認をすることを怠ったこと（Bの出たドアとX_1の所属する教室の入り口は隣り合っていた），⑵X_1の所属する4歳児クラスを担任する保母Dは，本件事故の発生時は昼食の後片付けのため教室を離れて，廊下向い側の流しに居たこと，Dは教室を離れるに際して，園児らが廊下に飛び出さないような措置を講じていなかったことである。

以上について，X_1及びその両親X_2・X_3が原告となり，被告Yに対し，本件事故はBの注意義務違反（園児を安全に保育監護すべき注意義務を怠った過失）により惹起されたものであり，X_1の損害はYの不法行為によるとし，X_2・X_3の損害はYの債務不履行によるとして，損害賠償を請求した。

裁判所の判断

■被告に対し損害賠償を命じた。

1　熱湯入りのバケツを運搬していた保母の過失（注意義務違反）の有無について

「保母Bは被告保育園の保母としてX_1を含む園児らに対し，保育園内で熱湯を運搬するにあたつては園児の飛び出し等にそなえ充分に安全を確認したうえ運搬をなすべき注意義務があるのに，これを怠った重大な過失があるものというべきである。」本件事情の下では，保母Bがした「廊下に出る前の確認のみでは到底園児の安全を守る義務を果したものと評価することはできない」。また，「X_1の行動をもって，（略）X_1の過失と評価することもできない。」

2　保護者と保育所との間には如何なる内容の法律関係が存在するかについて

「被告保育園は，私立ではあるが，児童福祉法上の児童福祉施設として位置《ママ》づけられ，同保育園への入園手続は，まづ保育児の保護者から管轄市町村長である訴外E町長に入園申請をなし，同町長において入園相当との判断に達した保育児については同法24条の規定にもとづき同町長から被告保育園に保育を委託し，被告保育園は同法46条の2の規定により，原則として右町長の委託を拒否できず受託を強制されることになり，X_1も2才に達した昭和49年右の手続により被告保育園に入園して本件事故の時まで同園での保育を受けていたものであることを認めることができ」る。「そして右のようにE町長と被告保育園との委託契約によりX_1の被告保育園の入園が決定した場合においても右委託契約とは別個にこれと重畳的に，保育児の保護のため，被告保育園と保育児（X_1）の保護者（X_2・X_3）との間にも保育委託契約関係が生ずるものと解するのが相当である。」「従ってYは被告保育園での保育業務執行中に発生した本件事故につき，X_1に対しては不法行為として，X_2・X_3に対しては前記委託契約の債務不履行として，X_2・X_3らに生じた損害を賠償する義務がある。」

20 保育時間中に園児間で発生した傷害事故

◆私立保育所園児事故損害賠償請求事件◆

和歌山地裁1973(昭和48)年８月10日判決

裁判のポイント

園児間で発生した傷害事故についての園長と加害園児の親の責任。

解　説

本件は，保育所に通園していた２歳９か月の園児が保育時間中に年長の園児から板切れを投げつけられて，右眼球打撲，網膜振盪（しんとう）の傷害を受けたとの事故について，①園児を監督していた保育所園長の代理監督義務違反の有無，及び②加害児童の両親の親権者としての監督義務違反の有無が争われた事案である。

①について，判決はまず，児童福祉施設の長の権限等について定める児童福祉法47条２項の規定を確認した上で，「保育園の園長および園長個人は，(略) 園児の監護，教育等に関しては，(略) 保育園ないしこれに準ずる場所での生活関係における必要なあらゆる措置をとることが認められている」と述べ，「したがって，その監督義務の範囲は，右のような地位，権限，義務等に照し，当該行為を全く予期しえない等の特別な事情がないかぎり保育園における保育およびこれに随伴する生活関係におよぶ」と判断している。そして上記の判断の下で，園長の代理監督義務違反の有無について，⑴本件事故は保育園の運動場で保育の一環である自由保育時間中におきたものであること，⑵加害園児の平素からの乱暴な振舞いからすれば，本件行為は全く予想しえなかったものとはいえないことを指摘して，保育所園長の監督義務違反（民法714条２項に基づく責任）を認める判決をしている。なお，判決は，保育所園長の監督義務の範囲について，小・中学校のそれとを比較して，「学校教育活動およびこれと密接不離の関係にある生活関係に限定される監督義務の範囲とは，広狭自ら異る」と述べているが，以上の判断は，養護及び教育を一体的に行う保育の特性に着目した判断であると見ることができると思われる。

次に判決は，②について，「親権者の過失責任は，当該違法行為についてのそれではなく，一般的に監督を怠ることであり，実質上危険責任の性格を有する」と述べて，加害園児の本件行為について，親権者の監督義務違反（民法714条１項に基づく責任）をも認める判断をしている。

本件は，年長園児の危険行為により発生した園児の傷害事故の事案であるが，保育所の園長は，園児の監督とともに，園児の安全確保という保育の本質に係る義務を負っているということを再確認する必要があると思われる。

【事件のあらまし】

1970(昭和45)年11月11日，Ａ保育所（設置主体は不明）では，一斉保育が午後４時に終了したあと，２人の保母（当時）が父母の出迎えまでの間，自由保育として園児を運動場で遊ばせていた。

園児Ｂは運動場で遊んでいたところ，他の園児と些細なことから喧嘩になり，その相手に板切れを持ってかかっていこうとしたが，素早く見つけた保母に板切れを取り上げられてしまったので，プリント合板の別の板切れを拾ってきて，砂場近くで遊んでいた相手の園児に近寄って行った。しかし，正門付近にいた保母に発見され，またも板切れを取り上げられそうになったので，あわてて相手の園児めがけて僅か数メートルの距離から板切れを投げつけた。ところが，板切れはやや曲がって飛んだため，すぐ近くにいたX_1（事故当時２歳９か月）の右目に当たる結果となった。この事故によりX_1は，右眼球打撲，網膜振盪の傷害を受け，大学病院等に1973(昭和48)年２月まで通院した。

Ｂは本件事故当時満６歳の園児であったが，粗暴な振舞いが目に余り，そのため保育所ではＢに対してできるかぎりの保育，監護を尽くし，粗暴な行動を発見する都度叱責等の懲戒を加えてきたが，同人は一向に聞き入れようとしなかった。そのためＡ保育所は，市に対して３回にわたり措置決定の解除を要請したり，Ｂを児童相談所に連れていくなどした。なお，児童相談所はＢについて，問題のある家庭環境に起因する軽い情緒障害があるとの診断をしている。

以上について，X_1及びその両親X_2・X_3が，保育所園長Y_1に対しては，園長として園児Ｂの父母Y_2・Y_3に代わって監督すべき義務があるのにこれを怠った過失があるとして，また，Y_2・Y_3に対しては，親権者として監督すべき義務があるのにこれを怠った過失があると主張して，損害賠償を請求した。

裁判所の判断

■園長と加害園児の親に対し損害賠償を命じた。

1　園長の監督義務違反の有無について

「児童福祉法によれば，(略) 入所中の児童で親権をおこなう者のあるものについても，監護，教育および懲戒に関し，その児童の福祉のため必要な措置をとることができる（同法第47条第２項）とされている。これを要するに，保育園の園長および園長個人は，園児を保育し，もってその健全な心身の発達を助長するといういわば社会公益上の重要な責務を負うとともに，その故に行為の責任について弁識能力を欠く園児の監護，教育等に関しては，親権者の有無にかかわりなく，保育園ないしこれに準ずる場所での生活関係における必要なあらゆる措置をとることが認められているものと解される。したがって，その監督義務の範囲は，右のような地位，権限，義務等に照し，当該行為を全く予期しえない等の特別な事情がないかぎり保育園における保育およびこれに随伴する生活関係におよぶものというべきであるから，右生活関係について監督義務を怠らなかったことを立証しない限り，責任を免れないと解される。この点は，小学校あるいは中学校において，学校教育活動およびこれと密接不離の関係にある生活関係に限定される監督義務の範囲とは，広狭自ら異るといわなければならない。

これを本件についてみると，本件事故は保育園の運動場で，保育の一環である自由保育時間中におきたものであり，しかもＢの平素からの乱暴な振舞いからすれば，本件行為は全く予想しえなかったものとはいえないから，代理監督義務者であるY_1の監督義務の範囲内において発生したものであり，前記認定の事実をもってしてはいまだ監督義務を怠らなかったものとはとうてい認めることができない。」

2　親権者の監督義務違反の有無について

「親権者は児童の全生活関係について監督義務を負うものであるから，たとえ代理監督義務者に責任があるからといって，それがため当然に親権者の責任が免除されるいわれはない。親権者の過失責任は，当該違法行為についてのそれではなく，一般的に監督を怠ることであり，実質上危険責任の性格を有すると解される。したがって，当該行為の客観的諸事情を綜合的に考慮し，行為が専ら代理監督義務者の監督下でおこなわれ，しかも児童の日常における生活関係の全面にわたって監督義務を怠らなかったことを立証しないかぎり，親権者は責任を免れることができないと解するのが相当である。

これを本件についてみると，(略) Y_2・Y_3がＢの日常の生活関係において監督義務を怠らなかったと認めるに足りる証拠はなく，かえって前記認定のとおり再三にわたる保育園等からの指摘によって，同人には教育上配慮すべき多くの問題があることを知悉しながら，何ら適切な措置を講ずることなく時日が経過していた間に本件事故が発生したことが認められる」。したがって，Y_2・Y_3には監督義務違反が認められる。

21 病児保育中の吐物の吸引窒息死

◆私立保育所園児事故損害賠償請求事件◆

京都地裁1975(昭和50)年８月５日判決

裁判のポイント

病児を保育する保母が負う注意義務。

解 説

本件は，社会福祉法人が設置，経営する保育所で保育を受けていた１歳２か月の男児が，昼寝中に吐いた物を吸引したことが原因で窒息死したとの事故について，社会福祉法人の善管注意義務違反の有無が争点となった事案である。なお，死亡した男児は死亡日の23日前から病院で診療を受けており，死亡日の４日前の診察時の容態はかなり強い下痢状態であり，治癒するのに少なくとも１週間以上の日数を要する状態であった。

判決はまず，社会福祉法人に善管注意義務（行為者の属する職業や社会的地位に応じて通常期待されている程度の注意義務のことをいう）が存在したことを確認した上で，社会福祉法人の履行補助者である保母（当時）に保育上の過失があったかどうかについて検討しているが，判決は，①園児の両親が保母に対して男児の健康状態や病院での診療状況を具さに告げて特別扱いを頼んでいた事実がなかったこと，②集団保育の場所で保母に乳児から片時も目を離すなというのは難きを強うるものであること，③本件事故は男児が休ますべき健康状態にあったため発生したものといえることなどを指摘して，男児の傍らをしばらくの間離れた保母らに本件事故の発生についての予見可能性はなかったとして，保母らの過失を否定している。

判決は以上の理由により保母らの過失を否定しているが，本件については，男児の保育を担当していた保母らが保育中の男児の心身の状態をよく観察し，男児の健康状態を充分に把握していたか，という点に注目する必要があるように思われる。保母らが，男児がよく休園していたこと，男児が消化不良がちであったことなどを認識していた点は見落とすことのできない事実であろう。また，判決は，本件保育所の保育環境についてとくに確認していないが，男児の当時の健康状態からすれば，保母らは男児の様子の変化に気付くことができる態勢で保育を行う必要があったと思われる。

本件は，園児の両親から男児の健康状態についての連絡や保育上の特別の依頼がなかった事案であるが，そのような事情があるにしても，男児の保育を本件保育所が引き受けた以上は，保母らは，男児の健康状態を充分に観察，把握した上で，男児の体調（の変化）に留意した保育を行う必要性があったと考えられる。

【事件のあらまし】

X_1・X_2の長男であるＡ（1970年11月生まれ）は，社会福祉法人Ｙが設置，経営するＢ乳児保育園で保育を受けていた（なお，判決は，当事者間に争いがない事実として，X_1・X_2とＹとの間にはＡの監護保育について保育委任契約が成立していた旨の認定をしている）。X_1・X_2は，Ａは健康児であるといって保育を依頼していたが，Ａは風邪をひきやすく，それがもとで消化不良を来し下痢をすることが多かった。Ａが実際に登園したのは，1972(昭和47)年11月27日の入園日から死亡日の翌年２月２日までの間の合計13日間だけであった。

Ａは，1972年１月10日からＣ病院で診療を受けており，同月29日の容態は気管支炎のほかかなり強い下痢状態（水様の下痢が４回）であり，治癒するのに少なくとも１週間以上の日数を要する状態であったが，

Aの母であるX_2はこれらについて保母に告げることをしなかった。なお，2月1日の保育日誌には，Aの全身があちこちざらざらの肌であったと記述されている。Aが死亡したのは2月2日であるが，Aを連れて登園したX_2はこの日も，保母にAの病状等を告げることをせず特別の依頼もしなかった。

事故当日，Aが所属するD組は登園児が9名，保母はEとF，それにG（15時45分まで）の3名であったところ，Aについて保母は，Aの体調が特に悪いことを知らず他の乳児と同じように給食を与えた。そしてAが16時頃から昼寝を始めたので，FがAを畳の上からベッドに移した。16時15分か20分頃Fは炊事場のオルガンのところで保育日誌を書き，Eは丁度炊事場にいた。その時X_2がAを迎えに来園し，Fに対して，変わったことはありませんでしたかと尋ねたので，Fはどうもなかったですよ，今寝たところですよと答えた。X_2はAを少しでも寝かしておいてやろうと思い，先ず便所の方においてあるおむつを取りに行ってAの所に来てみるとAはうつむき加減で横を向きシーツの上に口からものを吐いていた。そこへEとFが来て驚きFがEの指示で園長やYの代表者に急を知らせたので右の2人が急いで駈けつけてきた。その前にX_2がとっさの機転でAの鼻と口を吸い上げたところAの顔色は赤みを帯び蘇生したようであった。それからYの代表者がAを抱いてX_2とともに表へ出，かけつけた救急車でH病院に至り応急処置を受けたが結局蘇生せず死亡した。

その後，I大学J医師がAを解剖したが，J医師は，A死亡の直接死因は腹臥していた際に吐いた物を吸飲しそれが声門部を閉塞させて窒息死したものと断定した。また，同医師は，この事故発生から死亡までの時間は約5分間で死亡時刻は16時25分頃と推定している。この時間はX_2や保母らがAの傍らへ来た頃，又はその直後に当たる。

以上について，X_1・X_2がYに対して，債務不履行を理由として損害賠償を請求した。

裁判所の判断

■原告の損害賠償請求を棄却した。

「Yは，Aの保育を引受けたのであるから準委任の受任者として善良な管理者の注意を以て保育の任に当るべき義務があったことは当然であり，Aは死亡当日迎えに来たX_2が傍へ来る少し前の頃吐物を吸飲しそれが声門部にひつかゝり窒息死したものであるから，もしこの吐瀉をした時傍に保母がおり直ちに適当な処置をとつていたらこの事故を防止し得たのに折悪しく保母のEもFも傍におらずこの処置をとることができなかつたといわねばならないが当時Xらが保母にAの健康状態やC病院での診療状況を具さに告げて特別扱いを頼んでいた事実がなくかつこうした集団保育の場所で保母に乳児から片時も目を離すなというのは難きを強うるものである。Aが物を吐いた時のしばらく前まで保母のFがAを昼寝のためベッドへ移す等の世話をしていたがその後しばらく他の用事で傍を離れたためFもEもAが物を吐いたのを発見できず適切な処置をとれなかつたとしても同人ら従つてYにこれを予見し得た過失があるというのは相当でない。」

Aは「消化不良が多く死亡日の5日前には水様の下痢が4回もあり気管支炎を恵つて体力がなかつたので健康児しか預かれないというYの方針からいえばむしろ休ますべきであった健康状態にあつたためこうした事故が発生したものといえるからこれを以てYの予見し得た事故でありそこに過失があるというのは相当でない。

Y特に保母のEやFはAがよく休園するのを知つていたのは勿論Aが消化不良がちで1月26日には身体に湿疹を生じ死亡前日は全身の肌がざらざらにあれていたのを知つていたのであるから，出来たらもつとよくAを観察し，特に食事をもつと減らした方がよかつたといえるが，原告らの方から特に連絡がなかつたので，そこまで気が廻らなかつたものでそれをしなかつたからといつてYの方に過失があるとみるのは相当でない。又保母がAを放置していたとみるのも相当でない。」

22 体調不良の園児に対する安全配慮義務

◆市立保育所園児事故損害賠償請求事件◆

岡山地裁2006(平成18)年４月13日判決

裁判のポイント

園児の健康状態の異常を確認した保育士が負う注意義務。

解 説

本件は，市立保育所に通園していた５歳の女児が午睡中に体調不良となり，２度の痙攣発作があるなど，平素とは異なる異常な状態となったものの，保母（当時）らが母親に迎えに来るように連絡するのみで，嘱託医などの医療機関に連絡して指示を仰ぐなど，必要な措置を採らなかったとの事案について，①保母の安全配慮義務違反の有無，及び②当該安全配慮義務違反によって生じた女児の損害の有無が争われた事案である。

①について，判決はまず，保育所利用にかかる女児と市との間の法律関係について検討しているが，判決は，市には「信義則上の債務」があるとした上で，市は「必然的に，女児に対し，本件保育園において，預かった幼児である女児の生命及び健康等を危険から保護するよう配慮すべき義務（安全配慮義務）」があると述べている。そして，当該義務の程度について，「医療専門家のレベルまでは要求されないものの，一般の親権者以上の専門的な配慮」が求められると述べ，また，当該義務の内容について，「保育所保育指針」の記述を確認した上で，園児に「何らかの異常が発見された場合には，嘱託医等医療専門家に相談してその指示を求め，迅速に，医療機関の医療措置を求めるなどの適切な処置を講ずべきこと」が「主要な内容となる」と述べている。本件は，1997年改正以前の児童福祉法の事案であるが，判決が，保育所を設置，運営する市の「信義則上」の「安全配慮義務」を認めた上で，当該義務の程度及び内容について言及している点が注目される。

判決は以上の判断のもと，保母らの安全配慮義務違反の有無について検討しているが，判決は，保母らが，女児が平素とは違う異常な状態にあることを確認できたにもかかわらず，嘱託医等の然るべき医療機関に連絡してその指示を仰がなかったことについて，「保母としての義務を怠ったことは否定でき」ないと述べて，保母らの安全配慮義務違反を認めている。

次に，②について判決は，女児は「市の安全配慮義務違反によって，最善の医学的処置を受ける機会を喪失する結果となり，これによって精神的苦痛を被っている」と指摘して，この点についてのみ，女児の損害を認める判断をしている。保育事故において，「最善の医学的処置を受ける機会」の喪失を損害として認定している点に注目する必要がある。

【事件のあらまし】

Ｙ市の児童福祉法24条に基づく措置により，市立保育所に入所していた５歳女児Ｘが，1996(平成８)年５月16日，午睡中の午後１時20分頃，体調不良となり，嘔吐を繰り返すなどした。Ｘは呼びかけに対する反応が鈍く眠たそうにしているなど，いつもと様子が違うため，Ｘの担任保母（当時）であるＡが午後１時40分頃，母に迎えにくるように電話連絡した。

Ｘは，午後１時45分から50分頃，１度目の痙攣発作が確認され，間欠期において傾眠状態にあり，さらに10分もたたない午後１時55分頃に２度目の痙攣発作があり，その後も昏睡状態が続いた。なお，Ａは午後２時前頃に，母に対してＸに熱はないが反応がいつもと違うのですぐに迎えに来るように電話連絡した。

午後２時22分頃，Ｘの母が本件保育所に

到着し，保母らから経過説明を受け，Xのかかりつけのクリニックに電話連絡したが，同医院では当日は診察できない旨の回答があった。その後，午後2時46分にAが119番通報し，午後2時52分に救急車が到着，Xは午後2時57分に救急搬出された。Xは救急車を待機中の午後3時前には既にチアノーゼ状態にあり，救急搬出時には呼吸停止状態に至っていた。Xは午後3時9分に病院に搬送され，ICU室で管理された後，入院治療を受けた。最終診断名は，「痙攣重積症（90分），呼吸停止，気管支喘息，肺炎（誤飲性）」であり，Xは同年6月5日に退院した。

なお，Xはその後，児童相談所において知能検査を受けており，2002年5月2日にはＩＱ73（精神年齢3歳の遅れ）との診断，及び知的障害Ｂの判定を受け，療育手帳の交付を受けた。そして，2004年7月28日に，知的障害Ｂの再判定を受けた。

以上についてXは，本件保育所の保母がXに対する安全配慮義務を怠ったため，Xに知能障害を生じさせ，あるいは知能障害を悪化させる後遺障害を生じさせたと主張して，また，保母の安全配慮義務違反により最善の医学的処置を受ける機会を喪失させられて精神的苦痛を受けたと主張して，Y市に対して，債務不履行を理由として損害賠償を請求した。

裁判所の判断

■被告に対し損害賠償を命じた。

1　市の安全配慮義務について

「本件入所保育措置により，YはXを本件保育園で適切に保育し，Xはこれに従い，Xの保護者はこれに協力すべき法律関係が生じたのであるから，Yは上記法律関係に伴う信義則上の債務として，必然的に，Xに対し，本件保育園において，預かった幼児であるXの生命及び健康等を危険から保護するよう配慮すべき義務（安全配慮義務）を負い，これを尽くすことが必要不可欠となる。

そして，本件保育園は，幼児を預かって保育する専門施設であり，保育には，専門的な知識技術を習得して国家資格を持った保母（保育士）が当たるのであるから，預かった幼児の生命身体の安全には，医療専門家のレベルまでは要求されないものの，一般の親権者以上の専門的な配慮をすべき義務がある。」

「平成8年当時の厚生省の保育所保育指針には，『保育中は，子供の状態を観察し，何らかの異常が発見された場合には，保護者に連絡するとともに，嘱託医やかかりつけの医師と相談するなど，適切な処置を講ずる』とされているが，本件保育園の保育士らにおいて，Xら保育園児の健康状態を観察し，何らかの異常が発見された場合には，嘱託医等医療専門家に相談してその指示を求め，迅速に，医療機関の医療措置を求めるなどの適切な処置を講ずべきことは，上記保育指針を待つまでもなく，安全配慮義務の主要な内容となる。」

2　保母らの安全配慮義務違反の有無について

「保母らにおいて，Xが嘔吐を反復し，少なくとも軽度の痙攣発作を2度に亘って起こし，呼びかけに対する反応も平素とは違う異常な状態にあることは確認できたのであるから，保護者である母に連絡するにとどまるのではなく，嘱託医等の然るべき医療機関に連絡してその指示を仰ぐべき保母としての義務を怠ったことは否定できず，その結果，早期に，Xを救急治療する機会を喪失したものというべきである。

そうすると，上記の点で，Yには安全配慮義務違反があるといわざるを得ない。」

3　市の安全配慮義務違反と原告に生じた損害について

Xの知能障害の発生や悪化が，呼吸停止，痙攣重積症の治療が遅れたことによって生じたものということはできないが，「Xには，Yにおいて前示安全配慮義務を尽くし，早期に救急治療を受ける機会を得ておれば，現在のような状況には至っていなかったかも知れないと両親ともども残念な想いが残ることは否めず，Yの安全配慮義務違反によって，最善の医学的処置を受ける機会を喪失する結果となり，これによって精神的苦痛を被っているものと認定できる。」

23 うつぶせの体勢で寝かされた乳児の窒息死

◆私立保育所園児事故損害賠償請求事件◆

福岡高裁2006（平成18）年５月26日判決

裁判のポイント

乳児をうつぶせの体勢で寝かせた保母が負う注意義務。

解　説

本件は，社会福祉法人が経営する認可保育所において，ベッドにうつぶせの体勢で寝かせられていた４か月の乳児が死亡したとの事故について，①乳児の死亡原因，②乳児をうつぶせの体勢で寝かせた保母（当時）の注意義務違反の有無が争われた事案である。

①について，乳児の両親は，乳児の死因は，乳児の鼻腔が閉塞して生じた窒息死であると主張したのに対して，保母及び社会福祉法人は，乳児の死因はいわゆる乳幼児突然死症候群（SIDS）というべき突然死であると主張した。これについて判決は，「解剖所見のみならず，死亡時（異常発見時）の状況，特に乳児の場合は，その体勢（特にうつぶせ寝か否か）や寝具の状況等も考慮した上，窒息死であるか否かを検討するのが相当である。」と述べて，解剖所見のほか，乳児の異常発見時の状況を検討して，本件乳児の死因は窒息死と認めるのが相当であると判断している。

次に判決は，②について，乳児をうつぶせの体勢で寝かせた保母について，同保母は知識経験を有する保育の専門家として，乳幼児をうつぶせ寝にすることによる窒息死の危険性を認識していたこと，また，本件乳児は生後４か月であり，登園直後から激しく泣き続けていたことなどを確認して，同保母には，「乳児の状況を十分に監視するなどして，乳児が窒息等により生命に危険のある状態に陥らないように，うつぶせの体勢にした乳児の動静を注視する義務」が存したと述べている。そして本件について，本件では，同保母が乳児の顔面や寝ている状況等を確認したとする経緯がうかがえないこと，また，乳児の顔面や寝ている状況等を確認できない位置にいたことを指摘して，同保母には「うつぶせの体勢にした乳児の動静を十分注視しなかった過失があると認められ」ると判断している。本件は約５分の間，保母が乳児の動静を注視していなかったために生じた事故であるが，乳児をうつぶせの体勢で寝かせた場合の保母の注意義務を，乳児の月齢や機嫌など，乳児の具体的な状況を考慮して判断している点に注目する必要がある。

判決は以上から，保母の不法行為責任と法人の使用者責任を認めているが，本件事故は19名の乳児を４名の保母が保育している過程で起きているという点にも注意する必要がある。本件では争われていないが，法人の最低基準違反と乳児の死亡との間の因果関係も争点になり得た事例であると言える。

【事件のあらまし】

夫婦であるX_1・X_2は，社会福祉法人Y_1が設置，経営する認可保育所に，子である女児Ａ（４か月）の保育を委託していた。

1997（平成９）年４月14日，Ａが所属する０歳児クラスは19名が登園しており，Y_2を含む４名の保母が19名の園児の保育業務を担当していた。Ａは起床後から登園するまで体調の問題はなく機嫌もよかったが，午前９時頃，父と登園したＡを保母Ｂが預かったところで大泣きし，その後，Y_2が抱いてからも泣きやまず，ぐずり泣きをしていた。

Y_2は，午前10時35分頃から保育室において園児のおむつ換えを行ったが，Ａはこのときもぐずり泣きをしていた。10時40分頃，Y_2はおむつ換えが終わったAを保育室に設置されているベッド上にうつぶせの体勢で寝かせ，足元に布団を掛けた。そして，０歳児クラスの他の園児の給食の世話をするため，保育室に準備されたテーブルの方に離れた。Y_2が進行役をして園児らが食事を始めたが，園児の１人が給食のうどんをこぼしたので，Y_2は配膳室に布巾を取りに行き，うどんをふき取った後，布巾を洗うために再び配膳室に行った。

10時45分頃，保母Cはおむつをチェックするため，Aのベッドに近づいたところ，Aに異常を感じたため，配膳室で布巾を洗って保育室中央部のスペースに出てきたY_2にAの様子がおかしいので見てほしいと伝えた。これを聞いたY_2は，Aのベッドに歩み寄りAを抱き上げたところ，Aが顔面蒼白であり力無く両腕をだらっと垂らしていたことから，Aを抱いたまま保育室を出て，Aを本件保育所の隣のD医院に連れて行った。D医院の医師は10時55分頃，直ちにAの状態を確認し治療を実施したが，Aは蘇生せず，午前11時30分にAの死亡を確認した。

以上について，X_1・X_2が，AはY_2の過失により，布団類で鼻口が閉塞されたことにより窒息死したものであると主張して，Y_1に対して債務不履行に基づいて，Y_2及びY_1に対して不法行為に基づいて損害賠償を請求した。これについて原審（福岡地裁2003(平成15)年１月30日判決，判例時報1830号）は，Aの死因は窒息死であると判断した上で，Y_2の過失（動静注視義務違反）を認定して，Y_2の不法行為責任及びY_1の使用者責任を認めた。そこで，Y_1・Y_2が原判決を不服として控訴した。

裁判所の判断

■被告に対し損害賠償を命じた一審判決を維持し，控訴棄却。

1　Aの死因について

Aの死因について，本件では，SIDSであるか窒息死であるかについて争いがあるが，「解剖所見のみから，両者を鑑別することは困難である」。「結局，解剖所見のみならず，死亡時（異常発見時）の状況，特に乳児の場合は，その体勢（特にうつぶせ寝か否か）や寝具の状況等も考慮した上，窒息死であるか否かを検討するのが相当である。」「Aは，うつぶせの体勢で寝かされたことやAの承諾解剖報告書等に現われた所見等にかんがみると，窒息死したと認めるのが相当である。」

2　保母の注意義務違反の有無について

「Y_2は，昭和52年４月から本件保育園の保母として勤務してきた知識経験を有する，保育の専門家であり，(略) 乳幼児をうつぶせの体勢で寝かせることについては，窒息死に至る危険性のあることを認識して」いた。また，「本件の当時，Aは，まだ生後４か月の乳幼児であり，父が保母に引渡した直後から激しく泣き続けていたのであるから，Aの機嫌が良い状態にあったとは認め難く，そうすると，うつぶせの体勢で寝かせるに当たっては，Aの状況を十分に監視するなどして，Aが窒息等により生命に危険のある状態に陥らないように，うつぶせの体勢にしたAの動静を注視する義務があるというべきである。しかるに，本件においては，Y_2は，ベッドにAをうつぶせの体勢に寝かせた後は，保育室の廊下側の位置で他の園児の給食の世話をしたり，配膳室に出入りしており，Aの顔面や寝ている状況等を確認したとする経緯はうかがえないところである。」また，「Y_2は，(略) Aの顔面の状況が確認できない位置にいたのであり，Aが窒息しないようその動静を確認することはできなかったことが認められる。」以上により「Aは，(略) うつぶせの体勢で寝かされた後，フェイスダウンの状態となって窒息死するに至ったのであるから，Y_2には，うつぶせの体勢にしたAの動静を十分注視しなかった過失があると認められ」る。

「よって，被控訴人らの請求を一部認容した原判決の認定判断は相当であり，本件控訴はいずれも理由がない」。

24 自由保育の実施における園児の熱中症死亡

◆市立保育所園児事故損害賠償請求事件◆

さいたま地裁2009(平成21)年12月16日判決

裁判のポイント

自由保育の実施において保育士が負う注意義務。

解 説

本件は，上尾市が設置する市立保育所に通園していた４歳５か月の男児が保育所内で熱中症により死亡したとの事故について，①担任保育士２名の児童動静把握義務違反の重過失の有無，②同２名の児童捜索活動上の注意義務違反の重過失の有無が争われた事案である（なお，上尾市は担任保育士２名と市立保育所の所長に過失があったことを認めて，同市が国家賠償法１条１項に基づく損害賠償義務を負うことを認めている)。

①について，判決はまず，「子ども達の安全を確保（略）するため，保育士は，(略) 少なくとも自分が担当する子ども達の動静を常に把握する義務を負っている」と述べている。判決が言う児童の「動静把握」とは，子どもが「どこで，誰と，どんなことをしているのかを常に把握すること」を意味するものであるが，判決は本件について，担任保育士２名による「１時間以上にわたる動静把握義務の懈怠は，一般的に保育士に求められるべき注意義務の基準に照らして，子どもの生死に関わる悪質な態様のものといわざるを得ない」と述べて，担任保育士２名に児童動静把握義務違反の「重大な過失」があったと認定している。

本件において担任保育士２名は，児童の動静把握が困難となる自由遊びを実施していたにもかかわらず，漫然と児童を遊ばせて，一時間もの間，園児の人数確認すらも実施しなかったということであるが，事故当日の天候（午前11時の上尾市の気温は27.7度，湿度76.7％であった）からすれば，両保育士は，児童の体調変化や児童の給水の必要にも注意して，児童の動静把握を行う必要があったと考えられる。

次に判決は，②について，担任保育士２名に捜索活動上の「注意義務違反があることは明らかである」としたが，重過失については，「所長の代行を務めていた主任保育士や他の保育士らの冷静な判断による指導や助言等のサポートがなかったこと，そして，日ごろから所長（略）が児童所在不明時の行動指針について指導していなかったこと」を指摘して，これを否定する判断をしている。

裁判所は，担任保育士２名の重過失を認定して，上尾市の国家賠償責任を認容しているが（判決は，重過失の点を賠償額で考慮している)，公務員の重過失が争点となる事案では，公務員の対外的個人責任も論点の一つになると思われる。

【事件のあらまし】

2004(平成16)年４月，４歳５か月である男児Ａは，Ｙ市（上尾市）が設置・運営する市立保育所に入所した。

翌年８月10日，Ａが所属していた４歳児クラスは，午前９時30分過ぎ頃に散歩に出掛けたが，目的地到着後，間もなく雨が降り出したため，午前10時20分頃に帰所した。帰所後，担任保育士２名は園庭に入る出入り口のところで児童の人数確認をしたが，園内において児童の人数を改めて確認するということをしなかった。

担任保育士２名は，散歩に代わる副案を考えていなかったため，給食までの時間を自由遊びの時間にすることにした。児童らは午前10時30分頃ベランダから保育室に入り，保育室，廊下，ホールなどでばらばらに遊びはじめた。担任保育士２名は自由遊びの時間の間中，漫然と児童を遊ばせており，給食の準備が整うまでの間，園児の人数を確認することもしなかった。そのため，担任保育士２名は散歩から帰所後，Ａの姿を一度も見ておらず，Ａが不在であることに気づいたのは給食配膳時の11時35分頃になってからであった。

Ａが不明であることに気付いて以降，担任保育士２名らは保育所内のほか，Ａの自宅や近隣にある祖父母宅，園近くの河川やスーパー，コンビニ等近隣を探し回るなどしたがＡを見つけることができなかった。なお，以上の捜索に際して担任保育士２名は，Ａの靴が靴箱に置かれてあることは確認したが，Ａの捜索に先立って，Ａが園内で一緒に遊んでいたと推測される児童に対してＡの所在を尋ねることをしなかった。このような経緯の中で，研修先から保育所に戻る途中に事態を知った保育所長が，保育所内に設置してあった本棚から，本棚下部にある収納庫内で全身が汗びっしょりの状態で意識のないＡを発見した。午後０時25分頃であった。Ａは大学病院に救急搬送されたが，午後１時50分に死亡が確認された。

以上について，熱中症により死亡したＡの両親及び祖母らが，担任保育士２名の重過失を主張して，市立保育所を設置・運営するＹ市に対して，国家賠償法１条１項に基づいて，損害賠償を請求した。

裁判所の判断

■被告に対し損害賠償を命じた。

1　担任保育士２名の児童動静把握義務違反の重過失の有無について

「保育士は，子ども達の命を預かっている以上，保育を行う前提として，その安全を確保することが当然に求められている。

そうすると，子ども達の安全を確保し，かつ，上記のような保育を実現するため，保育士は，子どもが，どこで，誰と，どんなことをしているのかを常に把握することが必要不可欠であって，少なくとも自分が担当する子ども達の動静を常に把握する義務を負っているものといわなければならない。特に，本件における保育所のように，いわゆる自由保育の時間を取り入れ，児童らが保育所内を自由に動き回って遊んでいるような状態の場合，子ども達の動静を把握することは困難であるから，複数担任制であれば，担任保育士同士で声を掛け合ったり，保育内容が変わらない場合であっても少なくとも30分に１回は人数確認を行うなどして，子ども１人１人の動静に気を配ることが求められているというべきであり，さらには，担任以外の保育士らにおいても，全ての児童の名前や顔を把握した上で，保育所全体で児童の動静把握と安全確認に努めることが求められているというべきである。」本件において担任保育士２名が「１時間以上もの間，Ａの動静を把握することを怠ったことは明らかであるところ，(略)両保育士による１時間以上にわたる動静把握義務の懈怠は，一般的に保育士に求められるべき注意義務の基準に照らして，子どもの生死に関わる悪質な態様のものといわざるを得ないのであって，重大な過失というべきである。」

2　捜索活動上の注意義務違反の重過失の有無について

担任保育士２名は，「Ａの所在不明が明らかになった時点で，一緒に遊んでいた子ども達に事情を聞き，Ａの最終所在を追跡するとともに，園内にＡの靴が存在していたのであるから，園内をくまなく捜索すべき注意義務を負っていた。」本件において担任保育士２名に「上記注意義務違反があることは明らかであるが，両保育士が児童の所在不明により多少冷静さを失うこともやむを得ないことであり，当日，所長の代行を務めていた主任保育士や他の保育士らの冷静な判断による指導や助言等のサポートがなかったこと，そして，日ごろから所長(略)が児童所在不明時の行動指針について指導していなかったことが両保育士の上記注意義務違反を招いた面も否定できないことに照らすと，この点については，」担任保育士２名「を強く非難するのは相当でなく，これを重過失とまで評価することはできないというべきである。」

25 園外保育での園児の池への転落（刑事事件）

◆業務上過失傷害被告事件◆

東京高裁1995（平成７）年６月28日判決

裁判のポイント

園外保育を企画した園長及び主任保母が負う業務上の注意義務。

解 説

本件は，社会福祉法人が設置する保育所が実施した園外保育（保育所に隣接する神社に参拝を行うとの内容の保育）において，３歳の園児が神社の放生池に転落したにもかかわらず，保母（当時）がこれに気付かないまま放置したために，同児が溺れて傷害を負ったとの事故について，園外保育を企画した園長及び主任保母に，業務上過失致死傷等について定める刑法211条の適用があるかどうか，具体的には，園長及び主任保母に業務上の注意義務が存在したかどうか，また，同人らに当該注意義務の違反が認められるかどうかが争われた事案である。なお，園長及び主任保母は，本件園外保育において園児の引率を行っていなかった。

判決はまず，園長及び主任保母の「業務上の注意義務」の有無について，以下の４点，すなわち，①本件園外保育が，新入園児が保育所での集団保育だけでなく，未だ園外保育に慣れない時期（４月中旬）に実施されていた点，②本件園外保育は転落の危険性のある放生池の周辺を通過して行うものであった点，③本件園外保育は３歳から５歳の園児70名を５人の保母で引率する態勢で実施していた点，④園長及び主任保母は，園外保育実施時の園児らの状況から，本件園外保育では園児の引率，監視に相当の困難が生じていたことを認識していた点を指摘して，園長及び主任保母には「部下職員の指導監督に当たる」者として，「園児を引率する保母らに対し（略）指示，指導を行う（略）業務上の注意義務があった」と判断した。そして，当該「指示，指導」の内容について，本件園外保育では「より多くの視点からの配慮」，すなわち，保母間の「緊密な連携」が必要であったなどと述べて，園長及び主任保母には「具体的な事態を想定した上で，実践的な指導，訓練」を行う必要があったと指摘した。

その上で，判決は，園長及び主任保母の注意義務違反の有無について，両名は，園児を引率する保母らに対して「具体的な事態に対応した指導，訓練は行っていなかった」として，両名の業務上の過失を認める判断をした。

ところで，本件では，園外保育を企画した園長及び主任保母の「職務」が（両名は園児の引率はしていない），刑法211条にいう「業務」に当たるかどうかも争われているが，判決は，「被告人らが現にその業務に従事していたというためには，当日実際に園児の引率に当たっていたことまでは要求されない」と述べて，同条の適用を認める判断をしている。以上の判断もまた，本判決の注目箇所の一つということができると思われる。

【事件のあらまし】

社会福祉法人が設置するＡ保育所は，園児の情操教育の一環として保育所に隣接するＢ八幡宮に参拝を行う園外保育（以下「神社参拝保育」ともいう）を行っていたが，Ｂ八幡宮には参拝途上の通路から数メートル南側奥に，周囲に防護柵等のない放生池が存在していた。なお，毎年の神社参拝保育の開始時期は，主任保母であるY_1とクラス担任保母が園児の状態を踏まえて原案を作り，園長であるY_2が決定していた。

平成元年度の神社参拝保育は，園外保育に慣れない新入園児を含む３歳児から５歳児までの合計70名の園児を合計５名の担任保母で引率，監視するとの計画で，４月17日から開始したが，出発に当たって泣き騒ぐ園児も多く，保母がこれをなだめすかすのに四苦八苦していた。また，参拝終了時には，いち早く駈け出して帰園する継続園児や，近くで遊び回る園児，さらには泣き騒いで保母に纏わりつく園児などがいて，クラスごとのまとまりは失われ，ばらばらになって帰園する有様であった。そのような中，４月20日に実施した神社参拝保育において，園児（当時３歳）が放生池に転落したにもかかわらず，保母がこれに気付かないまま放置したため，園児が溺れて傷害を負う事故が発生した。

以上について，水戸地裁下妻支部は1994（平成６）年12月７日に，Y_1及びY_2には，引率保母らに対し事故防止のための具体的指示をなすべき業務上の注意義務を怠った過失が認められると判断して，両名をそれぞれ罰金15万円に処する有罪判決をした。

これに対してY_1及びY_2は，同人らには業務上の注意義務もこれに違反した過失も認められないこと，また，注意義務違反（過失）が認められるとしても，当該注意義務違反と本件事故との間には因果関係が認められないこと，さらに，両名は本件当日，園児を実際に引率していたわけではなく，現実にはその業務に従事していないから，業務上過失致死傷等について定める刑法211条が適用されることはないなどと主張して，控訴した。

裁判所の判断

■一審の有罪判決を維持し，控訴棄却。

1　園長及び主任保母の注意義務及び注意義務違反の有無について

「平成元年度の神社参拝保育開始時点における園児の状況は，（略）引率，監視に相当の困難を来していたことは否定し難い」。「そうすると，仮に園児の状態をよく知る保母間の協議がもとになって開始された神社参拝保育であっても，Y_1・Y_2両名は，部下職員の指導監督に当たる園長又は主任保母として，（略）園児を引率する保母らに対し（略）指示，指導を行うことにより，事故の発生を未然に防止すべき業務上の注意義務があったということができる。」

本件神社参拝保育は，「保育園内における通常一般の保育活動と比べ，より多くの視点からの配慮が要求されるものと考えられる。すなわち，前記（略）状態にある園児をわずか５名の保母で引率してなお事故の発生を防止しようとすれば，（略）自己の担当クラスの園児を十分監視するよう努めることはもとよりであるが，それにとどまらず，常に園児全体を視野におさめられるよう更に５名の保母の間で，緊密な連携のもとに，互いに共同して監視を徹底させることが是非とも必要であった。このような数名の保母による事務の分担や連携行為は，具体的な事態を想定した上で，実践的な指導，訓練がなされなければ，その要諦を身につけることが困難であることは自明のところであり，専門教育を受けた保母が園児の引率，監視に当たる以上は，もはや何らの指導も必要でないとする所論は採用できない。」本件において，Y_2及びY_1は，園児を引率する保母らに対して「具体的な事態に対応した指導，訓練は行っていなかった」のであるから，両名には業務上の過失が認められる。

2　注意義務違反と本件事故との間の因果関係について

「本件当時の状況下においては，引率保母らの努力のみによっては本件事故を回避することは困難だったのであり，Y_1・Y_2両名において（略）注意義務を尽くさなかったことも本件事故の原因となっているとみなければならない」。「Ｙらの注意義務違反と本件結果との間には因果関係があり，かつ，Y_1・Y_2両名には結果発生の予見可能性があったということができる。」

3　刑法211条の業務上過失の適用の有無について

「Ｙらの職務が刑法211条にいう『業務』に当たることは明らかである。また，Ｙらが現にその業務に従事していたというためには，当日実際に園児の引率に当たっていたことまでは要求されないから，Ｙらが現に右の業務に従事していたことにも疑問の余地はない。」

26 地震後の津波による保育所園児の死亡

◆町立保育所園児事故損害賠償請求事件◆

仙台高裁2015(平成27)年3月20日判決

裁判のポイント

自然災害の発生時において保育士が負う法的義務。

解 説

本件は，宮城県山元町が設置，運営する保育所において保育を受けていた児童らが，2011(平成23)年3月11日に発生した「平成23年東北地方太平洋沖地震」後の津波により死亡したことについて，死亡した園児A（平成20年5月生まれ）の両親及び園児B（平成16年7月生まれ）の母が，山元町に対して，保育委託契約の債務不履行等を理由として，損害賠償を請求した事案である。

中心的な争点は，保育所に津波が到達することについて，山元町が設置した災害対策本部及び保育所の保育士らに予見可能性があったかどうかであるが，判決は，「園児の生命の保持に責任がある被控訴人（筆者注，山元町）の担当者（災害対策本部の総務部長，本件保育所の保育士ら）においても，予見することができなかったといわざるを得ない。」と結論付けて，「予見可能性を肯定することができない以上，被控訴人の責任を認めることはできない。」と判断している。

ただし，判決は同時に，「本件保育所における被災では，本件地震の発生から津波の到達まで1時間を超える時間があり，少しでも早く，少しでも高い所に避難していれば被災を免れることはできた可能性が高い。」と述べて，「この意味で本件保育所における被災で園児の生命が失われたのは悔やまれる。」と言及している。

本判決の注目箇所の1つは，園児の保育中に自然災害が発生した場合について，保育所の保育士は「可能な限り情報を迅速かつ適切に収集し，(略) 園児らの生命・身体に対する危険を予見し，危険を回避するための適切な措置を採るべき法的義務を負う」と述べている点である。

本件では，地震発生以後に山元町の保育士らが適切に情報収集を行っていたかについて，よく検証する必要があると思われる。検証から得られる教訓を今後どう生かすかが問われていると言える。

【事件のあらまし】

宮城県山元町が設置，運営するC保育所は，海岸線から内陸に1.5キロメートル入った標高3.0メートルの地点に位置しており，建物は1階建てであった。

2011(平成23)年3月11日の「東北地方太平洋沖地震」(以下この地震を「本件地震」という）の発生直後，山元町は災害対策本部を設置し，同町のD総務課長が災害対策本部の総務部長に就任した。

C保育所では本件地震がおさまった後，昼寝中であった園児の安全を保育士らが確認し，園児らを園庭中央に避難させた。そして，園庭にブルーシートを敷き，寒さをしのぐために布団で園児の体を覆い保護者の迎えを待ちながら待機した（当日は61名が在園)。

本件地震発生当日に週休をとっていたE保育士は，午後3時10分頃にC保育所に到着したが，C保育所では本件地震により，防災無線やサイレンの設備が損壊し，ラジオやテレビも停電により視聴不能となっていた（ただし，ワンセグ機能つき携帯電話やカーラジオを用いて本件地震及び津波に関する情報を収集することが可能であった)。このような状況の中でE保育士は，3時25分から30分頃までの間に，災害対策本部を訪れ避難指示を求めたが，D総務課長から現状待機との指示を受けた。そして

3時30分過ぎにC保育所に戻り，F所長に対して，災害対策本部において10メートルの津波が来るかもしれないと伝えて指示を求めたが（E保育士は車内のラジオで気象庁の追加の津波警報等を聞き，宮城県における津波の予想高さが10メートル以上とされたことを知っていた），現状待機の指示を受けたと報告した。

C保育所では13人の園児と14人の保育士らが園庭で待機を続けていたが，午後4時頃，押し寄せた津波はC保育所にまで到達した。C保育所付近の最終的な浸水深は2.4メートルであった。

津波がC保育所の南東約80メートル先に押し寄せた際，F所長は，「車で逃げて～」と指示をし，13人の園児と14人の保育士らはC保育所の駐車場に駐車していた車（合計10台）に分乗して避難した。しかし，保護者の車1台に分乗していた5人の園児のうち，A及びBを含む3人の園児が津波に流されて死亡した（同車には主任保育士が同乗していた）。Bは同年3月14日に，Aは4月16日にそれぞれ発見された。

以上について，死亡したAの両親及びBの母（以上，原告）が，主位的に山元町（被告）の保育委託契約の債務不履行を主張し，予備的に同契約の付随義務である安全配慮義務の違反又は国家賠償法上の違法及び過失を主張して，民法415条又は国家賠償法1条1項に基づいて損害賠償を請求した。

原審は，山元町の職員には，C保育所に津波が到達することの予見可能性がなく，適切な時期に避難指示をしなかったことや津波がC保育所の目前に迫った状況における避難の在り方について過失はなかったなどと判断して，請求を棄却した（仙台地裁2014（平成26）年3月24日判決，判例時報2223号）。そこで，これに不服のBの母が控訴した（Aの両親は控訴審において山元町と和解）。

裁判所の判断

■Bの母（原告）の控訴を棄却し，損害賠償請求を認めなかった。

1　保育士らの法的義務について

「園児の生命の保持は，保育委託契約における本来的債務であるから，本件保育所の保育士らは，園児の保育中に自然災害が発生し又はその兆候が認められる場合には，可能な限り情報を迅速かつ適切に収集し，当時の一般的な科学的知見に照らし，園児らの生命・身体に対する危険を予見し，危険を回避するための適切な措置を採るべき法的義務を負うものであり，本件保育士らは情報収集を尽くすべきであったと認められる。そして，本件地震が発生した際，本件保育所には園児61名が在所していたのに対し，14名の本件保育士らが在所していたと認められるのであるから，園児の保護や保護者との対応が必要であったとしても，本件保育所においては，情報収集の担当者を決めたり，交代で保護者の対応に当たるなどして，テレビやラジオから情報を収集することがなお可能であったというべきである。」

2　保育所に津波が到達することについての予見可能性について

「本件保育士らが本件被災までの間に園児を避難させるべき義務については，これが認められるためには，（略）本件保育所に津波が到達する危険があることを予見し得ることが必要である。本件保育所における被災では，本件地震の発生から津波の到達まで1時間を超える時間があり，少しでも早く，少しでも高い所に避難していれば被災を免れることはできた可能性が高い。この意味で本件保育所における被災で園児の生命が失われたのは悔やまれる。しかしながら，これは結果から見た評価であって，前もって本件保育所に津波が到達する危険性があることを予見することができたかというと，（略）園児の生命の保持に責任がある被控訴人の担当者（災害対策本部の総務部長，本件保育所の保育士ら）においても，予見することができなかったといわざるを得ない。予見可能性を肯定することができない以上，被控訴人の責任を認めることはできない。

よって，控訴人の請求を棄却した原判決は相当であり，本件控訴は理由がないからこれを棄却することと」する。

◆民　法

第５章　不法行為

（不法行為による損害賠償）

第709条　故意又は過失によって他人の権利又は法律上保護される利益を侵害した者は，これによって生じた損害を賠償する責任を負う。

（財産以外の損害の賠償）

第710条　他人の身体，自由若しくは名誉を侵害した場合又は他人の財産権を侵害した場合のいずれであるかを問わず，前条の規定により損害賠償の責任を負う者は，財産以外の損害に対しても，その賠償をしなければならない。

（近親者に対する損害の賠償）

第711条　他人の生命を侵害した者は，被害者の父母，配偶者及び子に対しては，その財産権が侵害されなかった場合においても，損害の賠償をしなければならない。

（責任能力）

第712条　未成年者は，他人に損害を加えた場合において，自己の行為の責任を弁識するに足りる知能を備えていなかったときは，その行為について賠償の責任を負わない。

第713条　精神上の障害により自己の行為の責任を弁識する能力を欠く状態にある間に他人に損害を加えた者は，その賠償の責任を負わない。ただし，故意又は過失によって一時的にその状態を招いたときは，この限りでない。

（責任無能力者の監督義務者等の責任）

第714条　①　前２条の規定により責任無能力者がその責任を負わない場合において，その責任無能力者を監督する法定の義務を負う者は，その責任無能力者が第三者に加えた損害を賠償する責任を負う。ただし，監督義務者がその義務を怠らなかったとき，又はその義務を怠らなくても損害が生ずべきであったときは，この限りでない。

②　監督義務者に代わって責任無能力者を監督する者も，前項の責任を負う。

（使用者等の責任）

第715条　①　ある事業のために他人を使用する者は，被用者がその事業の執行について第三者に加えた損害を賠償する責任を負う。ただし，使用者が被用者の選任及びその事業の監督について相当の注意をしたとき，又は相当の注意をしても損害が生ずべきであったときは，この限りでない。

②　使用者に代わって事業を監督する者も，前項の責任を負う。

③　前２項の規定は，使用者又は監督者から被用者に対する求償権の行使を妨げない。

（注文者の責任）

第716条　注文者は，請負人がその仕事について第三者に加えた損害を賠償する責任を負わない。ただし，注文又は指図についてその注文者に過失があったときは，この限りでない。

（土地の工作物等の占有者及び所有者の責任）

第717条　①　土地の工作物の設置又は保存に瑕疵があることによって他人に損害を生じたときは，その工作物の占有者は，被害者に対してその損害を賠償する責任を負う。ただし，占有者が損害の発生を防止するのに必要な注意をしたときは，所有者がその損害を賠償しなければならない。

②　前項の規定は，竹木の栽植又は支持に瑕疵がある場合について準用する。

③　前２項の場合において，損害の原因について他にその責任を負う者があるときは，占有者又は所有者は，その者に対して求償権を行使することができる。

（共同不法行為者の責任）

第719条　①　数人が共同の不法行為によって他人に損害を加えたときは，各自が連帯してその損害を賠償する責任を負う。共同行為者のうちいずれの者がその損害を加えたかを知ることができないときも，同様とする。

②　行為者を教唆した者及び幇助した者は，共同行為者とみなして，前項の規定を適用する。

（不法行為による損害賠償請求権の期間の制限）

第724条　不法行為による損害賠償の請求権は，被害者又はその法定代理人が損害及び加害者を知った時から３年間行使しないときは，時効によって消滅する。不法行為の時から12年を経過したときも，同様とする。

4 保育所職員

小解説

1 保育所職員の労働関係に関する裁判

保育所職員の労働関係については，処遇の変更や職務上のミスに起因する処分，解雇等による労働契約の終了に関わる裁判例を挙げている。たとえば，勤務する私立保育所が別法人に事業譲渡された場合に，従前の労働契約がそのまま承継されるか否かが争われた事例として**判例33**がある。また，職務上のミスに関しては，私立保育所の正規職員が保育時間中に児童を見失った事に起因する懲戒処分の適法性を争った事案として，**判例32**がある。

使用者による解雇に関しては，就業規則上の解雇事由に該当するとしてなされた普通解雇（**判例31**），あるいは，経営難を理由とする整理解雇（**判例27**）につき，当該解雇が使用者の解雇権濫用に該当するか否かが判断された事案がある。また，**判例35**では，懲戒解雇の無効とともに，使用者によるパワハラを理由とする損害賠償が請求されている。ちなみに，裁判所が解雇を無効とした際に，当該労働者が解雇期間中別途収入を得ていた場合，解雇時から解雇無効判決が出るまでの間の賃金と，その間得ていた収入の調整を，いかに図るかが問題となる事がある。このような問題が争われた事例として，**判例34**がある。これと類似の事例として，使用者による解雇後に保育士としての地位を認める仮処分を得た労働者が，査定前の未払い賞与の請求権を有するかを争った，**判例29**がある。

労働契約は労使間の合意や労働者の辞職によっても解消される。これとの関連で，労働者が一旦退職届けを提出した後にこれを撤回する事が可能かが争われた事案として，**判例30**がある。なお，民間保育所の保育士の労働関係が民事訴訟により争われる一方で，公立保育所の保育士の労働関係は，雇用関係の法的性質が異なるとされ，民間とは同一にとらえられない。それゆえ，公務員である保育士に対する配転命令の効力が争われた**判例28**では，行政訴訟が用いられており，本案前の訴訟要件充足性も論点となっている。

また，非正規職員の労働関係と関連する事案として，契約に基づく雇用期間終了時の雇い止め（**判例36**）および，再任用許否（**判例37**）の適法性が争われた事例を挙げている。

2 不当労働行為，労災補償，刑事事件に関する裁判

労働組合活動に対する使用者からの不当な介入，干渉が問題となった事例としては，**判例39**がある。このような使用者の行為が，法律で禁じられている不当労働行為であると認められると，労働委員会は労働者の原職復帰命令等の救済命令を出すことが可能であるが(労組法27条の12)，加害者である保育所が既に廃園となっている場合に，保育所がこのような救済命令の取消を求める原告適格を有しているかが争われた事例として，**判例38**がある。

保育士が業務に関連して病気やケガ等を発症した場合，労災補償の適用が問題となる。これに関わる事案として，基礎疾患を有していた民間保育所の保育士の勤務時間中の死亡の業務起因性が争われた**判例40**，公立保育所の保育士の頸肩腕症候群の公務起因性が争われた**判例41**，公立保育所の保育士のシックハウス症候群の発症の公務起因性が問われた**判例42**がある。一方，保育に関連して職員の刑事責任が問われた事案として，入所児童の写真撮影等により保育士の刑事責任が問われた事案である**判例43**がある。

27 保育士に対する整理解雇

◆私立あさひ保育園事件◆

最高裁1983(昭和58)年10月27日判決

裁判のポイント

人員削減を目的とした整理解雇が有効とされるための要件とはどのようなものか。

解 説

整理解雇とは，使用者が不況や経営難を理由として行う，人員整理の一環としての解雇を指す。使用者が，経営上の必要性等により人員整理をすること自体が禁じられているわけではないが，通常の解雇と同様に整理解雇においても，労働契約法に基づき，客観的に合理的な理由を欠き，社会通念上相当であると認められない場合は，使用者がその権利を濫用したものとして無効となるとされている（16条）。ただし，整理解雇が有効か無効かの判断に際しては，通常の解雇とは異なり，もっぱら，使用者側の事情による解雇であることから，その適法性をより厳格に判断すべきという考え方も示されている。

判断に関して，従来の裁判例は，４つの判断基準を用いて整理解雇の適法性を判断する方法を確立してきた。４つの判断基準とはすなわち，当該整理解雇につき，①経営上，人員削減の必要性があるか，②使用者が解雇回避のためのその他の手段（出向，配転，希望退職者の募集など）を尽くしたにもかかわらず，当該解雇を行う必要性があるか，③解雇される労働者の選定が客観的で合理的な基準に基づき行われているか，④事前協議や説明といった手続きが適正にとられているかどうか，である。これまでの裁判例は，これらの基準をどのように用いるのかにつき必ずしも画一的な判断を示しているわけではないが，近年の裁判例においては，これら４つを，整理解雇の判断をする際の「要素」として捉えた上で，諸事情を総合的に判断して有効性を審査するという枠組を採用するものが多い。

本最高裁判決は，整理解雇につき初めて判断を行った事例であることから，注目を集めた事案である。ただし，上述の４つの基準をどのように用いるかにつき，明確な判断を示したものではなく，認定された個別具体的な事情を前提に，本件整理解雇が権利濫用であると判断している点で，他の整理解雇事例にとって大きな意義を有する裁判例とまでは言えないとされている。しかしながら，判断に際して最高裁が，職員に対する事前説明がなかったこと，希望退職者の募集が行われていないこと，解雇通告が突然であったことを挙げた上で権利濫用を認めていることからすれば，使用者が整理解雇を行うにあたっては，少なくとも上述の②と④を適正に行わない限り，解雇権濫用とされる可能性が高いものと考えることができる。

【事件のあらまし】

被告あさひ保育園は定員150名の児童福祉施設であり，原告は，当保育園に勤務する保育士である。あさひ保育園の通園区域においては新たに保育園が新設され，その１年後に，さらにもう１つの保育園が開所予定であった。その結果，あさひ保育園の通所児童が新設の保育園に転所したり，新たな転所が生じる可能性があり，将来的に入園希望者が減少することが見込まれたため，被告理事会においては定員を120名に減らすことを決議し，市の認可を受けた。これに伴い措置費も減額されることになった。これを受けて理事会では，8名の保育士のうち原告を含む2名を指名解雇することを決議し，解雇の意思表示を行った。なお，解雇の決議から意思表示までの間に，保育園側から労働者に対して，解雇に関する説明や希望退職者の募集などが行われたことは一切なかった。これに対して解雇された保育士のうち1名が，解雇の無効や労働契約上の地位を有することの確認を求めて提訴した。

第一審（福岡地小倉支判昭53・7・20労働判例307号）および第二審（福岡高判昭54・10・24労働判例427号）は，いずれも原告の請求を認容している。これに対して保育園側が上告したのが本件である。

裁判所の判断

■被告の保育園の上告を棄却し，解雇が無効であるとした。

1　上告理由について

原審の適法に確定した事実関係のもとにおいては，上告人において，園児の減少に対応し保母2名を人員整理することを決定すると同時に，被上告人ほか1名の保母を指名解雇して右人員整理を実施することを決定し，事前に，被上告人を含む上告人の職員に対し，人員整理がやむをえない事情などを説明して協力を求める努力を一切せず，かつ，希望退職者募集の措置を採ることもなく，解雇日の6日前になって突如通告した本件解雇は，労使間の信義則に反し，解雇権の濫用として無効である，とした原審の判断は，是認することができないものではなく，原判決に所論の違法はない。論旨は，ひっきょう，右判示と異なる見解に立って原判決を非難するものであって，採用することができない。

〈参照〉

上告理由

「原判決は，以下述べるとおり，判決に影響をおよぼすこと明らかな法令違背があり，破棄されるべきものである。

一　期間の定めのない労働契約においては，使用者は民法第627条第1項により解雇の自由を有するものであり，その解雇権の行使については，成文上労働基準法第19条第20条の制限に服するのみである。権利濫用の一般法理によって，無効とされるのはあくまで，例外的に認定されなければならない。

二　したがって，原判決が，本件解雇について，整理解雇の必要性を認めながら，使用者たる上告人の裁量を無視して，解雇の濫用ときめつけたことは，右法令の解釈および適用を誤ったものといわなければならない。

三　原判決は，上告人が，時期的に切迫した状態の中で，あさひ保育園の設立趣意にそわない職員および勤務状態のよくない職員を基準として被解雇者の選定を行なった点について，何ら判断をしておらず，理由不備の違法があるものというべきである。

四　このことは，原判決が，被上告人解雇後ほぼ1年内に2名の保母が退職した事実のみをとりあげ，退職の理由がその後の交通事故死および発病による場合であって，解雇当時全く予想しえない事態であったことを無視し，単に形式的に退職者募集の手続がなされなかったことをもって，権利濫用と認定していることからも明らかである。」

28 保育士に対する配転命令

◆堺市立共愛保育所事件◆

大阪地判1980(昭和55)年5月26日判決

裁判のポイント

使用者による配転命令はいかなる場合に適法といえるか。

解 説

配置転換とは，たとえば，同一保育所内で保育士業務から清掃業務への変更が行われるというように，同一の雇用主の下で職種や勤務場所を長期にわたって変更することを指す。このような変更が行われた場合，民間の労働者であれば，使用者による配転命令権の行使が，労働契約の範囲内の適正なものであるのかが問題となる。従来の裁判例では，職種や勤務地についてこれらを変更しない旨の合意（勤務地限定，職種限定）があったか否かが争われており，合意がある場合，職種や勤務地を使用者が一方的に変更することはできないとされる。仮に，労働契約においてこれらを限定する合意がなく，配転命令が契約の範囲内とされる場合でも，それが，業務上の必要性もないのに発令されている場合，あるいは，必要性はあるが不当な動機，目的に基づくものである場合，もしくは，労働者に対して不相当に大きな不利益を負わせるものであるような場合は，濫用にあたると判断される場合がある。

一方，公務員に対する配転命令は，その雇用関係の法的性質が異なると理解されていることから，民間労働者の配転と完全に同一には捉えられない。とりわけ，保育士を含む非現業公務員に対する配転命令については，これを行政処分と捉え，その適法性を争う際にも民事訴訟ではなく，行政訴訟が用いられてきた。このような訴訟形式が用いられる結果，この問題を争おうとする公務員は，出訴期間の制限（14条）や原告適格（9条），審査請求前置（8条）といった行政事件訴訟法上の制約を受けることになる。

本事案においては，公務員である保育士の別の保育所への移動について，主位的に配転命令の無効確認請求が行われ，予備的に配転命令の取消請求がされている。無効確認請求については①当該処分または裁決に続く処分により損害を受けるおそれのある者，もしくは②その他当該処分または裁決の無効等の確認を求めるにつき法律上の利益を有する者で，かつその他の訴訟形式では目的を達成することができない場合に限り，原告適格が認められ，訴訟を提起することができる（36条）。裁判所は，原告が配転命令に従わないことにより，更に，懲戒処分を受けるおそれがあること等から，前記①の要件を充たしていると判断して無効確認請求の原告適格を認めた。他方で，予備的請求である取消請求に関しては，原告が，取消訴訟に先立って不服申立てを行い，裁決を経ておくことが必要であるという審査請求前置の要件を充たしていないとして，却下されている（行訴法8条，地方公務員法51条の2）。その結果，本件では，原告に対する配転命令の無効確認のみが審査されている。

配転命令が無効であるかについて，裁判所は，本件の配転命令が予め合意のあった職種の範囲を超えるようなものではなく，また，原告の組合活動を阻止しようとする意図のみによる不当なものでもないことを認定した上で，首肯し得る基準に基づき行われている合理的なものであるとして，人事権の逸脱濫用がないことを認定し，無効確認請求を棄却した。なお，本件は控訴されたが，大阪高裁（大阪高判昭57・1・29労働判例397号）は，原告が地裁判決後に退職していることから，訴えの利益なしとして却下している。

【事件のあらまし】

被告市では，職員の人事異動の基本方針を決定し，これを受けて保母（当時）の人事異動の基準として，同一保育所に10年以上勤務している者を対象とすること，いわゆる同和保育所と一般保育所の保母の交流をはかること，新設保育所にできるだけ熟練した保母を配置する事等を決定し，これに該当する者を異動対象者に選ぶとした。原告は，被告市の保母として約24年間にわたり同和保育所に勤務してきた者であるが，被告市では移動方針等を考慮の上，原告を保育の熟練者として新設保育所に配転し，乳児保育を充実させるとともに，同和保育と一般保育の保母の交流をはかることにした。これに対して原告が，本件配転命令は同和保育所で保育をする者として採用された原告の職種の範囲を超えるものであると同時に，原告の組合活動を嫌悪した不当なものであり，かつ，人事権の濫用に当たる等と主張して主位的に本件配転命令の無効確認請求を行い，予備的に本件は移転命令の取消を求めて提訴した。

裁判所の判断

■原告の請求を棄却し，配転命令は有効であるとした。

1　職種範囲の限定について

「原告が昭和13年10月以降同和保育所たる共愛託児所及び共愛保育所において保母の仕事に従事してきたからといつて，そのことから直ちに原告が同和保育所の保母，すなわち，専ら同和保育に従事することを目的とする保母として採用されたものと断定することはできない。右争いのない事実からすれば，原告は保母に採用されて保母という職種が定められ，共愛託児所及び共愛保育所勤務を命ぜられたにすぎず，それ以上の限定はなかつたと認めるのが相当である。そして，任命権者は，原則として，その自由裁量によつて当初定められた職種の範囲内において他の職務を命ずることができ，共愛保育所の保母であると新金岡西保育所の保母であると職種は全く同一であるから，本件配転をもつて，当初定められた職種の枠を超える職務を命じたものということはできない。」

2　不当な動機，意図について

「原告は，市職労結成当初からこれに加入し，昭和37年頃から市職労婦人部の役員に，更に，同40年頃から市職労中央委員に選任された」「地公法56条によれば「職員は，職員団体の構成員であること，職員団体を結成しようとしたこと，若しくはこれに加入しようとしたこと又は職員団体のために正当な行為をしたことの故をもつて不利益な取扱いを受けることはない」と規定されているところ，これを本件についてみるに，右の事実関係によれば，原告は，共愛保育所において長年にわたり保育の中心をなすと共に，堺市の同和行政ないし同和保育の方針に批判又は反対する市職労と同じ立場から種々の活発な活動をなし，その中心をもなしていたことが明らかであるから，堺市の当局者及び同保育所長らから決して快よく思われていなかつたことは推測し得るし，その結果，原告を同和保育所でない新金岡西保育所に配転してその活動を少しでも阻止しようとする意図があつたことは否定できないところであるが，後記五の1において認定したような本件配転に至る経緯と配転事由とを総合して考察すると，原告が右のような活動をしていなかつたとしても本件配転はなされたであろうということが認められるから，原告が右のような活動をしたことの故をもつて本件配転がなされたと断定することはできない。」

3　配転命令権の濫用について

「地方公務員につき配転を行う場合において，その要件を定める法規が存在しない以上，その目的方針，範囲，対象者の選定，配転先の決定などについては，人事権者の自由裁量に任されているものと解すべきであつて，人事権者が右の裁量権を行使してした配転が社会観念上著しく妥当を欠いて裁量権を付与した目的を逸脱し，これを濫用したと認められる場合でない限りその裁量権の範囲内にあるものとして違法とはならないというべきであると共に，裁判所の審査権もその範囲に限られ，このような違法の程度に至らない判断の当，不当には及ばないといわなければならない。」「これを本件についてみると，前記認定の事実関係によれば，堺市が昭和47年３月の職員の異動について示した基本方針，これを受けた厚生産業局民生部の保母の異動の基準は，配転の一方針ないし基準としてもとより首肯することができ，この基準に合う者の１人として原告が選ばれ，本件配転がなされたことは，一応右裁量権の範囲内にあるものということができる。」

29　査定前の未払い賞与を被担保債権とする保育所措置費の差押え

◆社会福祉法人いずみの会・みぎわ保育園事件◆

東京高裁1985(昭和60)年２月26日決定

裁判のポイント

労働者の賞与請求権はどのように発生するか。

解　説

労働者に支給される金銭のなかでも賞与は，その支給の可否や基準が使用者の裁量に委ねられている場合，任意的・恩恵的給付であり，支払い義務のある賃金とは異なるものとされる。他方で，賞与であっても労働協約や就業規則などにより，その支給基準等が定められている場合，労働の対価である賃金としての性質を有するとされている。ただし，一般的に，賞与の算定にあたっては労働者の出勤率や勤務成績に基づく要素が加味されており，賃金としての性質のみならず，恩恵的，生活補塡的な意味も込められているとされる。それゆえ，労働者の使用者に対する賞与請求権は，就業規則のみにより直ちに保障されるわけではなく，使用者による算定基準の査定や決定を経て初めて発生すると解する裁判例もある（東京地判平21・11・４労判1001号）。その一方で，賞与の支払いに使用者の査定が必要な場合でも，支給額を決定する基準が，規定や過去の慣例から明らかである場合，査定なしに労働者の賞与請求権を認める学説・判例もある。このうち，本件は後者に属する裁判例である。

すなわち，本事案では，使用者による解雇後，裁判所の仮処分で保育所保母としての地位を認められた者が，その地位に基づく賞与の支払いを確保するために，市から社会福祉法人に支払われる保育所措置費の差押えを行うことの可否が争われている。使用者側は，賞与の額を決める個別的な査定が行われていないこと，ならびに，就業規則上の規定を根拠に，保育士らはそもそも差押えの前提となる賞与請求権を有していないと主張した。

東京高裁は，いずみの会においては就業規則の規定に基づく支給率にしたがって賞与の支払いがなされており，個別的な査定に基づく支給は実際には行われていなかったことを認定した上で，いずみの会の賞与は，恩恵的なものではなく支払いを義務づけられている賃金の一種であるから，査定を経なくても労働者には賞与請求権が認められるとした。あわせて，別訴において保育所措置費は児童福祉法上の差押え禁止債権ではないとして（東京高決昭60・２・20判タ554号），保育士らが賞与を獲得するために，いずみの会が立川市に対して有している保育所措置費請求権の差押えを認めた。

【事件のあらまし】

抗告人である社会福祉法人いずみの会が運営するみぎわ保育園では，労使紛争が続いており，いずみの会は被抗告人である保育士らを解雇した。そこで保育士らは地位保全等を求めて提訴した。これに対して東京地裁八王子支部は，1984(昭和59)年11月に地位保全等仮処分決定を行った（昭和59年(ヨ)第288号）。これを受けて保育士らは同年12月に東京地裁八王子支部に，同年12月下旬に支払われるべき賞与の支払いを得るために，抗告人に立川市から支払われる保育所措置費に対する債権差し押さえ命令の申請を行い，同裁判所はこれを認めた(東京地八王子支決昭59・12・28掲載誌無，以下，原決定という)。

これに対して抗告人であるいずみの会は，賞与については使用者による査定分が含まれているところ，未だ査定はなされておらず，また，保育士らの措置費に対する差押えにより保育所の運営が財政的に危機的状況に陥ったため，全職員に賞与を支給する事ができない状態になったとして，就業規則17条ただし書き（「但し，期末，勤勉手当の額は措置費等の都合を考慮してその都度定める」）に基づき賞与を支給しないことに決定していると主張した。いずみの会は，これらの理由に基づき，保育士らは賞与に対する具体的請求権を有しておらず，それゆえ，差押えの前提となる債権を有していないのであるから，賞与請求権が存在することを前提として出された保育所措置費に対する差押えを命じる原決定は，取り消されるべきであるとして本件を提訴した。

裁判所の判断

■保育士（被抗告人）の賞与請求権が認められた。

1　いずみの会における賞与の性質

いずみの会「における手当に関する就業規則は，労働条件を定型的に定めたものであり，使用者と職員との間に労働条件はその就業規則によるという事実たる慣習によって個々の労働契約の内容となり，被告人と相手方らとを拘束するものというべきである。

そして，一般に期末，勤勉手当は，労働者が過去の一定期間勤務したことに対し，その勤続期間，勤務成績等に応じ，かつ，使用者の業績に応じて支給の有無，支給額等が具体的に確定されるものである。ところで，本件において抗告人が右期末，勤勉手当を勤務手成績等に応じた考課，査定に基づいて支給すべきものとし，抗告人が右考課，査定に基づいてその支給をしてきたことを認めるに足りる資料はなく，かえって，本件記録によれば，相手方らを含む抗告人の職員は，従来から期末，勤勉手当として就業規則所定の支給率に従った金員の支給を受けてきたこと，現に抗告人は，本件賞与の支給の予定として相手方らに対しいずれもその本俸と調整手当（本俸の9パーセント相当額）の合計額の2.5か月分を支給するものとして計算をしていたことが認められる。

以上の事実によれば，抗告人における期末，勤勉手当は，抗告人の恩恵による給付ではなく，抗告人が職員に対し労働の対価として支払を義務づけられた賃金の一種であり，そのうちの一部が抗告人の査定に服すべきものであるとしても，抗告人は慣行的に右査定権を行使しないこととしていたのであるから，その支給対象期間中勤務した職員は，就業規則所定の支給率による期末，勤勉手当請求権を取得するものと認めるのが相当である。（中略）なお，仮に抗告人において従来の慣行を改め，本件賞与につき個別的に査定をすることとしたとしても，右のような査定は支給期に間に合うようにすべきであって，そうではない限り査定をする権利を放棄したものと解するのが相当である。したがって，相手方らは，昭和59年12月下旬就業規則所定の支給率により本件賞与を請求する権利を取得したものと解すべきである。」

2　就業規則の規定に基づき，賞与の支払いを拒否することができるか

「本件各債権差押命令における被差押債権は，第三債務者である立川市が毎月下旬抗告人に対し本件保育所運営のために交付する保育所措置費であるところ，本件記録によれば，本件保育所就業規則17条は，「職員に対し別表の手当給表に定める手当を支給する。但し期末，勤勉手当の額は施設の措置費等の都合を考慮してその都度定める」と規定していることが認められる。

右事実及び1に認定した事実によれば，抗告人は，右就業規則17条但書の規定により期末，勤勉手当の額については措置費等の都合を考慮してその都度定めることができるものというべきであるが，しかしながら，原則はあくまでも同条本文所定の別表の手当支給表に定める期末，勤勉手当（すなわち，本俸＋調整手当4.9か月分（年間）夏6月1.9か月分冬12月2.5か月春3月0.5か月）を支給するにあり，抗告人が同条但書により期末，勤勉手当の額を定めることは，抗告人の自由な裁量に任されているものではなく，措置費の支給状況，本件保育所の運営状況等から見てやむをえない事由に限り合理的な範囲において別段の定めをすることができるものと解すべきである。

30 労働関係の終了

◆私立山崎保育園事件◆

大阪地裁1989(平成１)年３月３日決定

裁判のポイント

労働者側からの労働契約の解約は，いかなる場合に認められるのか。

解 説

使用者による解雇とは異なり，労働者から，もしくは，労使双方の合意により労働契約を解約する場合がある。このうち正規労働者による一方的な解約（辞職）の場合，法律上は，原則として２週間の予告期間があれば，いつでも可能であるとされる（民法627条)。ただし，辞職の効果は使用者に到達した時点で発生するとされ，意思表示の瑕疵により無効とされない限り，一旦意思表示をした後は取消しや撤回はできないとされている。一方，労使双方の合意による解約は，一般的には労働者が退職届けを提出し，これを使用者が承諾することにより成立する。その際，使用者が承諾の意思表示をする以前であれば，信義則に反する特別の事情が無い限り，労働者が撤回することも可能とされている。それゆえ，合意解約の効力をめぐっては，労働者による撤回があった場合に，使用者の承諾がなされていたかどうか，あるいは，退職の意思表示につき瑕疵があったか否かが問題となることがある。

本事案では，争点の一つとして，原告保育士による退職願いの提出につき意思表示の瑕疵による取消が可能か否かが争われている。すなわち原告保育士は，園長から勤務態度に懲戒解雇に相当する事由があるとされ，任意退職を勧奨されたことにより，退職願を提出している。それゆえ本件で原告は，まず第１に，退職願の提出が強迫によるものであり，取消せるとの主張をしている（民法96条)。この点につき本件裁判所は独立した判断を行っていないが，他の裁判例では，客観的に相当する理由がないのに懲戒解雇の可能性があることを告げて退職届けを提出させたことにつき，強迫の成立を認めた事例がある（大阪地判昭61・10・17労働判例486号)。また，強迫と同様の意思表示の瑕疵，たとえば，錯誤や詐欺，心理留保による退職の意思表示についても，無効，取消しとなる（民法90条・93～95条)。

さらに，本件では退職願いの提出が合意解約の申し込みであったことを前提とした上で，原告保育士が退職願の提出翌日には退職願の取消通知を提出していることに基づき，合意解約の申し込みが撤回できるかどうかが争点となっている。先述のとおり合意解約は，使用者の承諾以前であれば撤回可能とされている。その際，使用者の承諾について，たとえば，上司が退職届を受領したことをもって直ちに承諾があったとするというように，これを緩やかに認めてしまうと，労働者が撤回を行う余地は殆ど残されていないことになる。この点につき最高裁判例においては，労働者が人事部長に退職願を直接提出し，これが受理された事例につき，使用者側からの即時承諾の意思表示があったものとして，雇用契約の合意解約の成立を認めた事例（最判昭62・９・18労働判例504号)があるが，他方で，下級審裁判例の中には，人事責任者が受理しただけでは承諾の意思表示にはあたらないとして，任免権者による承諾の通知が労働者に到達したことまで求める事案も，少なからず存在する（上記最高裁以降の下級審判決として，たとえば，横浜地判平23・7・26労働判例1035号）。本事案は，園長への退職願いの提出とその受理をもって，使用者側の承諾の意思表示があったとは認めず，その後に退職願の撤回があったとして雇用契約の継続を認めていることから，使用者側の承諾の意思表示を厳格に解釈した事案の一つと捉えることができる。

【事件のあらまし】

原告は被告保育園に15年ほど勤務していた保育士である。原告は昭和63年７月21日，被告園園長から呼ばれ，勤務態度に懲戒解雇に相当する事由があり，任意退職しなければ懲戒解雇となり，退職金も出ないとして強く任意退職を勧奨された。これに対して原告は年度末まで猶予して欲しいと懇願したが，聞き入れられなかったため，退職願を作成し，園長に手渡した。園長は退職願を受領後，理事長にこれを提出するとともに，協議を行い，原告の退職時期を３月末とし，それまでは通常通りに勤務させることとし，その間，本件退職願いの受理を留保することとした。

原告は，退職願いを提出後所属する組合に赴き事情を説明したところ，退職願を取り消す書面を作成するよう指導されたため，その場で書面を作成し翌日これを提出することとし，その翌日，理事長に取消通知を提出した。その後，複数回にわたって使用者側と原告が所属する労働組合側で協議の場が設けられたが，使用者側は，退職届の提出を受けたその場で園長を通じ承諾の意思表示をし，さらに，その日のうちに理事長が受理することを決定し，その旨原告に告知していることから，原告との雇用契約は任意退職により終了していると主張したため，原告が，撤回により合意解約は成立していないとして，地位保全等の仮処分を申請した。

裁判所の判断

■保育士（原告）の訴えを認め，退職は成立していないとした。

1　本件退職願は解約告知か合意解約の申し込みか

本件退職願の性質は，前記認定事実に照らすと，雇用契約の合意解約の申込の意思表示であり，一方的解約申入とは認められない。そしてこの申込の意思表示は，使用者からの承諾の意思表示があるまでは，撤回により使用者に不測の損害を与えるなど信義に反するような特段の事情がない限り，これを自由に撤回することができると解するのが相当である。

2　合意解約は成立しているか

本件において，前記認定事実に照らすと，申請人が本件取消通知を被申請人に提出することにより本件退職願を撤回するまでの間に，被申請人が本件退職願を受理し，申請人の合意解約の申込に対し承諾の意思表示をなした事実は認められないし，また，申請人の意思表示の撤回が信義に反する特段の事情が存することの主張及び疎明もない。なお，本件取消通知は，本件退職願に係る意思表示が強迫によることを理由として取消す旨述べたものであるが，それは，意思表示の撤回の趣旨を含むものというべきである。

そうだとすると，本件退職願は有効に撤回されたから，その余の点につき判断するまでもなく申請人の任意退職は成立せず，被申請人との雇用関係は継続しているものというべきである。

31 保育士に対する普通解雇と違法解雇の効果

◆私立恵城保育園事件◆

高松地丸亀支部1991（平成３）年８月12日判決

裁判のポイント

普通解雇はいかなる場合に認められるのか，解雇権濫用が認められた場合の賃金支払いの可否，ならびに，不法行為の成否。

解 説

期間の定めのない雇用契約を締結している場合，民法上，その解約は２週間前の申し込みがあれば可能とされている（627条１項）。しかしながら，労使間関係が実質的には当事者対等とは言い難いことから，解雇については，さらに，労働法制に基づく規制が存在し，産前産後休業における解雇制限（労基19条）や組合活動を理由とする解雇の制限（労基３条，労組７条），あるいは，使用者の解雇予告義務（労基20条）が設けられている。また，従来，判例法理によって形成されてきた解雇権濫用法理が，2007年に制定された労働契約法16条において明文で規定されている。これらの規定に基づき，使用者が労働者を解雇する際は原則として30日前までに予告をするか，30日分以上の賃金を支払うことが求められるとともに，解雇につき客観的に合理的な事由が必要となる。さらに，解雇事由が存在する場合であっても，当該解雇が社会通念上相当であることが求められる。ちなみに，解雇事由については2003年の労基法改正以降，就業規則における絶対的必要記載事項とされており（労基89条），法令に基づき労働者に周知すべきものとされている（労基106条１項）。

本事案は，被告保育園が主任保母である原告に対して，就業規則所定の懲戒事由があるとして降格処分をした上で，その１か月後に就業規則所定の普通解雇事由に該当するとして，解雇を行った事案である。裁判所は懲戒，普通解雇のいずれについても，使用者の権利濫用であると判断した。このように，解雇が無効であると判断された場合，当該解雇期間中の賃金については，労働者が就労できなかったことにつき，使用者側に責任があると解されるため，労働者は解雇期間中の賃金を請求できることになる（民法536条２項）。それゆえ本件でも，裁判所は原告の解雇期間中（被告が就労を拒否していた期間も含めて）について，原告の賃金請求権を認めている。また，使用者による解雇権濫用が認められた場合，当該解雇が使用者の故意・過失によるものであり，これに基づき労働者に利益や名誉の侵害が生じている時は，併せて，不法行為に基づく損害賠償請求が認められる場合がある。本件では，本裁判に先立って行われた原告の主任保母（当時）としての地位を保全し，賃金仮払いを求める仮処分申請を認容する判決（「事件のあらまし」参照）の確定後も，保育所側が原告の就労を拒否し続けたこと，保育者側が申し立てた懲戒事由に該当する事実がほとんど存在しないこと等により，裁判所は本件解雇，ならびに被告の行為が社会的相当性を欠く違法なものであるとして不法行為の成立を認め，原告に対する慰謝料と弁護士費用の支払いを命じている。

【事件のあらまし】

被告は恵城保育園を経営する社会福祉法人であり，原告は被告の事業開始より期間の定めのない雇用契約に基づき，被告に勤務する保母である。原告は開園後20日ほどして主任保母に任命されて以降，一般保母の指導や広く保育園全体の指揮を任され，給与も一般の保母より高く格付けされていた。同時に，原告は恵城保育園職員組合の委員長を務めるなど，組合活動でも中心的な役割を担ってきた。このような中，被告園は原告に，被告園の会計に関する権限濫用行為やリベートの収受といった不正行為，および，遅刻，副園長への敵対反抗行為といった非違行為があり，これらが被告就業規則に規定している懲戒事由に該当するとして原告を主任保母から解任（降格）する意思表示を行った。さらに，その約１ヶ月後には，原告が降格後も反省せず業務命令に反して保育を拒否する等し，これが，被告就業規則に規定する普通懲戒解雇事由に該当するとして普通解雇を行った。これに対して原告が被告園の主任保母の地位にあることの確認，未払い賃金等の支払い，不当解雇による損害の賠償を求めて本件訴訟を提起した。なお，本件訴訟に先立って原告は主任保母の地位にあることを仮に定める仮処分と，賃金の仮払いを求める別訴を提起している（高松地丸亀支判昭60・２・６労働判例454号，高松高判昭63・９・12労働判例528号）。これは，労働者が不当な解雇を争う際，賃金が支払われないことで生活困窮状態に陥るような事情がある場合に，裁判所は本案判決が確定するまでの間暫定的に，労働者としての地位の保全，ならびに，その間の賃金の支払いを命じる事ができることによるものである（民事保全法23条・24条）。本件では，地位保全，および，賃金の仮払いのいずれも認められた。ちなみに，地位保全は，任意の履行に委ねられていることから，裁判例の中には，執行力を有する賃金仮払い仮処分のみを認めるものもある。

裁判所の判断

■保母（原告）の訴えを認め，解雇を無効とした。

１　懲戒処分（降格）事由の有無について

「被告は，本件降格を基礎づける懲戒事由として，次のＡないしＣの事実（Ⓐ会計上の越権，不正行為等，Ⓑ主任保母としての職責違反等，Ⓒ虚偽事実の流布等）を主張し，本件降格は正当であると主張する。」しかしながら「被告が主張する降格事由のうち，その事実が認められるのは前記Ｂ」の一部（就業時間中に巌と父母の会代表との話し合いに無断で参加したこと）のみであり，「この事実は，行為の動機，態様に照らし，軽微な秩序違反であり，これに対して降格処分は重きに失する。したがって，本件降格は懲戒権の濫用であって無効である。」

２　解雇事由の存否，本件解雇の効力について

被告主張の解雇事由（２日間の保育拒否）については，「その前提となる本件降格が無効であるばかりでなく，本件全証拠によっても，原告が２日間にわたって保育を拒否したことを認めるに至らない。」以上，「認定したところによれば，原告には就業規則所定の普通解雇事由が存在するものとは認められず，本件解雇は解雇権の濫用であって，無効である。」

３　解雇期間中の賃金額について

「本件解雇は無効であり，以上で認定した事情に照らせば，被告が解雇の有効に固執して原告の就労を拒否した期間についても，原告は，民法536条２項本文に基づき，賃金請求権を取得する。そして，解雇期間中の賃金の額は，解雇がなければ雇用契約上確実に支給されたであろう賃金の合計額と解するのが相当である。」

４　不法行為の成否等について

「原告は，昭和56年１月５日，巌から本件降格の意思表示を伝えられた」。「原告は，突然の処分に驚き，地方労働委員会に斡旋を申し立てたが，審理係属中の同年２月９日，理事長代理の巌から口頭で解雇を言い渡された。翌日，解雇通告の内容証明郵便が送達されたが，通告書にも，懲戒事由に当たる具体的な事実は示されていなかった。そこで，原告は，同月16日，高松地方裁判所丸亀支部に主任保母としての地位保全，賃金仮払いを求める仮処分を申請した。」「同事件の審理は（中略），約四年後の昭和60年２月６日，（中略）原告の申請をすべて認める判決が言い渡された。この間，原告は園での就労を申入れたが，被告はこれを拒否し続け，賃金の支払いをしなかった。」「被告は，第一審判決を不服として高松高等裁判所に控訴した」が，「裁判所は，控訴棄却の判決を言い渡した。」「被告は，前記控訴審判決後においても，原告に対する就労拒否の態度を取り続けている。」「以上の事実に加えて，本件降格，本件解雇において，懲戒事由に該当するとみられるのはわずか（中略）のみであることを考慮すると，本件解雇は社会的相当性を欠く不法行為であり，被告は少なくとも過失により原告の権利を侵害したものというべきである。」

32 保育士に対する懲戒処分（減給および出勤停止）

◆私立七葉会事件◆

横浜地裁1998（平成10）年11月17日判決

裁判のポイント

保育中の事故を理由とする保育士への懲戒処分は，いかなる場合に適法となるのか。

解 説

本事案では，２名の保育士が，園外保育中に園児を30分程度見失った事を理由として行われた懲戒処分（出勤停止処分，減給処分）の適法性が争われている。使用者は，職場の秩序維持等を目的として，規律違反や秩序違反を理由に，労働者にこのような制裁的な懲戒処分を行うことがある。懲戒処分の類型としては，この他にも，始末書の提出をさせて将来を戒めるけん責や，懲戒解雇などがある。これらの懲戒処分については，普通解雇や配転といった，使用者が通常とり得る手段とは異なる，特別の制裁であると考えられることから，使用者は懲戒処分を行う権利を労働契約上，当然に有しているとまではされていない。それゆえ，一般的には，使用者が懲戒処分を行うためには，就業規則等において，懲戒事由や懲戒の内容につき予め明確に定めておくことが必要であるとされている。

横浜地裁もこのような考え方に基づき，保育所側が行った懲戒処分の適法性を本件保育所の就業規則に照らして判断している。その際裁判所は，保育所側が処分の根拠として掲げた規定とは異なる規定を，本件懲戒処分の根拠とした。その上で裁判所は，結果的に重大事故に至らなかったとはいえ，園児を見失う行為は園児を危険にさらすという点で不都合な行為にあたるとして，保育士の行為の懲戒事由該当性を認めた。児童の安全につき配慮することは保育士の重要な職務であり，本件以外でも保育士の行為により児童が傷害を負った事例で，保育士の懲戒減給処分を相当としたものがある（大阪地判平25・２・18掲載誌無）。

ただし，労働者の行為に懲戒事由該当性が認められる場合であっても，そのことのみによって直ちに，使用者による懲戒処分が適法となるわけではない。労働契約法16条に基づき，たとえば，労働者の行為に比して処分が重すぎるような場合，使用者の懲戒権濫用であるとして，懲戒処分が無効とされる場合がある。この点に関し横浜地裁は，一方の保育士につき，蚊にさされた園児への薬の塗布行為に専念した結果，他方の保育士との連携確認を怠り園児を見失ったことを理由とした減給処分は重過ぎ，裁量権の逸脱濫用であるとした。また，もう一方の保育士に対する７日間の出勤停止処分についても，他方の保育士と較べると責任は重いとしながらも，重大事故にならなかったこと，および，保育士が反省している事を考慮し，減給処分で十分であるとしている。つまり，使用者の懲戒権行使に際しては，社会通念上の相当性や同程度の違反に対する処分の公平性といった点も，重要であることになる。

【事件のあらまし】

原告らは認可保育所に勤務する常勤保育士であり，共に，３歳児クラス（22名）を担当していた。原告らは園外保育に出かけた際に，蚊に刺されてかゆがる児童がいたため，１名の保育士が園児に薬を塗り，もう１名の保育士はそれを他の園児とともに待っていたが，その最中に２名の園児が離脱し，保育士らは２名の園児を一時的に見失うことになった。その後，園児は保育所託児員に保護され，保育士らと合流して園に戻った。使用者は，園児を見失った事は，就業規則で規定する懲戒事由に該当するとして，薬を塗布していた保育士については3000円の減給処分を行い，もう一方の保育士に対しては，以前にも園児の見落としに基づく懲戒処分を受けていることなどを考慮して，より重い７日間の出勤停止処分をおこなった。これに対して保育士らは，園児の見落とし行為が懲戒処分の根拠とされた規定に該当するか否か，ならびに，懲戒処分の相当性を争い，処分無効確認等請求裁判を提起した。

裁判所の判断

■保育士（原告）の訴えを認め，懲戒処分を無効とした。

1　園児の見落とし行為に対する懲戒処分の根拠規定

本件判決は以下のように述べて，見落とし行為に対する懲戒処分には，被告園の主張する，故意による行為に対する制裁規定とは異なる根拠規定が，適用されるとした。

「被告の就業規則45条は，前条の制裁を行う場合として1号から13号まで規定しているが，」「従業員の行為が過失による場合は，災害事故等何らかの結果が発生した場合に限り，44条による制裁を行うこととしていることが窺われる。これらの規定と対比して同条2号をみると，同号が「正当な理由がなく，園の諸規程，指示に従わず，または不正な行為があったとき」と規定して，その結果，災害事故等が発生したことを要件としていないのは，従業員が「故意に」園の諸規程，指示に従わず，又は不正な行為があった場合には，事故等の結果が発生したか否かを問わず，前条の制裁を行うこととした規定であると解するのが相当である。

これを本件についてみるに，本件各処分の前提となった事実は，懲戒処分通知書（〈証拠略〉）に記載されているとおり，両園児が市民の森の出入口から駆け足で園に向かったのに原告らが気付かなかったという過失によるものであり，故意によるものではないから，原告らの行為は，そもそも就業規則45条2号には該当しないというべきである。そして，両園児は広瀬託児員に保護されて事なきを得たから，原告らの行為は，同条3号及び同条6号にも該当しないが，危険に対して無防備な3歳児2名を園外で見失うことは，両園児を自動車事故，変質者による連れ去り，道路から下部に位置する民家への転落（〈証拠略〉）等の危険にさらすことになるから，同条1号から12号に準ずる程度の不都合な行為ということができ，同条13号には該当するというべきである。」

2　懲戒処分の相当性

懲戒処分の相当性については，いずれについても均衡を欠くとして，使用者の懲戒権濫用を認めている。

「前説示のとおり園外において園児を離脱させることは，園児を各種の危険にさらすことになるから，X_2としては，もう1人の担任であるX_1に対して他の園児を視野に入れておくよう声を掛けて，同原告との連携により他の園児についても視野から離さないようにする等の措置を採るべきであり，X_2は右措置を採らなかった点に落ち度があるといわなければならない。しかしながら，園外保育において蚊に刺された園児に薬を塗ることは，保母としての業務行為に含まれるから，原告梅月が市民の森の出入口で園児数名に薬を塗ったことは，その場において必要な業務行為であり，その間，他の園児を視野に入れることができなかったとしても，やむを得ないものというべきである。また，X_2は，薬の塗布行為をX_1が見ているのを認識していたのであるから，原告上野において他の園児を見守っているものと信頼するのが通常であり，X_2がX_1との連携の確認を怠ったことに対して，X_2に経済的な不利益を生じさせる減給処分を科することは，処分の程度として重すぎるというべきである。」

「他方，X_1は，X_2が園児に薬を塗っている間は薬の塗布箇所を向いて他の園児を視野に入れることができなくなることが分かっていたのであるから，X_2に代わって蚊に刺されていない園児を視野に入れておく義務があったところ，市民の森の出口(ママ)の脇に生えていた山牛蒡や同じ場所にいたクワガタに気を取られて原告梅月に背を向ける格好となり，園児全体を視野に入れなかったため，両園児が園に向かったのに気付かなかったのであるから，X_2と比べてその責任は重いというべきである。

ただし，本件では，(中略) 両園児が市民の森の出入口を出発して広瀬託児員に保護されるまでの時間を含めても，両園児が原告らの保育から離脱した時間は，せいぜい15分と考えられ，(中略) X_1がミスをした翌日，報告書を齋藤園長に提出し，その中で，今回のミスの原因を分析し，反省の言葉を記載している。」よって，「X_1が前回処分を受けていることを考慮に入れても，7日間の出勤停止という本件出勤停止処分は重きに失し，原告上野に対する処分としては減給処分で十分というべきである。」

33　保育所の事業譲渡と労働契約の承継

◆社会福祉法人公共社会福祉事業協会事件◆

大阪地裁2000(平成12)年8月25日判決

裁判のポイント

保育所の運営が別法人に変わった場合，労働条件はどのようになるのか。

解　説

保育所を運営する譲り受け法人と，幼稚園を運営する譲り渡し法人が，それぞれの事業を廃止した上で，譲り受け法人が幼稚園事業を受け継ぎ，新たに幼保連携型認定こども園を設立する場合にみられるように，法人間で事業の譲渡が行われる場合がある。このような場合，旧法人の下で勤務していた労働者の雇用が，新法人に承継されるかが問題となる。この問題については，これまで，学説，裁判例においても議論がされてきた。それらによれば，事業譲渡に伴って当然に労働契約が新たな経営主体に承継するという説，承継される権利義務の内容については，当事者の意思によるとする説，あるいは，承継しないとの明示の合意がない限り黙示の合意によって労働契約の承継が認められるとする説などがある。ただし，明示の不承継合意がある場合でも，新たな経営主体が組合員である労働者の排斥や，労働者差別を意図して労働契約の不承継やこれに伴う採用拒否をしているような場合，明示の合意が違法無効とされる場合もある。

本件は任意団体から社会福祉法人への保育所の事業譲渡が行われた事例であるが，裁判所は，原告らの労働契約が承継されたかどうかを判断するにあたって，まず第1に，旧法人と新法人の同一性を検討している。仮に，両者が実質的に同一法人である場合，譲り渡し法人の労働契約が承継されているとの認定が得やすくなるが，従来の裁判例においては，事業承継の必要性に疑義があり，解雇権濫用法理の回避のような脱法的意図により事業承継が行われているような場合に，これを認める場合があった。本件では，行財政改革の一環として事業譲渡が行われたこと，法人の経営内容や実態については何ら変更がないことを認定した上で，新たな法人が設立され，事業譲渡がされているという客観的事実に着目して法人の同一性を否定した。その一方で，譲渡に際して労使間で労働条件に関する協定が締結されている点，ならびに，労働契約に関わる変更行為（解雇や再雇用契約の締結）が行われていない点に着目して，原告らの労働契約および労働条件が新法人に承継されていると判断している。つまり，本件は従来の説のうち，当事者意思により承継される権利義務が確定するという説を採用したものと言える。

このように承継が認定された場合でも，新法人の規定に合わせるために労働条件が事後的に変更される場合がある。本件でも，事業譲渡の1年経過後に合意に基づき給与の変更を行い，さらにその1年後に合意を得ることなく諸手当の変更を行っている。労働条件が合意に基づき変更できることは，労働契約法でも規定されているが（8条），使用者が一方的に変更できるかは問題となる。この点について本件裁判所は，労使間の合意に基づき従前の労働条件の存続期間が限定されていたとしても，これを使用者が一方的に不利益変更することは認められず，合理的理由が必要であるとする。その上で，手当の削減により被告法人が得る利益と，減額により原告らに生じる損失を比較し，本事案での不利益変更には合理性が認められないと判断している。このような判断枠組は，就業規則による労働条件の不利益変更について最高裁（秋北バス事件最大判昭43・12・25）が用いた判断枠組に類するものであるが，本事案のように事業譲渡に伴い，従前の労働条件が限定的にのみ継続されることについて，労使間で合意が形成されていたような場合も，一般的な労働条件の不利益変更の判断枠組が直接的に適用できるかについては，さらに，議論の余地があるものと思われる。

【事件のあらまし】

東大阪市公共社会福祉事業協会（以下，旧協会）は，市の委託により稲田保育所の経営を行ってきた。東大阪市はこの保育園を社会福祉法人として設立することを庁議で決定したことにより，社会福祉法人公共社会福祉事業協会（以下，新協会）を設立し，稲田保育園の経営は旧協会より新協会へ事業譲渡された。これに伴い，原告ら旧協会に雇用されていた保育士達も新協会の職員となった。なお，その際，解雇や新たな雇用契約の締結といった手続きは行われなかった。事業譲渡に当たっては，旧協会の職員らが組合を結成し，新協会と交渉が行われた結果，労働条件変更については事前に組合と協議の上実施する，現行の労働条件は当分の間遵守し，新法人の就業規則，給与規定等については組合と充分協議し3か月程度を持って決定するといった内容の協定が成立していた。

新協会は設立に際して新たな就業規則や給与規定を設けたが，設立当初は原告らにはこれらを適用しなかった。設立から1年後，新協会は原告および組合との合意が成立したことから，原告らに新給与規定に基づく賃金を適用した。一方，諸手当については合意が成立しなかったが，設立2年後に新給与規定を適用し，基準を超える手当分は打ち切った。これに対して原告らが，事業譲渡によっても従前の労働条件は承継されているとして，旧基準に基づく手当と支給された新基準に基づく手当の差額を求めて本件を提起した。

裁判所の判断

■保育士（原告）の訴えを認め，諸手当の減額を無効とした。

1　労働契約ならびに労働条件の承継

「旧協会は，大阪府から委託を受け，次いで，東大阪市の委託を受けて，稲田保育所の経営を行ってきた（中略）しかるところ，いわゆるバブル経済の崩壊後，東大阪市は，税収の落ち込みが激しく，行財政改革の必要に迫られたことから，平成6年1月6日，その行財政改革の一環として，東大阪市立保育所の運営を順次，新規設立の法人に委託していくとの方針を，庁議（ママ）よって決定した。東大阪市は，右の方針に基づき，（中略）原告らに対し，稲田保育所の経営主体が，新規設立の被告に変更となることの説明を行った。これに対し，原告らは，労働組合を結成し，組合及び分会において，平成6年2月3日，団体交渉を申入れるに至った。」交渉による「協定の成立を受けて，同年4月1日，新規法人として被告が設立され，稲田保育所が，旧協会から被告に事業譲渡された。」なお，「稲田保育所が被告の経営となるに当たって，原告らが，旧協会から解雇されて改めて雇用契約を締結しなおしたということはなく，旧協会による退職金の支払もされていない。」「右事実によれば，法人化の前後を通じて，経営内容，経営実態について何ら変更がないとしても，旧協会と被告が別の法主体であることは明らかであるし，そうであれば，旧協会が行っていた保育所経営を被告が引き継いだのは事業譲渡によるものといわざるを得ない。しかしながら，右認定事実からすると事業譲渡に当たって，被告は，原告らを新たに雇用したとはいえず，旧協会と原告らとの雇用関係をも譲渡を受けて承継したものというべきである。本件協定からいっても，事業譲渡に当たっては，将来の変更の余地を残しているものの，従来の労働条件をそのまま承継したものといわなければならない。」

2　事業譲渡後の労働条件の変更について

「被告は，原告らに対し，平成８年４月から手当においても新給与規則を適用したのであるが，その内容は従来の労働条件を不利益に変更するものであることは明らかであるところ，新給与規定の適用については，本件協定における従前の労働条件の適用について当分の間との限定があるとしても，雇用契約自体は，旧協会との契約を引き継いだものであるから，これを一方的に変更できるものではなく，その変更には合理的理由が必要である。」

「そこで，まず，変更の必要性についてみるに，（中略）東大阪市及び大阪府の財政状態からして，到底，従前のような負担を継続していくことはできず，被告としても，経費の節減に努める必要があり，人件費の削減が急務であると主張するところ，その必要性自体は，概ねこれを肯定できるのであるが，ただ，本件で問題となっているのは，通勤手当，扶養手当，住宅手当であって，その額は，被告にとってみれば大きな額ではなく，人件費の削減にさほど貢献する額ではない。（中略）そして，それらの額は被告にとっては，前述のとおり大きな額ではないとしても，いわゆる実費を含む上，労働者にとっては，少なくない額であり，（証拠略），原告Ｘ本人尋問の結果によれば，原告らは，平成７年４月に，新給与規則の基本給部分の適用に応じ，これによって生涯賃金は大幅に減少することになったもので，このうえさらなる賃金減額に応じたくないという気持ちは理解できる。これらによれば，被告の新給与規則の諸手当部分の原告らへの適用は，未だ合理性を有しないというべきであり，原告らへの諸手当の減額は効力を有しない。」

◆児童福祉法

第24条 ① 市町村は，この法律及び子ども・子育て支援法の定めるところにより，保護者の労働又は疾病その他の事由により，その監護すべき乳児，幼児その他の児童について保育を必要とする場合において，次項に定めるところによるほか，当該児童を保育所（認定こども園法第３条第１項の認定を受けたもの及び同条第九項の規定による公示がされたものを除く。）において保育しなければならない。

② 市町村は，前項に規定する児童に対し，認定こども園法第２条第６項に規定する認定こども園（子ども・子育て支援法第27条第１項の確認を受けたものに限る。）又は家庭的保育事業等（家庭的保育事業，小規模保育事業，居宅訪問型保育事業又は事業所内保育事業をいう。以下同じ。）により

必要な保育を確保するための措置を講じなければならない。

③ 市町村は，保育の需要に応ずるに足りる保育所，認定こども園（子ども・子育て支援法第27条第１項の確認を受けたものに限る。以下この項及び第46条の２第２項において同じ。）又は家庭的保育事業等が不足し，又は不足するおそれがある場合その他必要と認められる場合には，保育所，認定こども園（保育所であるものを含む。）又は家庭的保育事業等の利用について調整を行うとともに，認定こども園の設置者又は家庭的保育事業等を行う者に対し，前項に規定する児童の利用の要請を行うものとする。

④ 市町村は，第25条の８第３号又は第26条第１項第４号の規定による報告又は通知を受けた児童その他の優先的に保育を行う必要があると認められる児童について，その保護者に対し，保育所若しくは幼保連携型認定こども園において保育を受けること又は家庭的保育事業等による保育を受けること（以下「保育の利用」という。）の申込みを勧奨し，及び保育を受けることができるよう支援しなければならない。

⑤ 市町村は，前項に規定する児童が，同項の規定による勧奨及び支援を行つても，なおやむを得ない事由により子ども・子育て支援法に規定する施設型給付費若しくは特例施設型給付費（同法第28条第１項第２号に係るものを除く。次項において同じ。）又は同法に規定する地域型保育給付費若しくは特例地域型保育給付費（同法第30条第１項第２号に係るものを除く。次項において同じ。）の支給に係る保育を受けることが著しく困難であると認めるときは，当該児童を当該市町村の設置する保育所若しくは幼保連携型認定こども園に入所させ，又は当該市町村以外の者の設置する保育所若しくは幼保連携型認定こども園に入所を委託して，保育を行わなければならない。

⑥ 市町村は，前項に定めるほか，保育を必要とする乳児・幼児が，子ども・子育て支援法第42条第１項又は第54条第１項の規定によるあつせん又は要請その他市町村による支援等を受けたにもかかわらず，なお保育が利用できないなど，やむを得ない事由により同法に規定する施設型給付費若しくは特例施設型給付費又は同法に規定する地域型保育給付費若しくは特例地域型保育給付費の支給に係る保育を受けることが著しく困難であると認めるときは，次の措置を採ることができる。

一　当該保育を必要とする乳児・幼児を当該市町村の設置する保育所若しくは幼保連携型認定こども園に入所させ，又は当該市町村以外の者の設置する保育所若しくは幼保連携型認定こども園に入所を委託して，保育を行うこと。

二　当該保育を必要とする乳児・幼児に対して当該市町村が行う家庭的保育事業等による保育を行い，又は家庭的保育事業等を行う当該市町村以外の者に当該家庭的保育事業等により保育を行うことを委託すること。

⑦ 市町村は，第３項の規定による調整及び要請並びに第４項の規定による勧奨及び支援を適切に実施するとともに，地域の実情に応じたきめ細かな保育が積極的に提供され，児童が，その置かれている環境等に応じて，必要な保育を受けることができるよう，保育を行う事業その他児童の福祉を増進することを目的とする事業を行う者の活動の連携及び調整を図る等地域の実情に応じた体制の整備を行うものとする。

第73条 ① 第24条第３項の規定の適用については，当分の間，同項中「市町村は，保育の需要に応ずるに足りる保育所，認定こども園（子ども・子育て支援法第27条第１項の確認を受けたものに限る。以下この項及び第46条の２第２項において同じ。）又は家庭的保育事業等が不足し，又は不足するおそれがある場合その他必要と認められる場合には，保育所，認定こども園」とあるのは，「市町村は，保育所，認定こども園（子ども・子育て支援法第27条第１項の確認を受けたものに限る。以下この項及び第46条の２第２項において同じ。）」とするほか，必要な技術的読替えは，政令で定める。（②は省略）

34 解雇が無効であった場合の賃金の支払い

◆社会福祉法人いずみ福祉会事件◆

最高裁2006（平成18）年３月28日

裁判のポイント

解雇が無効だった場合に労働者に支払われる賃金の額，ならびに，解雇期間中に獲得した収入の取扱い。

解 説

使用者による解雇につき，その根拠となった理由が存在しない，あるいは，理由は存在するけれど解雇権濫用にあたるとして解雇が無効になった場合（解雇に関しては，**判例31**恵城保育園事件を参照），解雇時から解雇無効判決が出るまでの賃金については，労働者が働けなかったことにつき使用者が責任を負うべき場合であると考えられている。それゆえ，原則として労働者は賃金を請求することができるとされている（民法536条２項）。この場合の賃金には基本給，手当等，労働していれば確実に得られたであろう金銭が含まれるが，残業代のような実際にその労働を行うことにより初めて発生するものは除かれる。

本件は，およそ25年間保母として保育業務に就いてきた保育士に対して，２度の業務変更命令の後に解雇が行われた事案であり，原告は解雇の無効とその間の賃金を求めている。ただし，本件においては解雇時から解雇を無効とする第一審判決（熊本地裁八代支判平14・３・５労働判例933号）が出るまでのおよそ２年10か月のうち，原告は約２年６か月間２度にわたり，別の就労場所で働き，収入を得ていた。このような場合に解雇無効判決が出ると，使用者が支払うべき賃金と，解雇期間中に労働者が得ていた収入をどのように調整するか，という問題が生じる。というのも，仮に解雇中に得た収入が，当該保育士が使用者の下で労務の提供をしないことによって得た「利益」であるとするならば，法律上，労働者はこの利益を使用者に「償還しなければならない」とされているからである（民法536条２項）。

この点につき従来の最高裁判決では，労基法上，使用者の責めに帰すべき理由により労働者が休業した場合には使用者は，平均賃金の６割相当の休業手当を支払わねばならないことをふまえた上で（26条），平均賃金の６割分までの賃金は支払い，それを超える部分について，労働者が別の就労先で得た収入との調整（＝支払うべき賃金額の４割と収入額の相殺）を図ることができるとされてきた（最判昭62・４・２・労働判例506号）。本事案もこの考えに従い，使用者が支払うべき賃金と，解雇期間中に保育士が得た収入との調整が図られている。さらに，先例において最高裁は，労働者が解雇期間に得た収入額が，平均賃金額の４割を超えていた場合，平均賃金額の算定の際には算入されない一時金（期末手当等）（労基法12条４項）も，調整の対象としている。本件もこれを踏襲している。

【事件のあらまし】

原告は1973（昭和48）年からいずみ福祉会で保母（当時）として勤務してきた。いずみ福祉会は原告に対して1998（平成10）年10月に清掃整備業務への業務変更を命じ，さらに，平成11年に用務員への業務変更命令を行った後，同年５月18日付けで解雇を通知した。そこで原告は解雇理由の存否，解雇の相当性，ならびに給与等の支払いを求めて提訴した。第一審（熊本地八代支判平14・３・５労判933号）および控訴審（福岡高判平15・３・26労働判例933号）は，いずれも解雇の無効を認めた。これに対していずみ福祉会側が解雇の有効性および，解雇期間中の収入と賃金等との調整に関する上告を申立てた。最高裁は後者の上告についてのみ受理した上で，地裁，高裁判決が賃金と一時金を区別せず一括して６割を超える額を相殺の対象とした点を改め，調整額を算定し直している。

裁判所の判断

■原判決を変更し，被告が原告に支払うべき金額につき自判した。

1　解雇期間中に労働者が中間収入を得ていた場合の調整方法

使用者の責めに帰すべき事由によって解雇された労働者が解雇期間中に他の職に就いて利益（以下「中間利益」という。）を得たときは，使用者は，当該労働者に解雇期間中の賃金を支払うに当たり中間利益の額を賃金額から控除することができるが，上記賃金額のうち労働基準法12条１項所定の平均賃金の６割に達するまでの部分については利益控除の対象とすることが禁止されているものと解するのが相当である。したがって，使用者が労働者に対して負う解雇期間中の賃金支払債務の額のうち平均賃金額の６割を超える部分から当該賃金の支給対象期間と時期的に対応する期間内に得た中間利益の額を控除することは許されるものと解すべきであり，上記中間利益の額が平均賃金額の４割を超える場合には，更に平均賃金算定の基礎に算入されない賃金（同条４項所定の賃金）の全額を対象として利益額を控除することが許されるものと解される（最高裁昭和36年(オ)第190号同37年７月20日第二小法廷判決・民集16巻８号1656頁，最高裁昭和59年(オ)第84号同62年４月２日第一小法廷判決・裁判集民事150号527頁参照）。

2　本件において支払われるべき賃金額

ア　本件期間１（執筆者注：平成11年９月から平成13年４月までの就労）に係る賃金等

(ア) 被上告人に支払われるべきであった就労期間１における本俸及び特業手当等の合計額480万2040円のうち，就労期間１における平均賃金の合計額の６割に当たる288万1224円は，そこから控除をすることが禁止され，その全額が被上告人に支払われるべきである。

(イ) 他方，上記の本俸及び特業手当等の合計額480万2040円のうち(ア)を超える金額（192万0816円）については，就労期間１に被上告人が他から得ていた合計358万0123円の中間利益を，まずそこから控除することとなるので，支払われるべき金員はない。

(ウ) 就労期間１に被上告人が他から得ていた上記の中間利益のうち(イ)の控除（192万0816円）をしてもなお残っている165万9307円については，これを，被上告人に支払われるべきであった就労期間１における期末手当等の合計額196万8836円から控除すべきである。したがって，上記期末手当等は，合計30万9529円が支払われるべきこととなる。

(エ) 結局，上告人は，被上告人に対し，就労期間１に係る賃金としては，本俸及び特業手当等のうち(ア)の288万1224円と，期末手当等のうち(ウ)の30万9529円との合計額319万0753円を支払うべきこととなる。

(オ) 就労期間１に係る賃金として支払われるべき(エ)の319万0753円と，その余の期間に係る賃金合計124万8530円（本俸及び特業手当等72万0306円と期末手当等52万8224円とを合わせた金額）とを合わせると，443万9283円となる。これが，本件期間１に係る賃金として上告人が支払義務を負う金額である。

イ　本件期間２（執筆者注：平成13年５月から平成14年３月までの就労）に係る賃金

アと同様にして計算し，就労期間２（１）に係る賃金として支払われるべき控除後の金額合計177万0383円と，就労期間２（２）に係る賃金として支払われるべき控除後の金額合計72万7166円と，その余の期間に係る賃金合計196万8836円（本俸及び特業手当等144万0612円と期末手当等52万8224円とを合わせた金額）とを合わせると，446万6385円となる。これが，本件期間２に係る賃金として上告人が支払義務を負う金額である。

35 園長の保育士に対するパワハラ

◆社会福祉法人和・柏城保育園事件◆

福島地裁郡山支部2013(平成25)年8月16日判決

裁判のポイント

職場でパワハラを受けた場合，誰に対してその責任を問うことができるのか。

解 説

労働者が，いじめや嫌がらせを，職場において受ける事がある。これらの嫌がらせが，労働者の人格的利益を侵害したり，これにより働きやすい職場環境が損なわれた場合，労働者は，嫌がらせを行った加害者のみならず，使用者に対しても責任を問う事ができる場合がある。その場合の責任とは，たとえば，加害者が労働者に暴言を吐いたような場合は刑事責任（刑法231条の侮辱罪など）を問われる可能性があり，また，当該行為により精神的な苦痛が生じた場合，民事上の不法行為責任（民法709条）に基づき，損害賠償が求められる可能性もある。同様に，加害者を雇用する使用者も，使用者という地位に基づく損害賠償責任を，被害者に対して負うことがある（民法715条1項)。ただし，使用者がこのような責任を負うのは当該行為が「事業の執行について」行われた場合である。これに加えて使用者は，労働者に対して職場環境配慮義務を労働契約上の付随義務，あるいは，不法行為法上の注意義務として負っているとされている。それゆえ，これに違反しているとされた場合，さらに，債務不履行（民法415条)，または，不法行為（民法709条）に基づく損害賠償責任を，被害者に対して負うことになるとされている。また，当該ハラスメントによって，労働者が精神疾患（例えばうつ病）を発症したような場合，国による労災補償の対象となることもある。

本事案は，被告社会福祉法人を懲戒解雇された保育士が，当該解雇の無効確認，ならびに，保育園の事務長（後に園長）によるパワハラがあったとして，加害者，ならびに，使用者である社会福祉法人に対して損害賠償請求を行った事案である。裁判所は，懲戒解雇事由については存在しないことを認定し，解雇無効であるとした上で，当該期間中の賃金等の支払いを命じている。また，園長によるパワハラに関しては，園長，社会福祉法人双方の損害賠償責任を認めている。

このうち，園長については，業務中に保育士に対して再三にわたり暴言を吐き，その内容が保育士の人格を否定するものであり，かつ執拗，継続的に行われていた点で，社会通念上許容される限度を超えていると判断した。暴言等は，それが上司による部下への業務上の指導という形で行われる場合があり，この場合，許容される範囲内の指導と言えるのか否かの判断には困難を伴う。過去の裁判例ではこの点について，業務上の必要性に基づくものかどうか，業務上の必要性がある場合でも，労働者の人格に対して配慮し，必要以上に抑圧するものではないかに基づき，判断されている（不法行為を認めた事例として，東京高判平17・4・20労働判例914号)。本件裁判所は，園長の暴言には正当な目的や合理的な理由がなく，正当な職務行為を逸脱していると結論づけている。

次に，園長を雇用する社会福祉法人の責

任についてであるが，本件では使用者責任に基づく損害賠償責任と，職場環境配慮義務違反に基づく不法行為責任の２つが追求され，共に認められている。先述したように，使用者責任（民法715条１項）については，加害労働者が「事業の執行について」ハラスメントをした場合に，使用者が責任を負うことになるが，本件では園長の暴言がいずれも園内での業務中に行われたものであったことから，これが認められている。また，職場環境配慮義務違反について裁判所は，ハラスメント行為等が見られる場合，使用者にはこれを未然に防止するための相談体制を整備する，ハラスメント行為に対して迅速な事後対応を行う等の義務があり，違法なハラスメント行為が認められるにも関わらず適切な対応行わない場合，義務違反が生じるとしている。なお，このような義務違反は，使用者自身がハラスメントの発生や拡大に直接関与していないとしても，被害の発生が予見できたにも関わらず十分な予防措置をとっていなかった場合，認められる事がある（津地判平21・2・19労働判例982号）。

【事件のあらまし】

社会福祉法人和は2009(平成21)年４月から柏城保育園を開設し，運営している。原告（複数）は開園当初から保育士として勤務していた。加害者である園長（開設当初は事務長）は，開園準備時から仕事が遅くなる等した場合に，原告に対して「バカヤロー」，「死んじまえ」といった暴言を口にするようになった。その後もほぼ毎日のように，罵声や暴言を浴びせられたため，原告は，平成21年１月に，被告法人の理事長に相談をしたが，園長に注意する様子もなかったため，６月頃に市の担当者に相談したところ，必要に応じて県に指導を依頼する等の対応を受けた。後日，原告はこれを理由として雇用期限を平成22年３月31日までとする嘱託保育士への身分変更と給与の減額を伴う処分を受けた。さらに平成22年３月31日付けで臨時採用となり，給与が減額された。原告は，平成22年９月27日付けで雇用期限を平成23年７月30日までとする雇用契約を更新したが，被告は平成23年３月９日付けで，原告を懲戒解雇した。そこで，原告は解雇の無効とその間の賃金請求，ならびに，園長のパワハラ行為に対する損害賠償を園長と被告法人に求めて，本件を提訴した。

裁判所の判断

■原告（保育士）の訴えを認め，園長と法人に損害賠償責任があるとした。

1　園長のパワハラによる不法行為責任，および，社会福祉法人和の使用者責任について

「被告Y_1（園長）は，上記アのとおり本件暴言等に及んだことが認められ，本件暴言等は，原告の人格を否定するような内容にまで及んでおり，かつ，それが頻繁・執拗かつ継続的に行われていたこと等を踏まえると，客観的に社会通念上許容される限度を超え，原告に対して不当な心理的負荷を蓄積させるような行為であったものと優に認められる。

また，保育園である本件の柏城保育園において被告Y_1が本件暴言等に及んだことにつき，被告Y_1と保育士や看護師との間で何らかの意見の相違があったにしても，その発言内容からすると，正当な目的や合理的な理由は全く認められないのであって，正当な職務行為を逸脱したものというべきである。

したがって，被告Y_1による本件暴言等は，不法行為を構成するものと認められる。

（イ）そして，本件暴言等に係る被告Y_1の不法行為は，いずれも被告Y_1が，被告法人の経営する柏城保育園の事務長等として職務の執行中において行ったものであって，被告法人の被用者である被告Y_1が「その事業の執行について」（民法715条１項）行ったものと認められる。そうすると，被告法人は，本件暴言等に係る被告Y_1の不法行為につき，原告に対して使用者責任（民法715条１項）を負い，被告らは，これにより原告に生じた損害を連帯して賠償する責任がある。」

２　社会福祉法人和の職場環境配慮義務違反について

「（ア）使用者は，被用者に対し，労働契約法５条に基づき又は労働契約上の付随義務として信義則上，被用者にとって働きやすい職場環境を保つように配慮すべき義務（職場環境配慮義務）を負っており，本件のようなパワーハラスメント行為等が見られる事例においては，パワーハラスメント行為等を未然に防止するための相談態勢を整備したり，パワーハラスメント行為等が発生した場合には迅速に事後対応をしたりするなど，当該使用者の実情に応じて対応すべき義務があるというべきであって，少なくとも違法なパワーハラスメント行為等が認められるような状況がありながらこれを放置するなど，適切な対応を講じないなどといった状況等が認められる場合には，上記の職場環境配慮義務違反となるものというべきである。」

「（イ）本件においては，前記事実関係等のとおり，〔１〕柏城保育園の開園前後を通じて，原告を含む柏城保育園の職員に対し，被告Y_1の暴言等が頻繁・執拗かつ継続的に行われていたこと，〔２〕原告が平成21年６月頃に被告法人のＥ理事長に対して被告Y_1の職員に対する暴言等について相談をしたものの，同理事長がこれに関して調査等をしたものと窺われないこと，〔３〕その後においても，原告や保護者が，被告Y_1の暴言等について，市や県に対して度々相談をするなどし，市や県が被告らに対して指導等をするなどしたにもかかわらず，被告法人は，この点に関してさしたる調査や対応等をすることもなかったばかりか，被告Y_1の暴言等について市に相談したことなどを理由として原告に対して違法無効な本件懲戒処分その他雇用契約関係上の不当な処分等に及ぶなどしていたというのであるから，被告法人は，その経営する保育所において，被告Y_1の違法な本件暴言等につき，適切な対応を講じていたものとは到底認められず，上記の職場環境配慮義務を十分に尽くしていなかったというべきである。」

36　有期雇用契約の保育士に対する雇い止め

◆私立壬生寺保育園事件◆

京都地判1989（平成１）年４月６日判決

裁判のポイント

雇用契約における期間限定が無効とされる場合。

解　説

措置による保育所利用方法の下での保育所の運営は，国による運営費（措置費）を基礎として行われてきた。措置費は保育所定員ごとに定められた保育単価に基づき算出されるため，保育士の職歴や年齢等を反映した定期昇給付きの給与体系を確保することが困難な状況にあった。そこで，京都市では「プール制」と呼ばれる独自の人件費配分方法を導入してきた。この方法は各保育園に配分される運営費の人件費部分を自主的に保育園連盟にプール（拠出）してもらい，そこに市の補助を上乗せしたものを原資として，独自の職員配置基準や給与格付けに基づき，各保育園に人件費として再配分する方法である。

本件は，壬生寺保育園の園長が，園児の減少に伴い，配分される人件費の減少を予想し，１年の期限付きで雇用した被告保育士に対する雇用期間満了を理由とする雇止めを行ったことに関連して，原告（保育所を運営する壬生寺）側が雇用契約関係の不存在確認を請求し，被告保育士側が賃金支払い請求（反訴）を行った事案である。裁判所は，１年の期限を付す雇用契約が，上記プール制の趣旨に反する等の理由で無効であるとし，被告保育士が雇用契約上の地位を有していることを認めた。

有期雇用契約の場合，契約は，期間の満了により当然終了することになる。ただし，有期雇用契約が何度も反復更新された後に雇止め（更新拒絶）がされたような場合，労働者を保護するために，雇止めに対して解雇権濫用法理を類推適用し，雇用契約期間満了時であっても，雇止めに合理的な理由を求めるという判例法理が形成されている（最判昭61・12・4判例時報1221号）。この法理は，現行法上，労働契約法で明文化されている（労働契約法19条）。

本事案も有期雇用契約の雇止めの事案ではあるが，上述とは異なる論理を用いて雇止めを無効としている。すなわち，本件では労使双方が，１年の有期雇用契約であることの認識を有していたと認定されており，また，有期雇用契約の反復更新もなされていないことから，解雇権濫用法理が類推適用される余地がほとんど無い事案である。しかし裁判所は，契約期間の満了によっても，雇用契約が終了しないと判断した。その理由として裁判所は，被告保育士がプール制上，常勤職員として登録されていたことを前提に，①保育士の長期定着等を目的とするプール制において，常勤職員に１年の有期雇用職員が含まれると解することは制度の趣旨に反する，②職員定数の削減は無かった等の事実に基づけば，原告が被告を常勤ではなく１年の任期付きで雇用する必要性はなかった，③原告が被告に関して，プール制上，常勤職員としての人件費の支給を受けながら，非常勤職員として待遇していたことは，制度の趣旨に反する等を挙げた。その上で裁判所は，雇用契約に期限を付したことは著しくプール制及び法の趣旨に反するものであり，無効であると判断している。

このような裁判所の判断は，解雇権濫用法理を用いて，合理性のない一部の有期雇用契約への規制をかけようとする裁判例と比べると，有期雇用契約の締結自体を規制する点で，独自性がある。多くの非正規労働者が期限の定めのない正規雇用を希望しながら，有期雇用に止まらざるを得ない現状からすれば，有期雇用契約の締結を直接的に規制しようとする判断枠組は，一定の意義を有するものと思われる。

【事件のあらまし】

原告壬生寺は壬生寺保育園を開設している。園長は1983(昭和58)年頃から入園児の減少に伴い職員定数が減少する事を危惧し，1年の期限付き雇用契約で職員を雇用するようになった。被告保育士は昭和60年4月5日から61年3月24日までと定めて原告と雇用契約を締結した。原告はその後も2名の職員を雇用したが，いずれも1年の有期雇用であった。

京都市ではプール制を採用しており，原告は被告らを常勤職員として届け出ていた。それゆえ，原告はプール制に基づく人件費の配分において，常勤職員に対する額の支給を受けていたが，被告らに対しては有期職員としての待遇しかしていなかった。

1985年12月頃原告は被告らに，翌年3月に職員定数が減少すれば辞めてもらうがその時に職を探すのは大変だから今から探すように告げ，被告に対しその3月一杯で辞めてもらうと通告した。一方原告は，同時期に有期で採用された職員2名については，常勤職員として雇用するようになった。被告はその後他の就職先の採用面接を受けたが，同年2月に原告保育園主任に保育園を辞める意思のないことを告げた。

以上のような事実認定の下で，原告が期間の満了により被告保育士に職員としての地位がないことの確認を請求する訴訟を提起した。

裁判所の判断

■保育園（原告）の主張が棄却され，雇止めが無効とされた。

1　原告と被告との間に締結された雇用契約は期限付き契約であったか否か

「京都市の保育園は全て公費で運営されており，その公費のうち私立保育園の人件費分は，京都市保育園連盟（「保育園連盟」）の運営する京都市民間保育園職員給与改善制度（「プール制」）を通して各園に支給されているところ，各園への支給額はプール制によって，各園の入園児数を基礎に認定される職員定数に基づき決定される。ところで，本件保育園においては，その所在地の周辺の新生児が減少してきたので，本件保育園の園長であるAは昭和58年頃から職員定数が減少する可能性があると予測するようになった」ため，園長は昭和58年4月以降「従来行っていなかった1年の期限付雇用契約を締結することとし，(中略)，給料も日給制で支払うこととなった。」(中略)「その後，本件保育園において保母が退職して欠員が生じたので，Aは，被告が保母になりたい旨を希望していたことから被告を本件保育園の保母に採用しようと考えたが，前述のとおりAは本件保育園の職員の定数が減少する可能性があると予測していたので，被告を保母として雇用するとしても1年の期限をふすこととした。」(中略)「被告は昭和60年3月25日から本件保育園へ出勤し就労した。(中略)雇用契約書には「就任年月日」が昭和60年4月5日，「雇用形態」が「非常勤」，「雇用期間」は昭和60年4月5日から昭和61年3月24日までとする記載がなされていた。」

「以上の事実によれば，原告は昭和58年頃から職員の定数が減少することを予想し，保母を新たに雇用するときは1年の期限付で雇用する方針を持っており，被告を保母として採用する際もその意思があったこと，そして被告との雇用契約書にも明確に1年の期限を記載しており，原告代表者Aは被告との面接においても1年の期限付であることを説明していることが認められる。そして被告の就労後は，原告は被告に日給制の給料を支払ったり，共済等への加入手続をしなかったりして，被告を他の常勤職員と異なった取扱いをし，被告を期限付雇用者として扱っていたことが認められる。一方，被告も昭和60年４月15日頃雇用契約書に署名押印する際，同契約書に期限の記載がなされていることに気付く機会が十分あり，昭和61年１月27日頃Ａから退職するよう通告された後，他の就職先をさがしており，また地労委での申請も１年の期限付雇用であることを前提としていることなどからして，被告も１年の期限付雇用契約であったことを認識していたものと認められる。

2　雇用契約に期限を付すことの相当性

原告が被告らを登録した当時のプール制では，事実上１年の有期雇用者を常勤職員として登録する取扱いが行われていた。しかしながらプール制は「本来保育園の職員の地位向上や，保母経験者の定着等による職員の質の向上を目的としており，現員保障という制度まで設けて職員の長期定着をはかろうとしており，運用細則５条の常勤職員に１年の期限付雇用の職員を含むと解することはプール制の趣旨に反すること」，「昭和60年８月１日に行われた運用細則五条の改訂につき，京都市は（中略）１年未満の期限の定めのある雇用契約の職員を除けば期限の定めのある職員全てが除かれる」という「本来の趣旨を明確に表現するため保育園連盟に対する行政指導により右のように改訂をさせたと説明したこと，」「１年の期限付雇用の職員を常勤職員に含めることは，プール制から常勤職員に必要な人件費の支給を受けながら職員には期限付雇用であることを理由に常勤職員よりも低い給料しか支払わないというプール制の趣旨に明らかに反する雇用形態を増加させることにもな」ることを「総合して考えれば，改訂前の運用細則５条の常勤職員は期限付雇用契約の職員を全て含まない趣旨であったと解するのが相当である。」

「昭和58年頃から本件保育園所在地付近の児童数が減少し，本件保育園への入園児も減少する傾向にあり，したがって本件保育園の職員定数は減少する可能性があ」ったが，常勤職員の定数は減少しなかった。また，平均すれば毎年退職者による欠員が生じる可能性があった。」「以上の事実に前述のとおり，現員保障により常勤職員の定数が減少しても２名までは１年間常勤職員として保障ざれること，また，年度初めに定数が減少しても10月１日までに入園児数を増やし定数を満たせば，さらに次年度も現員保障が受けられることを併せ考えれば，少なくとも本件保育園では被告を１年の期限付で雇用する必要性はほとんどなかったといわざるを得ない。」

「他の保育園では１年の期限付雇用の職員を常勤職員としてプール制に登録した場合は，できるだけ期限の定めのない職員と同額の給料を支払ったり，共済等に加入させたりして，期限の定めのない職員と同様に扱おうとしていたことが認められるにもかかわらず，原告は被告を常勤職員として登録し期限の定めのない職員に対するのと同額の人件費の支給を受け，後述のとおり被告を期限の定めのない職員と同様の労働に就かせながら，一方被告に期限の定めのない職員よりも低い日給制による給料しか支払わず，明らかにプール制の趣旨に反する取扱いをしていた」また，「証人Ｂの証言によれば，同人経営の保育園において１年の期限付で雇用した保母のうち，約半数はうまくいかないと思ったら１年で退職してもらい，他の者はその後期限の定めのない職員として継続して雇用していることが認められ，これは１年の期限付雇用を試用期間と同様に扱っていることがうかがえる」が「成立に争いのない乙第３号証によれば，本件保育園の就業規則５条において試用期間は60日と定められていることが認められ，１年の期限付雇用は右就業規則を潜脱する結果となり，職員の地位を不当に不安定にしていると考えられること，

以上の各点を併せ総合すると，被告の雇用契約に１年の期限を付したことは，著しくプール制及び法の趣旨に反するものであるから，原告被告間の雇用契約のうち１年の期限の労働条件は無効と解するのが相当である。」

◆子ども子育て支援法

（支給認定の有効期間）

第21条　支給認定は，内閣府令で定める期間（以下「支給認定の有効期間」という。）内に限り，その効力を有する。

（施設型給付費の支給）

第27条 ① 市町村は，支給認定子どもが，支給認定の有効期間内において，市町村長（特別区の区長を含む。以下同じ。）が施設型給付費の支給に係る施設として確認する教育・保育施設（以下「特定教育・保育施設」という。）から当該確認に係る教育・保育（地域型保育を除き，第19条第1項第1号に掲げる小学校就学前子どもに該当する支給認定子どもにあっては認定こども園において受ける教育・保育（保育にあっては，同号に掲げる小学校就学前子どもに該当する支給認定子どもに対して提供される教育に係る標準的な1日当たりの時間及び期間を勘案して内閣府令で定める1日当たりの時間及び期間の範囲内において行われるものに限る。）又は幼稚園において受ける教育に限り，同項第2号に掲げる小学校就学前子どもに該当する支給認定子どもにあっては認定こども園において受ける教育・保育又は保育所において受ける保育に限り，同項第3号に掲げる小学校就学前子どもに該当する支給認定子どもにあっては認定こども園又は保育所において受ける保育に限る。以下「特定教育・保育」という。）を受けたときは，内閣府令で定めるところにより，当該支給認定子どもに係る支給認定保護者に対し，当該特定教育・保育（保育にあっては，保育必要量の範囲内のものに限る。以下「支給認定教育・保育」という。）に要した費用について，施設型給付費を支給する。

② 特定教育・保育施設から支給認定教育・保育を受けようとする支給認定子どもに係る支給認定保護者は，内閣府令で定めるところにより，特定教育・保育施設に支給認定証を提示して当該支給認定教育・保育を当該支給認定子どもに受けさせるものとする。ただし，緊急の場合その他やむを得ない事由のある場合については，この限りでない。

③ 施設型給付費の額は，1月につき，第1号に掲げる額から第2号に掲げる額を控除して得た額（当該額が零を下回る場合には，零とする。）とする。

一　第19条第1項各号に掲げる小学校就学前子どもの区分，保育必要量，当該特定教育・保育施設の所在する地域等を勘案して算定される特定教育・保育に通常要する費用の額を勘案して内閣総理大臣が定める基準により算定した費用の額（その額が現に当該支給認定教育・保育に要した費用の額を超えるときは，当該現に支給認定教育・保育に要した費用の額）

二　政令で定める額を限度として当該支給認定保護者の属する世帯の所得の状況その他の事情を勘案して市町村が定める額

④ 内閣総理大臣は，第1項の1日当たりの時間及び期間を定める内閣府令を定め，又は変更しようとするとき，及び前項第1号の基準を定め，又は変更しようとするときは，あらかじめ，第1項の1日当たりの時間及び期間を定める内閣府令については文部科学大臣に，前項第1号の基準については文部科学大臣及び厚生労働大臣に協議するとともに，第72条に規定する子ども・子育て会議の意見を聴かなければならない。

⑤ 支給認定子どもが特定教育・保育施設から支給認定教育・保育を受けたときは，市町村は，当該支給認定子どもに係る支給認定保護者が当該特定教育・保育施設に支払うべき当該支給認定教育・保育に要した費用について，施設型給付費として当該支給認定保護者に支給すべき額の限度において，当該支給認定保護者に代わり，当該特定教育・保育施設に支払うことができる。

⑥ 前項の規定による支払があったときは，支給認定保護者に対し施設型給付費の支給があったものとみなす。

⑦ 市町村は，特定教育・保育施設から施設型給付費の請求があったときは，第3項第1号の内閣総理大臣が定める基準及び第34条第2項の市町村の条例で定める特定教育・保育施設の運営に関する基準（特定教育・保育の取扱いに関する部分に限る。）に照らして審査の上，支払うものとする。

⑧ 前各項に定めるもののほか，施設型給付費の支給及び特定教育・保育施設の施設型給付費の請求に関し必要な事項は，内閣府令で定める。

37　区立保育園非常勤保育士に対する再任用拒否

◆中野区（非常勤保育士）事件◆

東京高裁2007（平成19）年11月28日判決

裁判のポイント

特別職の非常勤保育士に対する再任用拒否が解雇にあたるか。

解　説

有期雇用の労働者は，原則として当該雇用期間の満了によって労働契約が終了することになる。しかし，その後も契約が反復更新される，あるいは，雇用継続が期待できるような状況にあった場合，実質的には期間の定めのない労働契約と同視できることから，このような場合に使用者が更新拒絶をすることは，解雇と同じであるとして解雇権濫用法理が類推適用され，更新拒絶の合理的理由や社会的相当性が求められるようになっている（労働契約法19条）。一方，雇用関係が私法上の法律関係によらずに法定されている公務員の場合，その法律関係の違いから，更新拒絶の場合に，民間労働者と同様の解雇権濫用法理の適用はないとされてきた。

本事案では，区の非常勤保育士に対する更新拒絶の適法性が争われている。この点につき原審（東京地裁平18・6・8労働判例920号），本判決は共に，原告らの雇用関係は当事者自治によらない公法上の任用関係であったとした上で，このような関係の下では，契約更新が継続していたり，雇用継続に対する労働者の期待を抱かせるような事実があったとしても，当該任用関係は期間の満了によって当然に終了するものであり，原告らに再任用を請求する権利は認められないとした。さらに，再任用拒否に対して解雇権濫用法理の類推適用があるかについては，とりわけ本判決において，原告らの更新回数や継続への期待，非常勤保育士制度廃止の合理性等から，解雇権濫用法理を類推適用できるような状況が生じていたと認定したが，画一性，形式性を求められる公法上の任用関係において，当事者の合理的意思解釈に基づいて結論の修正を図ることは無理がある等の理由により，結論としてはいずれの裁判所においても解雇権濫用法理の類推適用を否定している。

他方で，被告中野区は原告らが雇用の継続を期待するような言動をし，原告らの意思確認をしない再任用が常態化していたこと等から，原告らの雇用継続に対する期待権を認めた上で，このような期待を解消するための十分な説明等を行わずに再任用拒否を行った点で，原告らに対する期待権侵害が認められるとして，原審では１人40万円，本判決では１年間の報酬額に弁護士費用を加算した損害賠償が認められている。任用関係においては解雇権濫用法理による法的救済が認められない代わりに，その代償措置ともいうべき金銭賠償が認められているという点で，参考になる事案と言える。

【事件のあらまし】

東京都中野区では1992(平成４)年に地方公務員に完全週休２日制が導入されたことを契機に，正規職員の休暇日に勤務する，地方公務員法上の特別職としての身分を有する非常勤保育士制度を導入した。原告らはこの制度の下で同年以降，非常勤保育士として任用され，勤務日数や給与等の労働条件は異なるものの，常勤保育士と同内容の保育にあたってきた。原告らについては毎年，１年間の再任用（９回から11回）が繰り返されてきた。しかし，中野区は2003(平成15)年に，区立保育園２園を指定管理者に委託することとし，同時に，非常勤保育士制度を廃止することを決定した。これに伴い非常勤保育士については任期満了により同年４月以降，原告らを含めすべての非常勤保育士について再任用をしないこととし，原告らにその旨通知した。これに対して原告らは，被告による再任用拒否が無効であるとして，非常勤職員としての地位を有することの確認ならびに，その地位に基づく未払い賃金の請求等を求めて提訴した。

裁判所の判断

■保育士（原告）の請求を認めず，再任用拒否に解雇権濫用法理の類推適用は認められないとした。

１　原告らの雇用関係の法的性質について

地方自治法，公務員法の規定の趣旨からすれば「地公法３条３項３号の特別職たる非常勤職員であっても，上記関係規定の適用を受けるのであるから，地公法４条２項で同法の適用が排除される結果等により当然に私法上の契約であると評価することはできないものというべきである。」さらに，被告は，「地方公共団体であり，地方自治法，地公法及び中野区保育園非常勤保育士設置要綱に基づき，一審原告らを地公法３条３項３号の特別職たる非常勤職員として雇用期間を定めて任用していたこと，一審被告から一審原告らに対し，任用時及び再任用時の都度，発令通知書が交付されるなどの任用行為が行われていたものであるから，一審原告ら非常勤保育士の任用関係等については，上記関係法規により規律されるとともに，その具体的内容は，中野区長の任用行為の具体的内容によって決定されるなどの行政処分であり，これに基づく本件勤務関係は公法上の任用関係であると認められる。」

２　本件再任用拒否が，解雇法理ないし解雇権濫用法理の類推適用により無効となるか

「原告らは，一審原告らの非常勤保育士の任用が行政処分であるとしても，本件の事実経過を見る限り，更新を前提とした任用であり，職務内容，募集内容，再任用の経過等に照らしても，本件再任用拒否には解雇権濫用法理が類推適用されるべきであると主張する。

ところで，私法上の雇用契約においては，期間の定めのある雇用契約が多数回にわたって反復更新された場合，あるいは，期間の定めのない契約と実質的に異ならない状態となった場合，雇用の継続が期待され，かつその期待が合理的であると認められるときには，解雇権濫用の法理が類推適用される余地があると解されている」。本件においても，認定事実からすれば原告と被告の「勤務関係においては，上記解雇権濫用法理を類推適用される実態と同様の状態が生じていたと認められ，一審原告らの職務の継続確保が考慮されてしかるべき事態であったとはいえる。」「そこで，地方公共団体における非常勤職員について見ると，まず，反復継続して任命されてきた非常勤職員の側では，上記のような期間の定めのない就労の意思があったとしても，任命する地方公共団体の側では，非常勤職員については条例による定数化がされないため（地方自治法172条３項），報酬等に関する予算措置もあって任期を１年と限っているのであるから，上記のような期間の定めのない任命の意思を考えることができない。また，任命行為は行政行為であって，当事者間の諾成契約のように契約当事者の明示又は黙示の意思表示の合致のみによっては任命の効力は生ぜず，任命権者による告知によって効力を生ずるものであるから，期間の定めのない任命行為を認定することも，当事者双方の意思を推定する規定である民法629条１項を類推適用することも困難であり，任期を１年として任命された地方公共団体における非常勤職員については，」解雇権濫用法理を適用することができないものといわざるを得ない。

3　再任用拒否により原告らの再任用されるとの期待権を違法に侵害したか

最高裁判決においては，「任用予定期間満了により既に退職した非常勤職員には，再び任用される権利あるいは再任用を要求する権利は認められず，不再任用という任命権者の不作為それ自体を理由とする損害賠償請求を認めることはできないところであるが，任命権者が同職員に対して，任用の継続を確約ないし保障するなど，任用予定期間満了後も任用が継続されると期待することが無理からぬものとみられる行為をしたというような特別の事情があり，任用の継続が保障されているとの誤った期待を抱かせた行為により生じた損害については，不法行為が成立する余地もあると判断されている」「認定事実によれば，（中略）原告らの非常勤保育士としての任用は公法上の任用関係であり，期間が厳格に定められていて当然に再任用を請求する権利が発生する余地はなかったのであるから，将来，疑義を生じることのないようにそのことを説明すべき必要性が高い事情にあったにもかかわらず，一審原告らがその説明を受けていなかったものであり，却って，一審被告にとり保育士を確保する必要性があったことから，採用担当者において，長期の職務従事の継続を期待するような言動を示していたこと，一審原告らの職務内容が常勤保育士と変わらず継続性が求められる恒常的な職務であること，それぞれ９回から11回と多数回に及ぶ再任用がされ結果的に職務の継続が10年前後という長期間に及んだが，再任用が形式的でしかなく，実質的には当然のように継続していたことに照らすと，一審原告らが再任用を期待することが無理からぬものとみられる行為を一審被告においてしたという特別の事情があったものと認められる。したがって，前記の一審原告らの任用継続に対する期待は法的保護に値するものと評価できるものと解する。」

38 不当労働行為救済命令に対する取消訴訟の原告適格

◆私立西秦野保育園事件◆

横浜地裁1987（昭和62）年10月29日判決

裁判のポイント

廃園後に，廃園前に出された不当労働行為救済命令の取消しを求めることは可能か。

解　説

使用者による不当労働行為があった場合，労働者は労働委員会による行政救済と裁判所の司法救済を受けることが可能である。このうち行政救済では，不当労働行為があったと判断された場合，労働委員会が救済命令（行政処分）（労組法27条の12）を出す。救済命令には，たとえば不利益取扱いによる解雇を前職に戻す現職復帰命令や，不利益取扱いがなければ得られていた賃金の支払いを命じるバックペイ，組合活動への支配介入を行わない旨の文書の掲示（ポスト・ノーティス）等がある。これらの救済命令は交付の日から効力を生じるため（労組法27条の12第4項），使用者は救済命令確定前から命令を履行する義務を負うが，履行しなかった場合の罰則が適用されるのは確定後になることから，使用者の履行を確保するために，裁判所による緊急命令（労組法27条の20）等が設けられている。

都道府県労働委員会の命令に対しては，これに不服がある場合，使用者は，中央労働委員会に再審査の申立てを行うか，もしくは，裁判所に取消訴訟を提起することができる（労組法27条の19）。取消訴訟に際しては行政事件訴訟法上の要件を充足することが求められるが，この点に関連して本件では，原告保育園がすでに廃園となっていることから，まず初めに，原告が労働委員会の命令を取り消す原告適格を有しているかが問題となった。裁判所は原職復帰命令については実現不可能であるから取消しを求めることはできないが，他方で，原告が救済命令後の緊急命令により，労働者にすでにバックペイの支払いをしている点に着目し，救済命令が取り消されれば，原告保育園は保育士から当該支払い分を不当利得（民法708条）として返還してもらうことが可能である点で，保育園は，未だ救済命令を取り消す法律上の利益（行訴法9条）を有しているとした。

なお，本件では育児休業の延長等を理由とする被告保育士への解雇の適法性も争われている。この点につき裁判所が，当時の育児休業法に基づいて規定された原告保育園の育児休業制度について，法律上努力義務規定であっても，その許否は使用者の自由裁量に委ねられているわけではないと述べている点も注目に値する。

【事件のあらまし】

原告である私立西秦野保育園では，当時の育児休業法（昭和50年法律第62号）に基づく就業規則で，育児休業規定を設けていた。被告保育士はこの規定に基づき，休業延長もあり得るとしながら，当初は1か月半の休業を申請，取得し，その後，子どもの病気を理由に延長を申し出たが，拒否された。しかし，被告は休業を継続したため，これ等を理由として原告に解雇された。これに対して被告は，解雇が実質的には原告の組合活動等を嫌悪した不当労働行為であるとして神奈川県地方労働委員会（以下，地労委）に救済命令を求めた。地労委は昭和58年に不当労働行為を認定し，保育園側に原職復帰とバックペイ（約409万円）の支払いを命じた。なお，バックペイについては緊急命令の申立て（解説参照）が認容され（横浜地決昭58・10・3），すでに支払われている。その後，原告保育園は昭和61年に廃園となった。この様な状況に基づき原告保育園は，地労委による救済命令の取消しを求め，本件を提訴した。

裁判所の判断

■保育園（原告）の訴えを認め，労働委員会の救済命令の取消しを求める原告適格があるとした。

1　原告保育園は救済命令を取り消す原告適格を有するか

「本件命令のうち参加人の原職復帰を前提とする部分については西秦野保育園が廃園となれば救済の内容の実現は不可能であり原告としては本件命令に服しようがないから本件命令は拘束力を失ない，本件命令の取消を求める利益はないものというべきである。しかしながら，参加人は本件命令にかかる緊急命令により賃金相当額を受領していることは当事者間に争いがないところ，本件訴訟において本件命令が取り消され，その結果緊急命令が取り消されれば，原告が参加人に支払つた賃金相当額は法的根拠がなくなり，不当利得となり，原告は参加人に対しその返還を請求することができることになるので，右の限度において原告には本件命令の取消を求める利益がある。

右の点において本件命令の取消を求める利益がある以上，本件命令はその救済方法（主文第1ないし第3項）の数に関係なく1個の行政処分と解するを相当とするので，本件命令全体につきその取消を求める利益があるものというべきである。」

2　育児休業の延長の申し出等を理由とする解雇の適法性

「ところで，国及び地方公共団体の運営する社会福祉施設（以下「国公立の社会福祉施設」という。）の保母で，その1歳に満たない子を養育するものは，当該子の養育のため，任命権者に対し，育児休業の許可を申請することができ（育児休業法3条1項），任命権者は，右申請があつたときは，同法15条1項に規定する臨時的任用が著しく困難な事情がある場合を除き，育児休業の許可をしなければならない（同法3条2項）。すなわち，国公立の社会福祉施設で働く保母の申請する育児休業については法は任命権者に対し原則的許可を義務付けているのである。

一方，国公立の社会福祉施設以外の社会福祉施設（以下「私立の社会福祉施設」という。）に働く保母については，右施設の運営者は育児休業法に規定する育児休業の制度に準じて，保母の育児休業に関し「必要な措置を講ずるよう努めなければならない」とされている（同法17条）。すなわち，私立の社会福祉施設については，国公立の社会福祉施設とは異なり，育児休業の原則的許可を義務付けているわけではなく，育児休業に必要な措置を講ずる努力を義務付けているにすぎないのである。しかしながら，その努力目標は育児休業法に規定する育児休業制度に準じた措置でなければならないから，臨時的雇用が著しく困難な事情がある場合を除いて育児休業の申請を許可する措置が努力目標でなければならないと解するを相当とする。

〈証拠〉によれば本件就業規則（昭和54年10月1日施行）23条1項3号は「育児休業に関する法律に基づく申請があつた場合」に休職を命ずることがある旨規定しているが，右規定は育児休業法一七条にいう育児休業に必要な措置を講ずる努力義務に副つて制定されたものと認めることができ，右認定を覆すに足りる証拠はない。

したがつて，本件就業規則23条1項の「休職を命ずることがある」旨の規定も育児休業法の趣旨に則り解釈すべきであり，そうであれば，右条項は育児休業法の規定する育児休業制度に準じた制度を採用したものと認めるべきで，単に原告の自由裁量によつて育児休業の許否が決せられるものとは解することは困難であるといわざるを得ない。

したがつて，右就業規則23条に基づく育児休業の許否は原告の自由裁量によるとする原告の主張は採用し難く，本件命令が右規定の趣旨を『同法（育児休業法）第3条2項に準じて育児休業の申請があつたときは，臨時的任用が著しく困難な事情がある場合を除き，育児休業を許可するよう努めなければならない』と解したことは正当であつて，何ら違法はない。」

39 保育士に対する不当労働行為

◆株式会社ウィッシュ・神戸すくすく保育園事件◆

神戸地裁2005(平成17)年10月12日判決

裁判のポイント

保育士の組合活動への不当な介入について，使用者らの不法行為責任を問えるか。

解 説

不当労働行為とは，労働者の組合活動に対する使用者（雇用主のみならず，これと同視できる程度に基本的労働条件について支配決定できる地位にある者）による侵害行為を指す。このような侵害行為は，憲法28条に基づき労働者に保障されている団結権に反し，労働者が労働条件等につき使用者と対等な立場で団体交渉することを阻害するものである。それゆえ，労働組合法はこれを，法律によって禁じている。

主な禁止行為は，不利益取扱い，団体交渉拒否，支配介入（労組法７条）である。これらの行為があった場合，労働者は，労働委員会による行政的な救済（労組法27条以下）に基づき，たとえば，職場への復帰命令といった救済命令に基づく救済を受けることができる（労組法27条の12)。これに加えて不当労働行為は，私法上の公序違反でもあり，民法の不法行為に該当する場合，労働者は，判決に基づく司法救済を受けることができる。

本事案は，保育士による組合への加入等の組合活動に対する，雇用契約の更新拒絶（不利益取扱い），団体交渉拒否，組合からの脱退や不加入の勧告（支配介入）といった複数の不当労働行為につき，園長と使用者である法人の不法行為責任が争われた事案である。裁判所は，園長の組合活動に対する批難や組合脱退の働きかけにつき，保育士および組合に対する支配介入に当たるとして，不法行為の成立を認めた。同様に法人についても組合を忌避した契約更新拒絶や労務管理方法の変更（例えば面接の導入）が，不当労働行為に当たり，不法行為を構成するとした。加えて，副園長，専務による組合活動忌避行為につき，法人の使用者責任（民法715条）があると認定し，保育士，組合の双方に対して園長，法人が共同で損害賠償責任を負うと判断した。

【事件のあらまし】

被告，株式会社ウィッシュ・神戸は，西日本では初めての株式会社設立の認可保育園を2001(平成13)年から経営している。原告ら２名はそれぞれ平成13年および14年から，いずれも１年の契約で保育士として勤務していた。原告らは保育園の労働条件や保育条件に問題があり，それを，被告会社の代表取締役兼園長であるＡに指摘しても真摯に受け止めてもらえないことから，平成15年７月に原告組合の指導を受けて組合を結成した上で被告に通告し，同時に，団体交渉の申し入れも行った。その直後からＡは，組合活動を止めるように圧力をかける発言を繰り返し行うようになった。更に，団体交渉の申し入れに応じようとせず，第１回目が開催されたのは２か月後であった。なお，Ａは一度も交渉に出席せず，会社側として出席したＢ専務は不誠実な対応に終始した。

2004(平成16)年に新たな副園長Ｃが就任した。Ｃの意向により，初めて保育士らに対する雇用継続の意思確認と面接が行われた。その結果，原告らは雇用契約の更新を拒絶され，平成16年３月末日で雇用契約が終了する旨，通告された。原告らは理由の明示を求めて団体交渉の申し入れをしたが，充分な説明を受けることなく雇用契約終了の扱いを受けた。

これを受けて原告らは同年４月に地位保全等の仮処分の申立てを行い（後に，雇用契約が継続することになったため取り下げ)，６月に園長Ａならびに法人に対して不当労働行為，ならびに，人格権侵害による不法行為に基づく損害賠償を求めて本訴を提起した。

裁判所の判断

■保育士（原告）の訴えを認め，園長，法人の双方に損害賠償責任があるとした。

1　園長の保育士に対する不法行為責任

「被告Aは，原告甲野に対し，①平成15年7月23日，組合活動を辞めるよう圧力をかけ，②勤務シフト変更届の提出を命じた上，「組合のビラ配りのため」と自ら記載し，③原告甲野がガンであると非難」等を行った。「これらは，原告甲野が原告組合に加入し，分会を結成したことを理由とするものであり，労働組合の結成，運営に対する支配介入として，不当労働行為（労働組合法7条3号）に該当し，労働基本権を侵害するとともに，人格権を侵害するものであるから，民法709条の不法行為に当たる。」

2　被告会社の保育士に対する不法行為，使用者責任

「被告会社は，原告甲野に対し，①勤務シフト変更届に変更事由を記載した変更届を提出するよう扱いを変更し，②組合活動継続の意思を確認するため，従前行っていなかった契約更新のための面接等を行」った。「これらは，原告甲野の労働組合への加入を理由とする不利益取扱いであり，労働組合の結成，運営に対する支配介入であるから，いずれも不当労働行為（労働組合法7条1号，3号）に該当し，労働基本権を侵害するとともに，人格権を侵害するものであるから，民法44条1項（筆者注：現行法では削除）の不法行為に当たる。」

「C副園長及びB専務は，①面接において，組合活動継続の意思を確認する質問をし，職場に復帰した後も，②担任クラスを示さず，園児や他の保育士との接触を禁じ，組合活動を非難」する等の行為をした。「これらは，Y副園長及びE専務が被告会社の使用者として，職務を行うについてなされた労働組合の結成，運営に対する支配介入であり，いずれも不当労働行為（労働組合法7条3号）に該当する不法行為である。したがって，被告会社は，民法715条1項の使用者責任を負う。」

3　園長の組合に対する不法行為責任

「被告Aは，組合に対する悪感情から，①園の保育士に対して組合活動に関する誹謗中傷を行い，組合からの離脱を促すなどし，②シフト変更届の記載に関して原告甲野らに圧力を掛けたり，不採用をちらつかせて組合活動を辞めるよう強制し」た。「これらは，労働組合の結成，運営に対する支配介入として，不当労働行為（労働組合法7条3号）に該当し，原告組合の団結権を侵害するものであるから，原告組合に対する民法709条の不法行為に当たる。」

4　被告会社の組合に対する不法行為，使用者責任

「被告会社は，原告組合に対し，①勤務シフト変更届に変更事由を記載した変更届を提出するよう扱いを変更し，②平成15年7月15日に団体交渉の申入れを受けたにもかかわらず，同月（ママ）9月4日まで団体交渉に応じなかった上，B専務を責任者として出席させたものの，被告Aに了解を取らないと答えられないとし，③第2回団体交渉も同年11月11日まで先延ばしにし，④組合を排除するために面接を行った上，雇用契約の更新を拒絶」するなどした。「以上は，労働組合の結成，原告組合への加入を理由とする不利益取扱いであり，労働組合の結成，運営に対する支配介入，団体交渉の拒否ないし不誠実団交に当たるから，いずれも不当労働行為（労働組合法7条1号，2号，3号）に該当し，原告組合の団結権を侵害するもので，民法44条1項の不法行為に当たる。」

「また，C副園長及びB専務は，①面接において，組合活動継続の意思を確認する質問をし，原告ら3名が職場に復帰した後も，②担任クラスを示さず，園児や他の保育士との接触を禁じ，組合活動を非難し，③訴訟代理人や原告組合との関係を断つことを要求し」た。「これらは，C副園長及びB専務が被告会社の使用者として，職務を行うについてなされた労働組合の結成，運営に対する支配介入であり，いずれも原告組合に対する関係でも不当労働行為（労働組合法7条3号）に該当する不法行為である。したがって，被告会社は，民法715条1項の使用者責任を負う。」

40 基礎疾患を有する労働者の公務災害認定

◆神戸市立多聞台保育所事件◆

大阪高裁1987(昭和62)年9月16日判決

裁判のポイント

基礎疾患を有する労働者が就業中に傷病を発症した場合，業務起因性が認められるか。

解 説

労働者（公務員）が業務（公務）との間に相当因果関係のある負傷や疾病を負い，あるいは，これにより死亡した場合，労働者災害補償保険法（公務員の場合，国家公務員災害補償法，もしくは，地方公務員災害補償法）に基づき，治療費に対する療養（補償）給付や休業中の賃金を補填するための休業（補償）給付，遺族に対する遺族給付を受給できる。補償が受けられるか否かにとって重要なのは，いかなる場合に業務（公務）との相当因果関係が認められるかである。これについては，業務遂行性と業務起因性という判断基準が用いられている。このうち，業務遂行性は業務中，職場での休憩時間中，出張中など，労働者が使用者の支配下にある場合に認められる。一方，業務起因性は，業務遂行中の労働者につき，本人による私的逸脱行為（例えばけんか）や，規律違反（例えば飲酒）あるいは，自然災害によるものでない場合等に認められる。

本件は，公務員である保母の死亡について，業務起因性が問題となった事案である。すなわち，死亡した保母は業務従事中に突然死したが，死因が，保母がもともと有していた基礎疾患（高血圧・脳動脈瘤）に起因し得る脳動脈瘤破裂であったことから，業務起因性が問題となった。本件のように，死因である脳・心臓疾患について，労働者が以前より基礎疾患を有している場合，業務起因性が認められるためには，行政解釈上次のような見解が示されている。すなわち「業務による明らかな過重負荷が加わることによって，血管病変等がその自然超過を超えて著しく増悪し，脳，心臓疾患が発症する場合があり，そのような経過をたどり発症した脳・心臓疾患は，その発症に当たって，業務が相対的に有力な原因であると判断し，業務に起因することの明らかな疾病として取り扱うものである」（平成22年5月7日基発0507第3号）。それゆえ，基礎疾患が一因となる場合であっても，長時間労働や精神的緊張等による加重負担により疾患が急激に悪化し発症した場合は，業務起因性が認められることになる。ちなみに近時の裁判例では，業務が疾患発症の相対的に有力な原因かを問わず，総合的な判断に基づき業務起因性を認めるものもある（例えば横浜南労基署長事件：最判平12・7・17労働判例785号）。

この点につき原審は，保母の基礎疾患が自然発生的に悪化する状態ではなかったことを認定した上で，勤務状況や倒れる直前の精神的負担が相当なものであり，それが動脈瘤破裂を誘発したとして業務起因性を認めた。一方本判決は，業務起因性を厳格に判断し，これを否定している。

【事件のあらまし】

訴外A（死亡時32歳）は神戸市立多聞台保育所に保母（当時）として勤務していた。Aは在職中の健康診断等で大きな問題もなく，定期的な頭痛症状はあったが病院等の受診もしていなかった。死亡当時Aは2歳児を担当し，他の保育士同様の勤務状況にあった。なお，Aは内向的でやや神経質であり，オルガンの技量にかなり悩んでいた。発症当日，Aはオルガンを弾きリズム合奏を行う事になっていた。合奏開始直前，所長が見学者を連れて保育室に入ってきた。その中でAは子ども達と合奏を始めたが，2回目の演奏開始後突然後ろに倒れ，脳動脈瘤破裂くも幕下出血により死亡した。

Ａの遺族である原告（当初は父，父死亡により後に兄が承継）は，Ａの死亡を公務上のものとして公務災害認定を請求したが，被告地労災公務災害補償基金神戸支部長が公務外認定をしたため，行政不服審査の棄却を経た上で本件取消訴訟を提起した。原審（神戸地判昭61・11・26判タ638号）は公務外認定の取消を認めたため，基金側が控訴した。

裁判所の判断

■原判決を取り消し，訴外Ａの死亡に公務起因性が認められないとした。

1　公務災害の認定要件について

「地方公務員災害補償法31条に定める「職員が公務上死亡した場合」とは，職員が公務に基づく負傷又は疾病に起因して死亡した場合をいい，公務と右負傷又は疾病との間に相当因果関係のあることが必要であり，単に右職員が公務の遂行時又はその機会に死亡したような場合は含まれないものと解するのが相当である（最高裁昭和51年11月12日第二小法廷判決・判例時報837号34頁参照）。そして，右の相当因果関係があるというためには，（中略）経験法則に照らして，当該公務遂行自体に当該負傷又は疾病を発生させ死に至らしめる蓋然性又は危険性があつたものと認められることを要する。もつとも，右死亡が公務遂行を唯一の原因とする場合に限らないのであつて，被災職員に特定の疾病に罹患し易い病的素因や基礎疾病がある場合にも，公務の遂行によつて過度の精神的，肉体的緊張又は負担を来たし，これにより右病的素因を刺激して発病させ，又は基礎疾病を急激に増悪させ，その結果，死に至らしめたような場合には，右相当因果関係が肯定され，公務上の死亡と認められるものと解するのが相当である。」

2　訴外Ａの死亡の公務起因性について

「Ａには，脳動脈瘤の存在という基礎疾病があり，これが破裂したことが直接の死因となつたものであるところ，（中略）本件においては，「一時的な血圧の上昇」により右破裂が生じたものと推認せざるを得ない。」「そこで，次に，Ａの前記高血圧症と右血圧上昇との関係について検討するに」「Ａは軽度であるが，高血圧症と認められること，（中略）動脈硬化があまり考えられない40歳以前の若年者では，特に高血圧が破裂の有力因子となつていること，本件の場合，Ａは先天的に血管壁に問題があり脳動脈瘤を生じたところ，前記のとおり軽度であるが境界域高血圧により脳動脈瘤は破裂しやすい状態にあつたことが認められる。」また，「同女の前記勤務状況，勤務内容を他の同僚保母と比較しても，同女のみが特に過重であつたものとは認められないし，一般的基準からみても，これが右基準に違反し特に過重な労働であつたものとは認められない。したがつて，疲労自体が動脈瘤の悪化又は破裂にどのように影響するかについては明らかではないが，仮に全く無関係でないとしても，少くとも右破裂が公務に基づく疲労による悪化であるものと認めることはできない。」次に，証拠によれば訴外Ａのオルガン演奏中に見学者がいなければ死亡を避け得たとの記述があるが「Ａにとつて，見学者の見守る中での保育業務は始めてのことではなく，相当の経験を積んできており，当日の見学についても所長から予め知らされていたものであり，その保育内容も（中略）通常の保育内容であるから，Ａにとつて特に精神的負担が大きかつたものとは認められない。」たしかに，「見学者に後方から見学されることによつてＡが多少の精神的緊張下にあつたことは否定できないが，（中略）これが極端な精神的緊張下におかれたものとは到底認め難い。さらに，（中略）精神的緊張を原因として右動脈瘤が破裂する可能性は一般的に極めて低いことが明らかである。よつて，Ａに急激な精神的緊張が襲い，これが原因となつて脳動脈瘤が破裂したとする前掲各証拠の供述又は記載はいずれもにわかに採用し難く，結局，以上の認定事実を総合すると，Ａの死因については，基礎疾病である脳動脈瘤が高血圧症と共に徐々に悪化し，これが自然発生的に増悪した結果，これが破裂するに至つた可能性が大であると認めるのが相当である。」

41 保育士業務による頸肩腕症候群の発症と安全配慮義務

◆横浜市立保育園事件◆

最高裁1997（平成９）年11月28日判決

裁判のポイント

頸肩腕症候群と保育士業務との相当因果関係の有無。

解 説

労働者（職員）が業務と相当因果関係のある疾病を発症する等した場合，労災保険法（国家・地方公務員災害補償法）に基づく給付がなされると，その補償の限度で使用者は労基法上の補償や民事上の損害賠償等の責任を免れる（労基法84条，国家公務員災害補償法５条など参照）。他方で，これらの補償の対象外となる慰謝料，あるいは，その補償の限度を超える額について，労働者や遺族は，別途，使用者に民法に基づく損害賠償請求ができる。本件は，頸肩腕症候群を発症した保育士が，地方公務員災害補償法に基づく補償請求を棄却される一方で，使用者に安全配慮義務違反に基づく民事上の損害賠償請求（慰謝料請求）を行った事案である。

頸肩腕症候群とは，腕や手を過度に使用したことで炎症を起こしたり，異常をきたした状態を指し，労災保険の認定に際しては上肢障害と総称されている。労災給付の判断基準が民事の損害賠償請求の判断基準に直ちに妥当するわけではないが，裁判例においてはこれが斟酌される場合が少なからず存在する。労災給付における現在の行政解釈基準（平成９年２月３日基発第65号）では，上肢障害を発症し得る作業の中に保育が含まれているため，特段の事情のない限り，業務起因性が推定されやすい。しかし，本件提起当時は，保育が認定基準に含まれておらず，個別的に，業務と発症との相当因果関係が判断されていた。

この点，第一審（横浜地判平１・５・23労働判例540号35頁）は，保母業務はその特質上，頸肩腕症候群を発症する蓋然性が高いとした上で，原告の具体的な保母業務と頸肩腕症候群の発症，増悪との間にも相当因果関係があるとして損害賠償請求を認容した。一方，高裁（平成５・１・27労働判例625号）は，当時の労災保険法上の認定基準（昭和50年２月５日基発第59号）を斟酌した上で，民事の損害賠償請求における相当因果関係の判断において，労災の認定基準がそのまま妥当するわけではないとしつつも，保母業務一般に頸肩腕症候群が生じる職種とは言い難いく，原告の具体的な業務状況から見ても，保育が頸肩腕症候群発症の相対的に有力な原因とまでは言えないとして，原告の損害賠償請求を認容した地裁判決を取消した。

最高裁は，民事訴訟においては因果関係を判断するに際して，直接的な証明ができない場合であっても，間接的な事実に基づき総合的に高度の蓋然性をもって推認することが可能であるという先例の考え方に依拠した上で（「裁判所の判断」１参照），当時の行政解釈に言及することなく，保育業務一般に頸肩腕症候群を発症する作業が多く，発症者が多数存在していること，原告の症状の推移等からすれば，業務と発症との間に因果関係を認め得る高度の蓋然性があると認定し，これを否定した高裁判決を破棄した上で差し戻した。本件は，保育士業務が一般的に頸肩腕症候群を発症する蓋然性が高い職種であることを，最高裁が認定した点で，意義を有する判決と言える。

【事件のあらまし】

原告は被告市の経営する保育園で保母（当時）として勤務していたが，勤務開始３年目頃から肩，背中，右腕などに痛みを感じるようになった。原告はその後同市の別の保育園に転勤し，主任保母として業務にあたっていた。この保育園で休暇中の調理師に代わって調理業務中，右背中に激痛を感じたため病院を受診したところ，頸肩腕症候群と診断された。その後も原告の業務の軽減はなく，症状も継続したことから，原告は被告市に対して安全配慮義務違反により頸肩腕症候群を発症させたとして慰謝料を求め，本訴を提起した（なお，上告審までに至る訴訟の経緯に関しては，解説を参照）。

裁判所の判断

■保育業務と頸肩腕症候群発症との間に相当因果関係と認め，原審を破棄，差戻しした。

1　民事訴訟の因果関係の立証について

「訴訟上の因果関係の立証は，一点の疑義も許されない自然科学的証明ではなく，経験則に照らして全証拠を総合検討し，特定の事実が特定の結果を招来した関係を是認し得る高度の蓋然性を証明することであり，その判定は，通常人が疑いを差し挟まない程度に真実性の確信を持ち得るものであることを必要とし，かつ，それで足りるものである（最高裁昭和48年(オ)第517号同50年10月24日第二小法廷判決・民集29巻9号1417頁参照)。」

2　保母の保育業務と頸肩腕症候群の因果関係について

「これを本件についてみると，前記事実関係によれば，保母の保育業務は，長時間にわたり同一の動作を反復したり，同一の姿勢を保持することを強いられるものではなく，作業ごとに態様は異なるものの，間断なく行われるそれぞれの作業が，精神的緊張を伴い，肉体的にも疲労度の高いものであり，乳幼児の抱き上げなどで上肢を使用することが多く，不自然な姿勢で他律的に上肢，頸肩腕部等の瞬発的な筋力を要する作業も多いといった態様のものであるから，上肢，頸肩腕部等にかなりの負担のかかる状態で行う作業に当たることは明らかというべきである。事実，頸肩腕症候群による労災補償の認定を受けた保母も相当数いるという状況がある。原判決の説示する上告人の具体的業務態様をみても，保母一人当たりの園児数等は児童福祉施設最低基準に違反するものではなく，通常の保母の業務に比べて格別負担が重かったという特異な事情があったとまでは認められないとはいえ，その負担の程度が軽いものということはできない。」

3　原告の保育業務と頸肩腕症候群発症の因果関係の有無

「また，上告人の症状は，長津田保育園で勤務し始めて３年目で，長女を出産するよりも前である昭和45年９月に，肩や背中の痛みといった前駆的症状が現われ，その後，長女を出産した約10箇月後である昭和47年４月ころから，慢性的肩凝り，右腕，右肘の筋肉の痛みという形で顕在化した。上告人は，その状態のまま，新設の山手保育園に主任保母として着任し，同僚のほとんどは新任保母であるという状況の中で入園式や保育開始準備に集中的に当たり，その間，10日程度の短期間とはいえ，精神的，身体的に負担が大きかった上，１，２歳児６名を１人で担当することとなり，このころも肩凝り，腕のだるさ等の自覚症状があったところ，夏季合同保育期間中であった同年８月に調理員が休暇を取った７日間は，１日平均約12.4名分の調理を担当するなどしており，その調理作業中に右背中に激痛を感じたというのである。そして，その後，同年９月４日にＳ病院で診察を受けて頸肩腕症候群と診断され，通院を開始した。上告人は，この間，必ずしも十分な休憩，休暇を取得することができなかったこともうかがわれる。その後も，同僚保母の長期欠勤のため合同保育に当たるなど，上告人の業務負担が重くなったことはあっても軽減されることはなく，上告人の症状も若干の起伏を伴いながら続いた。

こうした上告人の症状の推移と業務との対応関係，業務の性質・内容等に照らして考えると，上告人の保母としての業務と頸肩腕症候群の発症ないし増悪との間に因果関係を是認し得る高度の蓋然性を認めるに足りる事情があるものということができ，他に明らかにその原因となった要因が認められない以上，経験則上，この間に因果関係を肯定するのが相当であると解される。」

42 化学物質過敏症（シックハウス症候群）と公務災害認定

◆大阪市立保育所保育士事件◆

大阪地裁2012(平成24)年６月11日判決

裁判のポイント

法令上，例示列挙されていない業務上疾病の業務起因性についての主張立証責任。

解 説

労災（公務災害）給付の対象となり得る「業務上の疾病」については，労働基準法75条２項に基づき，厚生労働省令，すなわち，労働基準法施行規則35条で別表第１の２に掲げる疾病とすると規定されている（なお，地方公務員に関しては，地方公務員災害補償法施行規則１条の２に基づく別表で，ほぼ同様の疾病が例示されている）。これを受けて別表では，特定の業務に従事することで当該業務に起因して発症し得ることが医学経験則上一般的に認められている疾病を，例示列挙している。

これら別表で例示列挙されている疾病は，労働者が特定の業務に従事していて罹患した場合，特段の事情がない限り業務起因性が推定される。一方，これに該当しない場合も，別表１の２第11（地方公務員の場合別表１の第10）等の「業務に起因することの明らかな疾病」に該当すれば，業務起因性が認定される。ただしその場合，例示列挙されている疾病と異なり業務起因性の推定が働かないため，労働者側で業務との相当因果関係を具体的に主張立証すべきとされる。

本件では，保育所の工事に伴い，いわゆる，シックハウス症候群に罹患した公立保育所保育士の公務災害認定が争われている。シックハウス症候群は，診断基準や鑑別基準が必ずしも明確ではなく，原因と疾病との因果関係も証明されているとは言い難い。また，別表で例示列挙されている疾病にも直接的には該当しないことから，相当因果関係の立証に困難が伴う疾病である。裁判例の中には「化学物質過敏症の存在は肯定され，これについて個別事実関係を踏まえて認定することは可能である」とした上で，これを初めて定義した「石川基準」に該当する場合罹患している可能性が高いと考えられ，さらに，それ以外の検査結果や具体的経過等を総合して認定すべきという基準を示し，工場内で有機溶剤に暴露したことでシックハウス症候群を発症した労働者への労災給付を認めたものがある（広島高岡山支判平23・３・31労働判例1036号）。一方，本件は，相当因果関係の立証責任を原告が負うことを前提に，原告の職場で指針値を超える化学物質が測定されたからと言って，直ちにその職場環境が疾病を発症させる現実的危険を生じさせるものと推認することはできず，また，原告以外に同様の症状を呈した者がいないことからすれば，平均的な労働者に何らかの疾病を発症させる程度の危険性はなかったなどとして，公務起因性を否定している。本件は，別表に例示列挙されていない疾患の認定請求の困難さを示すとともに，原告の性格やアレルギーといった個人的特性を相当程度斟酌し，個人差が大きいと考えられる疾病について「平均的な労働者」が罹患するか否かを判断基準としたことで，公務起因性が否定される結果になっている。

【事件のあらまし】

原告は1995（平成７）年から2011（平成23）年６月まで大阪市職員の保育士として勤務していた。2004年に原告の勤務する保育園で改修工事が行われた際，咳や頭痛といった症状が繰り返し出たため，異動を希望した。その後別の保育園に異動し支障なく勤務をしていたが，この保育園でも工事が行われ，再び咳，頭痛等の症状が出たため病院を受診したところ，2005年にシックハウス症候群との診断をされた。その後原告は，およそ3年の休職期間を経て，本件提訴後退職している。このような状況下で原告が，保育園での工事によりシックハウス症候群を発症したとして公務災害認定を請求したところ，被告である処分行政庁がこれを認めなかったため，公務外認定処分の取消しを求めて本訴を提起した。

裁判所の判断

■保育士（原告）の訴えを棄却し，化学物質過敏症の公務起因性を否定した。

1　公務起因性の判断基準

地公災法に基づく地方公務員災害補償制度は，公務に内在又は随伴する危険が現実化して労働者に災害をもたらした場合に，使用者に過失がなくとも，使用者がその危険を負担して労働者が被った損失の填補をさせるべきであるとする危険責任の法理に基づくものである。同制度の趣旨を踏まえると，災害が公務に起因して発生したといえるためには，単に当該公務と災害との間に条件関係が存在するだけではなく，社会通念上，公務に内在する危険の現実化として災害が発生・増悪したといい得ること，すなわち相当因果関係のあることが必要と解するのが相当である。」「化学物質過敏症については，そのような病態の存在自体に争いがあるものの，仮に原告が同疾病に罹患していることが認められるとしても，上記で述べたことからすれば，公務が本件疾病の発症の単なる引き金になったというだけでは足りず，公務が他の原因と比較して相対的に発症の有力な原因となったといえる場合でなければならない。」

2　原告のシックハウス症候群の公務起因性

「原告が当時勤務していた長橋第5保育所においては，改装工事後の2階で，（中略）工事期間中を含む3か月以上にわたって，指針値を上回る室内濃度のトルエンが存在したことが推認される。しかし，そもそもその指針値とは，「現状において入手可能な科学的知見に基づき，人がその化学物質に示された濃度以上の暴露を一生涯受けたとしても，健康への有害な影響を受けないであろうとの判断により設定された値」であって，常時曝露されていることを前提にした環境規制値にすぎない。したがって，原告が常時勤務している部屋とは別の階の工事中の部屋のトルエンの室内濃度が上記指針値を大幅に上回ったからといって，そのことから直ちに，当該職場環境が，本件疾病を発症させる現実的危険を生じさせるに足りるものであったと推認することはできない。なお，原告は，トルエンの室内濃度が指針値を下回っていれば絶対に安全であるとはいえないと主張するが，職場環境と本件疾病の発症との間に相当因果関係が存在することは原告が主張立証しなければならないのであって，失当である。」（中略）「確かに，長橋第5保育所で原告と同じように勤務していた他の職員の中には，眼が赤くなったり，気分が悪くなったり，頭痛を起こした者がいたことは認められるものの，休暇を取るまでの必要がない状態に止まっていたものであり，ましてや職員や児童に，原告と同様の疾病と評価することも可能な症状を呈した者がいないことが認められ，少なくとも同保育所での就労場所でのトルエン等の化学物質の室内濃度が，平均的な労働者に何らかの疾病を発症させる程度の危険性を有していなかったことを裏付けている。」

「原告が発症後に受けた検査結果においては，ハウスダストやダニに対するアレルギー反応が認められており」医師が指摘するとおり，「本件の症状についてもアレルギーによる可能性を排除するだけの根拠は見当たらない。また，原告は，会議や行事の開催中や終了後に，しばしば胃痙攣を起こしたり咳き込んだりしていることからは，ストレス性の反応を疑う余地もあり，アレルギーや性格といった原告固有の要素が発症の原因である可能性も完全には否定できないというべきである。」

「以上のとおり，原告が長橋第5保育所や天下茶屋保育所で曝露した可能性が認められるトルエンの濃度に加え，原告の症状がアレルギー等の体質や性格等の原告固有の要素に起因する可能性も認められること等の諸事情に照らすと，社会通念上，これらの保育所における公務に，シックハウス症候群や化学物質過敏症を発症させる危険性があるとまでは評価することができず，原告の症状の発現や増悪に関して公務起因性を肯定することはできない。」

43 入所児への児童ポルノ法違反および強制わいせつ（刑事事件）

◆社会福祉法人C保育園事件◆

富山地裁2012（平成24）年10月11日判決

裁判のポイント

1．身体測定時に撮影した動画は「児童ポルノ」か。 2．強制わいせつ罪となるか。

解 説

1999（平成11）年に制定された「児童売春，児童ポルノに係る行為等の規制及び処罰並びに児童の保護等に関する法律（以下，児童ポルノ法）」は，児童に対する性的搾取及び性的虐待に係る行為を規制し，被害を受けた児童の保護を行うことで児童の権利を擁護することを目的としている。本件は，保育士が保育園での身体測定の際に児童を上半身裸にした上で撮影した動画データにつき，1－①，児童ポルノ法2条3項3号の「性欲を興奮させ又は刺激するもの」であり，同法で製造や所持が禁じられている「児童ポルノ」に該当するか否か，1－②，被告人が児童に児童ポルノに該当するような「姿態をとらせ」これを電子データ化したことが，児童ポルノ法7条2項の処罰の対象となるか，ならびに，2，被告人が保育園で4歳児に対してわいせつな行為を行ったことが刑法176条後段の「13歳未満の男女に対し，わいせつな行為をした」ことにあたり，強制わいせつ罪になるか，の2点が論点となっている。

このうち2の強制わいせつ罪の成否について，裁判所は認定事実に基づき，これを認めている。一方，1の児童ポルノ法違反に関しては，被告人弁護士が，本件動画データは「児童ポルノ」に該当せず，被告人が児童に服を脱ぐよう指示したのは，身体測定のためで，撮影のためではなかったのであるから，児童ポルノ法7条3項（筆者注，現4項）の「姿態をとらせ」に該当しないと述べ，争う姿勢を見せた。これに対して裁判所は，児童ポルノ法における「児童ポルノ」とは，刑法上のわいせつ物よりも処罰の対象がかなり広範であると述べた上で，本件動画の構図は扇情的なものではないが，撮影の必然性や合理性はなく，一定程度性欲を興奮させ又は刺激するものであるとして「児童ポルノ」該当性を認めた（判断1参照）。

次に，保育士が児童に「姿態をとらせ」たか否かについて裁判所は，児童ポルノ法7条3項の「姿態をとらせ」とは強制によることを要しないとした上で，児童が保育士の指示に従って衣服を脱いだことによりこれを認め，さらに，指示の時点で児童ポルノを製造する意図があったとした上で，身体測定という業務目的が併存していたことをもって「姿態をとらせ」の要件を充たさないことにはならないと述べている（判断2参照）。

動画や写真が処罰の対象になるか否かについては，国民の表現の自由への侵害を考慮に入れる必要があるが，「児童ポルノ」に関しては児童の権利擁護という保護法益に基づき，その対象範囲が広くなることがすでにこれ以前の裁判例（京都地判平12・7・17判タ1064号）でも示されている。なお，類似の事件としては，医師が診察時に女児を盗撮した事案で，衣服をずらした行為については正当な診療行為であったことを否定できないとして，盗撮行為のみを処罰の対象としたものがある（広島高判平23・5・26判例集未登載，LEX25471443）。

【事件のあらまし】

被告人は，勤務していた社会福祉法人が経営する保育園の園児であるA（当時6歳）が，18歳に満たない児童であることを知りながら，身体測定をするから服を脱ぐよう指示し，上半身裸の姿態をとらせた上で，デジタルカメラで動画を撮影保存した行為が，児童ポルノ法7条4項により処罰の対象となる「児童ポルノを製造した」ことに当たり，また，別の園児B（当時4歳）に対して保育園で身体を触ったことが，刑法176条の強制わいせつ罪に当たるとして起訴された。

裁判所の判断

■判決（有罪，懲役2年4月）

1　被告人の撮影した動画データが「児童ポルノ」にあたるか

「児童ポルノ法2条3項3号にいう児童ポルノとは，〔1〕「衣服の全部又は一部を着けない児童の姿態」であって，〔2〕「性欲を興奮させ又は刺激するもの」を，〔3〕視覚により認識することができる方法により，〔4〕写真，電磁的記録に係る記録媒体その他の物に描写したものをいう。本件では，〔1〕，〔3〕及び〔4〕の要件を満たすことは証拠上明らかであるが，前述のとおり，本件動画データに描写されたBの姿態が〔2〕「性欲を興奮させ又は刺激するもの」に当たるかが争われている。そこで，まず，〔2〕「性欲を興奮させ又は刺激するもの」の意味内容について検討する。

児童ポルノ法が児童ポルノの販売・製造等児童ポルノに係る行為を禁止している趣旨・目的は，これらの行為は児童に対する性的搾取及び性的虐待であり，対象となった児童の心身に有害な影響を与え，児童の権利を著しく侵害するからである（児童ポルノ法1条参照）。このように，児童の権利を保護することの重要性にかんがみて，児童ポルノ法は，刑法におけるわいせつの定義（徒らに性欲を興奮又は刺激せしめ，かつ，普通人の正常な性的羞恥心を害し，善良な性的道義観念に反するもの。最高裁昭和32年3月13日大法廷判決・刑集11巻3号997頁参照）とは異なる観点から処罰の対象を定め，性欲を興奮させ又は刺激する点は必要であるが，「徒らに」ないし過度に興奮させ又は刺激することまでは不要とし，かつ，普通人の正常な性的羞恥心を害するものであることや，善良な性的道義観念に反するものであることも要しないとし，刑法のわいせつ物や図画などよりもかなり広範に処罰の対象としたものと考えられる。」（中略）「そして，「性欲を興奮させ又は刺激するもの」に当たるかの判断方法としては，児童の裸体等に特に過敏に反応する者を基準として判断したのでは処罰範囲が過度に拡大してしまうことから，一般人を基準に，姿態，場面，周囲の状況，構図等を総合的に考慮して判断するのが相当である。

本件動画データには，保育園児である当時6歳のBが上半身に衣服を身に付けず，乳首を露出し，下半身にはパンツしか身に付けない状態で体重及び身長を測定されている姿態が，ごく近距離から描写されて」いる。「Aは特段扇情的なポーズをとっておらず，動画の構図としては，Aの性器等を強調するものにはなっていない」が，「本件動画データに描写されたAの姿態は，（中略）一般人をして，徒らにないし過度に性欲を興奮させ又は刺激するとまではいえないものの，一定程度性欲を興奮させ又は刺激するものであるというべきであり，「性欲を興奮させ又は刺激するもの」に当たると解する。」

2　被告人がAに上半身裸の「姿態をとらせ」たか

「児童ポルノ法7条3項の「姿態をとらせ」とは，行為者の言動等により，当該児童が当該姿態をとるに至ったことをいい，強制によることを要しないと解される。（中略）平成23年12月14日の朝，b組の身体測定が同日行われることに決定した。被告人は，同人所有のデジタルカメラを首から提げ，上着の内側にしまった状態で，b組の身体測定に臨んだ。（中略）被告人は，園児に対し，「みんな身体計測するから，服脱いで。」と申し向け，」た。「被告人の上記指示に従って，Aを含むb組の児童が上半身の衣服を脱ぎ，下半身はパンツのみを身に付けた格好になり，身長計と体重計の側に一列に並んだ。（中略）Aの測定の順番になり，被告人は，同人を動画で撮影しようと考え，首から提げていたデジタルカメラを衣服の内側から出し，ボタンを押して，デジタルカメラのレンズが同人の方を向くようにして，」「眼前の同人の動画撮影を開始した。（中略）被告人は，Aの身体測定が終了すると，すぐにデジタルカメラの録画停止ボタンを押して動画撮影を中止した。」ことからすれば，「Aは，被告人の「身体計測するから，服脱いで。」という指示に従って上半身の衣服を脱ぎ，乳首を露出した姿態をとるに至ったのであるから，被告人が，外形的に，同人に，上半身に衣服を身に付けず，乳首を露出した「姿態をとらせ」たと認められる。」

「次に，被告人がAを含むb組の園児に対して「みんな身体計測するから，服脱いで。」と指示した時点で，被告人に児童ポルノを製造する目的があったかについて検討する」と，「被告人は，本件身体測定に臨むにあたり，同人所有のデジタルカメラを首にかけ，上着の内側に入れており，このことは，被告人が当初から身体測定の機会を利用して女児の裸を撮影する目的があったことを一定程度推認させる。」また，「被告人は，幼い女の子に性的な興味があり，本件以前に，本件保育園外で盗撮をしたことがあることに加え，本件保育園内でも，担任を務めていたb組の中で，Aとともに性的魅力を覚えていたもう1人の女児に対し，陰部をさわったりしたことがあったばかりか，本件犯行の前月に，振替えの身体測定にかこつけて全裸にして写真を撮影したことがあったことからすれば，被告人には，身体測定の機会を利用してb組の女児の裸を撮影する具体的な動機・性向があったと認められる。この点につき，被告人は，捜査段階において，本件保育園で仕事をしているときは，心の中で，チャンスがあればかわいい女の子の裸を撮りたいと思っていた旨供述し，女児の裸を撮影する動機があったことを否定しておらず，」「公判においても，「みんな身体計測するから，服脱いで。」と園児に申し向けた時点では女児の裸を撮影しようという確定的な気持ちはなかったものの，女児の裸を撮影したいという気持ちはいつもどこかにあり，条件がそろえば女児の裸を撮影しようという気持ちはあった旨供述しており，「みんな身体計測するから，服脱いで。」と申し向けた時点で女児の裸を撮影する目的があったことを否定していない。

以上からすれば，被告人は，身体測定をする意図に加え，女児の裸を撮影する目的で上記「みんな身体計測するから，服脱いで。」という言動をしたと認められる。さらに，前記認定事実のとおり，被告人が本件当時b組で性的魅力を覚えていたのはBを含め2名のみであったことからすれば，Bは被告人が撮影したいと考えていた対象に含まれていたと認められる。したがって，被告人は児童ポルノを製造する目的でBに上記姿態をとらせたということができ，児童ポルノ製造の目的で「姿態をとらせ」ることの要否にかかわらず，本件において「姿態をとらせ」という要件を満たすことは明らかである。

なお，弁護人は，被告人がBに脱衣を指示したのは本件保育園の職員による協議によって決められた身体測定の業務を行うためであり，撮影目的ではなかった旨主張する。しかし，被告人が上記指示をした時点で女児を撮影する目的があったことは前記認定のとおりであり，身体測定の業務を行う目的が併存したことをもって「姿態をとらせ」の要件を満たさないということにはならないから，弁護人の主張は採用できない。」

◆児童ポルノ法

（児童ポルノ所持，提供等）

第7条 ① 自己の性的好奇心を満たす目的で，児童ポルノを所持した者（自己の意思に基づいて所持するに至った者であり，かつ，当該者であることが明らかに認められる者に限る。）は，1年以下の懲役又は百万円以下の罰金に処する。自己の性的好奇心を満たす目的で，第2条第3項各号のいずれかに掲げる児童の姿態を視覚により認識することができる方法により描写した情報を記録した電磁的記録を保管した者（自己の意思に基づいて保管するに至った者であり，かつ，当該者であることが明らかに認められる者に限る。）も，同様とする。

② 児童ポルノを提供した者は，3年以下の懲役又は300万円以下の罰金に処する。電気通信回線を通じて第2条第3項各号のいずれかに掲げる児童の姿態を視覚により認識することができる方法により描写した情報を記録した電磁的記録その他の記録を提供した者も，同様とする。

③ 前項に掲げる行為の目的で，児童ポルノを製造し，所持し，運搬し，本邦に輸入し，又は本邦から輸出した者も，同項と同様とする。同項に掲げる行為の目的で，同項の電磁的記録を保管した者も，同様とする。

④ 前項に規定するもののほか，児童に第2条第3項各号のいずれかに掲げる姿態をとらせ，これを写真，電磁的記録に係る記録媒体その他の物に描写することにより，当該児童に係る児童ポルノを製造した者も，第2項と同様とする。

⑤ 前2項に規定するもののほか，ひそかに第2条第3項各号のいずれかに掲げる児童の姿態を写真，電磁的記録に係る記録媒体その他の物に描写することにより，当該児童に係る児童ポルノを製造した者も，第2項と同様とする。

⑥ 児童ポルノを不特定若しくは多数の者に提供し，又は公然と陳列した者は，5年以下の懲役若しくは500万円以下の罰金に処し，又はこれを併科する。電気通信回線を通じて第2条第3項各号のいずれかに掲げる児童の姿態を視覚により認識することができる方法により描写した情報を記録した電磁的記録その他の記録を不特定又は多数の者に提供した者も，同様とする。

⑦ 前項に掲げる行為の目的で，児童ポルノを製造し，所持し，運搬し，本邦に輸入し，又は本邦から輸出した者も，同項と同様とする。同項に掲げる行為の目的で，同項の電磁的記録を保管した者も，同様とする。

⑧ 第6項に掲げる行為の目的で，児童ポルノを外国に輸入し，又は外国から輸出した日本国民も，同項と同様とする。

◆刑　法

（強制わいせつ）

第176条　13歳以上の男女に対し，暴行又は脅迫を用いてわいせつな行為をした者は，6月以上10年以下の懲役に処する。13歳未満の男女に対し，わいせつな行為をした者も，同様とする。

5 その他

小解説

保育所に関するその他の事案としては，保育所に隣接する土地にマンションが建設されたことに起因して入所児童の日照権侵害が争われた〔判例44〕，児童福祉法の旧規定（1993年当初）による保育料賦課決定の取消訴訟〔判例45〕，平成18年改正前の児童福祉法の下での，保育所整備費用に対する国庫負担の範囲について司法判断が求められた〔判例46〕，給食の外部搬入を認める特区認定に対する取消訴訟提起の可否が争われた〔判例47〕，民間保育所に対する市からの公金支出の適法性が住民訴訟として争われた〔判例48〕を挙げている。

44 マンション建設による保育園庭の日照の侵害

◆建物の一部撤去および損害賠償請求事件◆

名古屋地裁1976（昭和51）年９月３日判決

裁判のポイント

近隣の建物により日照権侵害が生じた場合の法的解決。

解 説

保育所に隣接する場所に中高層の建物が建設された場合，園庭や園舎への日照が阻害されることがある。このような場合，保育時間中に十分な日照を得ることができなくなる利用者らが，建築の差し止めや建物の撤去を求めることが可能か，あるいは，損害賠償を請求できるかが問題となる。ここではまず第１に，そもそも日照権のような法的権利が認められるかが問題となるが，最高裁は，日照や通風も快適な生活に必要な法的利益であることを認め，これらに対する侵害が相手方の受忍限度を超えた場合は，損害賠償の対象となり得るとしている（最判昭和47年６月27日民集26巻５号）。また，いかなる場合に受忍限度を超えるかを判断する基準としては，①被害の程度，②地域性，③加害回避可能性，④被害回避可能性，⑤建物の用途，⑥先住関係，⑦公的規制違反の有無，⑧交渉過程が重要であるとされている。ちなみに，昭和52年以降，建築基準法には，日陰時間に応じた建物の高さ制限規定が置かれているが（56条の２），仮に建築基準法に適合していたとしても，受忍限度を超える日照権侵害が生じていれば，建築の差し止め等が認められる場合がある（裁判例として，東京地判平成16年２月20日判例タイムズ1176号）。

本判決では，反対運動にもかかわらず保育園の隣接地に建設された４階建てのマンションによって，４時間あまりにわたり，屋外遊び場の半分以上に日陰部分が生じるという日照権侵害に対して，建設された建物の一部撤去と慰謝料を求める損害賠償が請求されている。裁判所は，園児らが環境権あるいは人格権に基づき，日照権侵害に対する法的請求権を有するとして原告適格を認めると同時に，保育における十分な日照の下での屋外遊びの重要性を認めた。その上で本件においては，日照権侵害の程度が大きいこと，加害回避可能性があったこと，園児らに被害回避可能性がなかったこと等により，園児らの受忍限度を超える日照権侵害が生じているとして，慰謝料請求を認容した。一方で，建物の一部撤去請求については，建物が建築基準法上適法であること，ならびに，原告園児の卒園予定を勘案し，撤去する場合の被告の不利益性の方が大きいとしてこれを認容しなかった。

本件は，日照権侵害訴訟における園児の原告適格を明示的に認めた裁判例としての意義を有すると同時に，保育所がその性質上，日照確保の必要性が高い場であることを明らかにしている点でも重要であり，このことは，本件以降の裁判例でも認められている（仙台地判平成４年６月26日判例タイムズ794号）。他方で，建設後の建物の撤去を伴う日照の回復は，相手方に生じる不利益性が大きいことから，認容が困難であることも示されている。ここから，日照権侵害を争う場合，建築の差し止めや，建築禁止を求める仮処分申請のような司法救済方法の活用が重要であることになる。なお，本件においても工事禁止の仮処分申請が行われているが，裁判所は被告に害意がないことや建築計画が変更されていること等を勘案し，日照阻害が原告の受忍限度の範囲内であるとしてこれを却下している（名古屋地決昭和48年６月27日判例時報718号）。

【事件のあらまし】

被告会社が，市立東山保育園の南側に隣接する土地にマンション建設を計画し，名古屋市に昭和47年８月に建築確認を申請した。東山保育所の利用者らは被告に建設反対の意向を伝え，建築工事禁止の仮処分申請を行ったが，裁判所はこれを却下したため（この点に関しては解説を参照），同年11月にマンションが完成した。マンションは，当初の５階建てから４階建てに変更されたものであったが，これにより東山保育園の園庭の日照が阻害されることとなった。そこで，在園児らが原告となり，被告会社らに対して建物の一部の撤去，および，損害賠償を求めて本件訴訟が提起された。

裁判所の判断

■原告らに対する日照権侵害を認め，損害賠償請求を認容した。

1　園児の原告適格について

「原告らの主張によれば，原告らは東山保育園園児として享受しうべき日照利益が侵害されているので，環境権あるいは人格権にもとづき妨害建物の撤去請求権を有し，かつ損害賠償権を有する者であると主張し，被告らはいずれもその義務者であると名指された者であるから，それぞれ当事者適格を有するものというべきである」。

2　建物撤去ならびに損害賠償請求について

「およそ日照，通風をはじめとする居住環境要素の確保は，健康で快適な生活の享受のために必要不可欠の生活利益であるから，この利益を享受していた者が，その利益を阻害されるに至つた場合には，その阻害の程度が被害者において社会通念上受忍すべき限度を超えていると認められる限り，右侵害は違法といわねばならないのである。

いま，これを本件についてみるに，（中略）（一）原告らは東山保育園の園児にすぎないとはいえ，（中略）１日の活動時間の殆んどを同園ですごしている者であること，（二）(1)およそ，保育園は家庭の欠損状況下にある乳幼児の福祉を積極的に増進することを目的とした社会福祉施設として，乳幼児に対し十分に養護のゆきとどいた環境の中で生活指導を行い，乳幼児の生活と遊びを守ることが要請されており，一方，乳幼児にとつて保育園は，知的，身体的，情緒的，社会的発達を遂げるための生活の場であること，(2)幼児が心身ともに健やかに成長するためには，活溌な遊び活動，特に，屋外の遊びが主導的役割を有する。そこで，東山保育園を含む殆んどの保育園においては，保育のカリキユラム・日課の上で，1日約7時間の保育時間中，約4，5時間を園庭を犯用しての屋外遊びとしている。幼児保育にとつて，「屋外の遊びの場」は欠かせない保育環境であり，広く，明るく，かつ，よく整備された園庭は，幼児にとつて生活の中心的場所として最も重要な保育の場であること，(3)このような機能をもつ園庭の日影になると，子供の遊び活動は停滞し，幼児の運動機能，精神機能の発達も阻害されること，（三）(1)東山保育園園庭の日影は，冬至の午前9時頃，先ず南西部から陰になり始め，午前10時には約3分の1，午前11時には約2分の1，午後時には約4分の3，午後2時には殆んど全部，午後3時頃からは回復に向うものの，ほゞ午後2時頃と同様である。園庭の有効日照時間を午前9時から午後3時までの6時間（右は，東山保育園の保育時間とほゞ一致する）として日照阻害状況をみると，園庭有効面積の半分以上が日影部分に入つてしまう時間は午前11時から午後3時までの4時間に及ぶのであり，午前10時から11時までの1時間についても，その阻害の程度は軽しとしないのである。このような状況にあるため，園庭の機能は有効日照時間の殆んどに亘り麻痺しているものといわねばならないこと，(2)そのうえ，小さな幼児らが園庭に立つて本件建物に臨んだ場合，至近距離に垂直にそゝり立つ本件建物は，幼児に対し心理的に圧迫感を感じさせるであろうことは容易に推認し得るところであり，かつ，また，通風その他の点でも保育環境の悪化は否定できないこと，(3)以上の園庭を中心とした保育環境の悪化は，児童福祉最低準第4条にいう「保育の設備及び運営」を，実質的に低下させるものといわねばならないこと，（四）東山保育園及び本件建物の周辺地域は現況住宅地であること，（五）保育園が現下の幼児教育，養護につき有する役割，園庭のもつ機能等は前記のとおりであるので，被告としては，本件建物の建築に起因して発生する日照妨害に関しては，隣地に居宅が存する場合よりも，むしろ慎重に配慮し，園庭に及ぼす加害を回避し，或いは防止すべき措置を講ずべきであつたにも拘らず，当初の5階建の設計を4階建に変更したのみで，その他の加害回避ないし軽減のための対策を講ぜず，その敷地の北側いつぱいに本件建物を建築したこと，（六）東山保育園における園児の保育は，保育理論に裏うちされ，また，幼児の生活の実態に立脚したカリキユラム，日課により実施されているので，これを修正して，園庭の日照状況に合わせて園庭での遊びの時間を定めようとすることは，幼児保育の原理に反し，とうてい，実行に移し得ないところであること，屋上庭園の新設も園庭の日照阻害を抜本的に解決するものではないこと，及び，その他原告らには被害回避の可能性は存しないこと，（七）原告らには，その先住，後住の点において，格別，不利益に働く点はないことなどの各事実が特記されねばならないのである。

これらの諸事情を考慮すれば，（中略），本件建物は当初5階建の計画であつたものが4階建に変更されたものであり，かつ，建築基準法上適法であること等の事情を考慮しても，なお被告が本件建物を建築所有することによつて，原告らにもたらされる日照被害の程度は一応社会生活上被害者が受忍すべき限度を越えるものと認められ，したがつて，同被告会社の権利行使は違法であり，また，叙上の当事者間の折衝の経過その他右に説示したところからすれば，同被告会社は本件建物の建築により，園庭に対する日照妨害の発生することを予見し得べきであり，また，これによる損害発生を回避する手段を講ずべき注意義務があり，これを怠つた点に過失があるというべきである，すなわち，不法行為の成立は否定できず，同被告会社は本件建物の建築により原告らの蒙つた精神的損害を賠償すべき義務がある」。

3　建物の一部撤去請求について

「被告は，その理由はともかくとして当初五階建の計画であつたものを名古屋市当局の指導により４階建に変更したこと，本件建物は建築基準法上適法なものであること（尤も，本件建物の敷地は，同法上は，第一，二種住居専用地域のいずれでもなく，単に，住居地域にすぎないのであるから，本件建物が同法の規制に違反していないことは，日照保護の見地からは，さして，重視するわけではない），その他，同被告会社の加害行為に格段の反社会性があるとも認められないこと，右原告ら４名も昭和52年３月には卒園する予定であることとを考え合わせ，前記建物部分の撤去を許した場合の右原告らの利益と，右撤去のもたらす被告大栄興業株式会社の不利益を比較衡量すると，同原告らの蒙る日照の阻害を理由として同被告会社に対し，右建物部分の撤去を命じることは明らかに不当といわねばならないのである。このことは，本件請求が，環境権ないし人格権として権利構成されることによつて，その結論に異同を生ずるものではないと解する」。

◆建築基準法

（日影による中高層の建築物の高さの制限）

第56条の２　①　別表第四(い)欄の各項に掲げる地域又は区域の全部又は一部で地方公共団体の条例で指定する区域（以下この条において「対象区域」という。）内にある……地方公共団体がその地方の気候及び風土，当該区域の土地利用の状況等を勘案して条例で指定するもの）に掲げる建築物は，冬至日の真太陽時による午前８時から午後４時まで（道の区域内にあつては，午前９時から午後３時まで）の間において，それぞれ，……平均地盤面からの高さ……の水平面……に，敷地境界線からの水平距離が５メートルを超える範囲において，……地方公共団体がその地方の気候及び風土，土地利用の状況等を勘案して条例で指定する号に掲げる時間以上日影となる部分を生じさせることのないものとしなければならない。ただし，特定行政庁が土地の状況等により周囲の居住環境を害するおそれがないと認めて建築審査会の同意を得て許可した場合においては，この限りでない。

②　同一の敷地内に二以上の建築物がある場合においては，これらの建築物を一の建築物とみなして，前項の規定を適用する。

③　建築物の敷地が道路，川又は海その他これらに類するものに接する場合，建築物の敷地とこれに接する隣地との高低差が著しい場合その他これらに類する特別の事情がある場合における第一項本文の規定の適用の緩和に関する措置は，政令で定める。

④　対象区域外にある高さが10メートルを超える建築物で，冬至日において，対象区域内の土地に日影を生じさせるものは，当該対象区域内にある建築物とみなして，第１項の規定を適用する。

⑤　建築物が第１項の規定による日影時間の制限の異なる区域の内外にわたる場合又は建築物が，冬至日において，対象区域のうち当該建築物がある区域外の土地に日影を生じさせる場合における同項の規定の適用に関し必要な事項は，政令で定める。

45 保育所保育料の賦課決定

◆長岡京市保育所保育料決定処分取消請求事件◆

京都地裁1999(平成11)年6月18日判決

裁判のポイント

保育所保育料の法的性格，賦課・徴収の法的仕組み。

解　説

1　保育所保育料賦課・徴収の法的仕組み

2015年4月より新法の子ども・子育て支援法や児童福祉法の改正法などが実施され（新制度），「保育の利用」の仕組みは改められている。児童福祉法による保育所の入所・利用の仕組みは一部改められたが，基本的な部分は維持されている。すなわち，同法24条1項は改正されたが，市町村の保育の実施義務は変更されていない。保育所保育料の賦課・徴収の仕組みも，おおむねこれまでと同じであると考えられているが，この理解は必ずしも正確でない。新制度のもとでも市町村が保育料を賦課・徴収することにおいて違いはないが，以下に述べるように，公立保育所と私立保育所とで，その法的仕組みが異なることになったからである。

改正前の児童福祉法56条3項（以下では「旧規定」という）は，保育料の賦課・徴収について，市町村の長は，支弁した保育費用を本人またはその扶養義務者から，家計に与える影響を考慮し，児童の年齢等に応じて定める額を徴収することができる旨が定めていた。この規定は保育料の賦課・徴収の根拠規定であるが，このたび改正され，現在の同法56条3項は市町村長による保育費用の徴収について定めていない（つまり，同項は，もはや保育料賦課・徴収の根拠規定でない）。

旧規定は，子ども・子育て支援法附則6条4項に受け継がれた。この規定は，市町村が私立保育所に保育を委託した場合の，市町村による保育料賦課・徴収に関するものである（この規定は，市町村が自ら設置経営する公立保育所入所園児の保育料については適用されない）。したがって，私立保育所入所園児の保育料の賦課・徴収については，これまでの法的仕組みが維持されているということができる。

前述のように，現在の児童福祉法56条3項は保育料賦課・徴収の根拠規定ではなく，他に同法に関連する規定は定められていない。このような場合，公立保育所の保育料の法的仕組みは，次のようになる。公立保育所は地方自治法244条にいう「公の施設」にあたるから，その利用につき地方自治体は使用料を徴収できると定める同法225条，使用料等の徴収に関する事項は条例で定めなければならないとする同法228条1項などの諸規定が適用される。使用料は公の施設である公立保育所の使用の対価として徴収されるものであるから，原則として一律額で定めるべきものとされ，また，地方自治体が提供する施設サービスの対価としてふさわしい額として，条例にその金額が定められなければならないとされている。

以上のように，現行法（新制度）のもとでは，同じように児童福祉法24条1項により保育所に入所した子どもでありながら，保育所保育料の賦課・徴収の法的根拠規定が異なり，それゆえに法的仕組みが異なるという「異常な状態」にある。しかしながら，市町村における保育所行政の実情をみる限り，このような法的仕組みの変更にもかかわらず，従前と変わらない保育料の賦課・徴収行政が行われているようである。これまた異常である。

2　本件について

本件は，1993年4月に京都府長岡京市が行った公立保育所入所園児の保育料賦課決定（変更決定）処分の取消訴訟である。したがって，新制度の実施以前の児童福祉法の規定（1993年当時は同法56条２項）に基づく保育所保育料の賦課・徴収に関する事案であり，現在とはその法的仕組みが異なるから，ただちに現在の公立保育所保育料の賦課・徴収に関する法的問題を考える際の参考にはならない。

前述のように，旧規定は現行の子ども・子育て支援法附則６条４項に引き継がれているから，現在，私立保育所を入所・利用している園児につき賦課・徴収される保育料は，本件におけると同様の法的仕組みである。このような意味において，今なお本件は，参考にする意義を有している。

保育所を利用する人々の多くが抱く保育料の問題点は，それが高額であることであろう。だが，額の高低は法的問題となりにくい。そこで，裁判では保育料の法的性格や決定手続が論じられることになる。保育料の賦課は住民に対し財産的負担義務を課すものであり，不履行のときは強制徴収ができることになっている（現行法では子ども・子育て支援法附則６条７項)。そのような金銭負担義務を課する保育料決定は，法律または条例に基づくものでなければならないにもかかわらず，本件当時の長岡京市は，他の多くの市町村と同じように，保育料の額を市町村長が制定する規則で定めて徴収した。原告らは，このような仕組みによる保育料の額の決定は，地方自治法228条１項違反であると主張した。

原告らの主張を敷衍すれば，次のようになる。旧規定は，市町村長の保育料徴収権限を定めているが，その額について定めていない。このような場合，公立保育所は地方自治法にいう公の施設にあたるので，地方自治体は公の施設の利用について使用料を徴収することができると定める同法225条，使用料に関する事項は条例で定めなければならないとする同法228条１項が適用される。

本判決は，このような主張を退けたが，その説くところは必ずしも説得的でなく，保育料の法的な考え方，徴収の法的仕組みをどのように理解するかは，今後も論争的な問題である。

【事件のあらまし】

本件は，長岡京市の住民（父母）が原告となり，同市立保育所に入所させている長女について，同市長（被告）が行った保育料賦課決定（変更決定）処分の取消訴訟を提起した事案である。

原告らは，同市における保育料の賦課・徴収について種々の主張をしたが，最大の争点は，長岡京市が保育料の額を条例に定めていないことの当否であった。この点について，原告らは次のような違法性があると主張した。児童福祉法56条２項（当時）は，市町村長の保育料徴収権限を定めているが，徴収すべき額については定めていない。地方自治法228条１項は，分担金，使用料，手数料などに関する事項については，条例で定めなければならない旨を定めているところ，保育料は使用料にあたるから，長岡京市は条例を定め，保育料の額を規定しなければならない。しかし，同市は市長が定める規則によって額を決定しており，地方自治法に違反する。

裁判所の判断

■原告らの請求を棄却した。

保育料の法的性格は，同法（児童福祉法）に「特別の根拠をもつ負担金である」。「保育料の額については条例の定めを要求するなどの特段の規定はない」。保育料は条例で規定する必要がある地方自治法228条１項の定める使用料などにあたらない。以上から，条例の定めがなくても，被告は規則に基づき保育料の額を定めることができる。

「保育料は『応能原則』により徴収されるもので，均一料金が原則である使用料とは多少異質であ」り，「保育を受けることの中身は公の施設の利用に尽きるものではなく，保育料を施設利用の対価とも認め難いから」地方自治法228条１項の使用料にはあたらない。

46 保育所新設における地方公共団体の超過負担分請求の可否

◆摂津訴訟◆

東京高裁1980(昭和55)年7月28日判決

裁判のポイント

市町村は旧児童福祉法に基づく公立保育所の設備費用の国庫負担分を，国に直接請求できるか。

解　説

本件は，地方分権推進のための三位一体改革以前において，児童福祉法52条（平成18年法律第20号による改正前のもの）に基づき，公立の児童福祉施設の設備に要する費用につき，国が2分の1を負担すると規定されていたことを前提に，摂津市がこの規定を根拠に，国に対して直接，自ら支出した公立保育園の設備費の一部を請求することの可否が争われた事案である。平成18年の改正により，現行法上は，公立の児童福祉施設に対する国庫負担は廃止されているため，すでに同様の問題が発生する可能性はないが，国庫負担金に対する自治体の超過負担という実態を明らかにし，状況の改善に貢献したという点で，地方公共団体の財政問題において，大きな意義を有する裁判例である。

このような問題が提起される背景としては，当時，国が負担する設置費額の基準について，国が一方的に極めて低水準の基準を設定していたことにより，地方公共団体が実際に支弁する設置費との差額が生じ，超過負担が問題となっていたことがあるとされている（寺脇隆夫「保育行財政の実態と摂津訴訟」ジュリスト632号22頁以下）。このような国の負担のあり方は「国は，地方財政の自主的且つ健全な運営を助長することに努め，いやしくもその自律性をそこない，又は地方公共団体に負担を転嫁するような施策を行ってはならない」（地方財政法2条2項）といった原則を損なうものであると解することが可能である。それゆえ，摂津市は，保育所の新設にかかった費用のうち，国が負担すべきと考えられるにもかかわらず支払いがされない費用につき，国に直接請求することで，国庫負担の範囲についての司法判断を求めたものと考えられる。しかし，裁判所はこの問題に立ち入ることなく，もっぱら，国庫負担金の交付手続きに関する判断に終始している。

すなわち，原審（東京地判昭和51(1976)年12月13日判例時報834号）は，国の負担割合を定めた当時の児童福祉法52条は，抽象的な国の負担義務を定めたものに過ぎず，地方公共団体の国に対する具体的な請求権は行政庁の合理的な判断とそれに基づく「補助金等に係る予算の執行の適正化に関する法律（以下，適正化法とする）」に規定された交付決定によって発生すると解されることから，交付決定を経ていない摂津市が，国に直接負担分を請求することはできないとして，摂津市の請求を棄却した。

これに引き続く控訴審で摂津市は，交付申請を行わなかったことにつき正当な理由があるため，直接請求が可能であるという主張を付加し，さらに，国が事前協議等で交付申請を妨害したとして損害賠償を予備的に請求した。これらに対して裁判所は，下記のように判断を行い，いずれも棄却している。本件事案は，本来的には保育のナショナルミニマム保障につき，国がどの程度の責任を果たすべきかという論点を含んでいただけに，この点に立ち入らなかった裁判所の判断が非常に残念に思われる。

【事件のあらまし】

摂津市（原告・控訴人）は大阪府知事の認可を受け新たに4つの公立保育園を設置

し，9273万円を支出した。これらの費用については，当時の地方財政法ならびに児童福祉法52条等に基づき，国が２分の１を負担することが規定されていた。しかし，国（被告・被控訴人）は適正化法の手続きに則り，２つの保育園建設費用について250万円のみの交付決定を行い，摂津市に交付しただけであった。そこで，摂津市は総費用の２分の１から上記交付額を差し引いた残額である4386万円の支払いを国に求めて訴訟を提起した。原審は摂津市が未だ具体的請求権を有していないとして請求を棄却したため（詳細については解説を参照），摂津市は控訴した。

裁判所の判断

■摂津市（原告）の請求を棄却し，国庫負担金に対する請求権は法に基づく交付決定がなければ発生しないとした。

1　児童福祉法（当時）等に基づく負担金の法的性質について

本件負担金の関係法規，あるいは立法関係者の説示によれば「本件負担金の交付についてその関係法令たる法52条等の規定するところは，国の裁量にかからしめるものではなく，義務的なものであり，また，前記法施行令からみれば，その交付額は市町村の現実の支出額を基準とするものであつたということができる」。

2　国庫負担金請求権を行使するために適正化法の手続きを経ることが必要か

「適正化法５条ないし10条の規定及び同法全体の趣旨，構造からすると，一般に，国から補助事業者等に国庫負担金を含む補助等が交付されるについては，その適正を期するため，まず所管の各省各庁の長に対し交付申請がなされることが必要であり，各省各庁の長は，右申請に基づき，その権限と責任において，交付要件の存否のみならず，交付すべき補助金等の額及び交付するにつき付すべき条件等を審査，判断し交付すべきものと認めるときは，交付決定をすべきものとし，各省各庁の長の右交付決定を経由せしめることによつて，はじめて補助金等の具体的請求権を発生させる（中略）。以上の適正化法に定める制度は国の予算の執行である補助金，負担金，利子補給金等の交付につき統一的に採用されているものと解するのが相当であり，本件のような保育所設置についての国庫負担金については，法52条等は前記のように国庫の負担及びその割合を定めるのみであつて，その交付等に関し特別の定めを設けていないから，右適正化法の適用を当然受けるものというべきである。」

3　摂津市の交付申請権を妨害したことによる損害賠償請求の成否について

「市町村による保育所の建設，整備に関する設置費国庫負担金の交付行政について，右のような国の総合的社会福祉政策及び財政上の要請並びに負担金交付手続の能率化の必要上，適正化法に基づく交付申請の前段階の事実上の手続として，前記事前協議，定額による内示の仕組み及び右内示に基づく交付申請の行政慣行が生じ，市町村側もこれを止むをえないものとして承認していたことが認められる」。そして，摂津市が「交付申請を行つたのは，控訴人が多年にわたる前記事前協議・内示の慣行に従い，またこの慣行に沿う府知事ないし府職員の行政指導を受入れて，厚生大臣が内示したもののみについて，かつ内示された金額どおりの交付申請をしたためであることを肯認することができる。また（中略），その間において，厚生大臣，府知事ないしその職員が右の慣行に従うよう控訴人をことさら強要したり，控訴人に対して差別的取扱いをした形跡は認められない。以上のとおりであつて，前記の事前協議・内示の交付申請前の手続は，それ自体をもつて不当なものということはできず，本件四保育所設置費国庫負担金に関しては，右手続を経たうえ交付申請をする行政慣行につき，控訴人において積極的にこれを支持，是認していたものではないとしても，これを容認し，これについての前記行政指導を受け入れ，右内示に即応して，右国庫負担金の交付申請を行い，又はこれを行わなかつたものであり，前認定の経過及び状況に徴すると，右事前協議・内示及び交付申請についての行政指導をもつて，控訴人がその意思に基づいて正当な国庫負担金の交付を申請する権利の行使を妨げた違法又は著しく不当な行為ということはできない」。

47　給食を外部搬入方式で行うことなどを内容とする特区計画の認定の行政処分性

◆田原市立伊良湖岬保育園事件◆

名古屋地裁2009(平成21)年11月5日判決

裁判のポイント

給食を外部搬入方式で行うことを可能とする特区認定につき，取消訴訟を提起できるか。

解　説

児童福祉施設の設備や運営についての最低基準を定める省令（昭和23年12月29日厚生省令第63号）は，助産施設を除く児童福祉施設においては園内での調理を行う旨規定している。これを受けて保育所でも，3歳以上児について特例が認められる以外は，自園調理をすることが義務づけられてきた。その一方で，2003(平成15)年より施行されている構造改革特別区域法は，地方公共団体の自発性を最大限に尊重し，地域の活性化を図ること等を目的として，地方公共団体が実施する事業において，規制の特例措置を受けることを認めている。これによれば，保育所給食の自園調理についても，厚生労働省令（平成15年省令第132号）に基づき「調理業務の受託者を，当該保育所における給食の趣旨を十分に認識し，衛生面，栄養面等，調理業務を適切に遂行できる能力を有する者とすること」等の要件を満たして，内閣総理大臣の認定を受けた場合，最低基準の特例措置として外部搬入方式が可能となる旨定められている（1条)。

田原市では，これらに基づき「地産地消の食育による安心子育て特区」という計画の下，学校給食センターから保育所へ給食を外部搬入することを内容とする認定申請を行い，特区認定を受けた。これに対して原告ら在園児の保護者は，自園調理による給食の提供を受ける法的権利の侵害，および，認定の違法性を主張し，認定取消しを求めて本件を提起した。

本件ではもっぱら「認定」が取消訴訟の対象となるかが問題となった。なぜなら，取消訴訟は「行政庁の処分その他公権力の行使に当たる行為の取消を求める訴訟をいう」（行訴法3条）とされており，特区認定がそもそもここで言うところの「処分」あるいは「公権力の行使に当たる行為」であることが，取消しを求めることができるかどうかの前提要件となっているからである。

いかなる行政行為が「処分」と言えるかにつき判例は「公権力の主体たる国または公共団体が行う行為のうち，その行為によって直接国民の権利義務を形成しまたはその範囲を確定することが法律上定められているものをいう」（最判昭和39(1964)年10月29日民集18巻8号）としている。しかし，一般的に「認定」は，内閣総理大臣が行政機関に対して行う行政の内部的な行為であり，国民一般の権利義務を直接形成するものとはされていない。とはいえ，仮に原告らに最低基準に基づき自園調理による給食の提供を受ける法的権利があるとすれば，「認定」はこの権利に変動を生じさせるものであり，それゆえ，このような権利侵害を救済するために「認定」に処分性を認めて取消訴訟を提起できるという解釈が可能になる。ここから原告らは自園調理の給食の提供を受ける権利を有しており，認定によりその権利が侵害されたため，取消訴訟の提起が可能であるとの主張をまず第1に行ったものである。

この主張に対して，本件裁判所は「認定」

は原則としては行政の内部関係を規律するものであり，同時に，最低基準から利用者の自園調理による給食の提供を受ける法的権利を導く事はできないこと，また，提供方式の変更が児童の発達に直ちに支障を生じさせるとは言い難いことからすれば，「認定」によって原告らの法的地位に変動が生じるとは言えず，したがって，処分性は認められないとして訴えを却下している。しかし，児童の「食育」にとっては，食事を食べる事のみならず，音や匂い等，調理の過程を体感することも重要であるという理解に立てば，提供方法の変更により児童が貴重な機会を奪われることは，裁判所が判断している以上に，大きな支障を生じさせ得るものであるように思われる。

【事件のあらまし】

児童福祉施設最低基準（昭和23年厚生省令第23号）では，保育所につき原則として給食を自園調理する旨規定している。2003（平成15）年４月より小泉内閣の規制緩和政策の一環である構造改革特別区域法（以下，特区法）が施行され，厚生労働省令（平成15年省令第132号）に基づき，一定の要件を満たした公立保育所が特区法４条８項の内閣総理大臣の認定を受けた場合，年齢に関わらず全ての児童について，給食の外部搬入方式ができる旨規定された。これを受けて，田原市は処分行政庁に認定申請を行い，2008年８月に認定を受けた。本件はこの認定の適法性をめぐり，保育所に入所する児童の保護者らが，認定の取消を求めて提訴したものである。なお，本件は控訴されているが，名古屋高裁（平成22年９月16日判例集未登載）でも却下されている。

裁判所の判断

■特区認定の行政処分性を認めず，訴えを却下した。

1　認定の行政処分性の有無

「特区計画の認定制度の趣旨やその手続及び効果にかんがみれば，特区計画の認定は，行政主体ないし機関相互間の行為と見るべきものであって，直接国民の権利義務を形成し又はその範囲を確定することを目的とするものではないということができる。もっとも，行政主体ないし機関相互間の行為と見るべきものであっても，それによって国民の法的地位に変動を生じさせる場合には，当該行為が行政処分に当たると解する余地がある。そして，この点に関し，原告らは，保育所に入所する児童及びその保護者は自園調理による給食の提供を受ける権利又は法的利益を有しているとし，本件認定により，本件保育園等に入所する児童及びその保護者は上記権利又は法的利益を失うことになる旨主張するので，以下，検討する」。

「児童福祉法は，45条１項において，厚生労働大臣に対し児童福祉施設の設備及び運営等について最低基準を定める義務を課し，その最低基準は（中略）児童福祉施設に入所する児童又はその保護者が同基準を確保するよう請求する権利を有することを定めた規定はない」。「保育所において食事を提供するについては，（中略）特に，給食の提供を自園調理によるか外部搬入方式によるかという点については，外部搬入方式によったとしても上記の事柄を満足させることが不可能になるものではなく，児童やその保護者に対して自園調理による給食の提供を受ける権利又は法的利益を認めなければ，直ちに児童の身体的，精神的及び社会的な発達に支障を来すということもできない」。

「そして，他に本件認定によって国民の法的地位に変動が生ずると解すべき根拠は見当たらない。そうすると，本件認定は，直接国民の権利義務を形成し又はその範囲を確定する効果を有するものということはできないから，取消しの訴えの対象となる行政処分には当たらないというべきである」。

48 民間保育所への措置費および運営補助金等の公金支出に対する損害賠償請求（住民訴訟）

◆社会福祉法人都島友の会事件◆

大阪地裁1997（平成９）年９月16日判決

裁判のポイント

地方公共団体が行った民間保育所に対する公金支出の適法性。

解 説

地方自治法は，普通地方公共団体が法令に基づき当該自治体が負担すべき経費を支弁すべきことを定めており（232条１項），同時に，「公益上必要がある場合」に，寄付または補助ができる旨規定している（232条の２）。公益の必要性の有無については当該公金支出の，目的，趣旨，効用，経緯，対象となる事業の目的，性質，状況等を総合的に考慮して判断すべきとされており，裁量権の逸脱濫用がある場合，違法とされることになる（広島高判平13・５・29判例時報1756号）。これらの公金支出について，その違法性や不当性がある場合，住民は当該行為のあった日又は終わった日から原則として１年以内に監査請求をすることが可能である（地方自治法242条）。これを経ても，なお，不服がある場合は，さらに，住民訴訟を提起して当該違法行為の差し止めや取消を求めることができる（地方自治法242条の２）。

本件は，児童福祉法51条１項５号に基づき，大阪市から被告社会福祉法人に対して行われた保育所費用の市町村負担分の支出，および，施設長，嘱託医にかかる経費への補助金支出が法律の要件を充たさない違法なものであるとして，住民らが，支給決定をした大阪市職員に対する損害賠償と，社会福祉法人に対する損害賠償もしくは不当利得の返還を求めて提起した住民訴訟である。住民訴訟を提起するためには，上述したようにその前提として，一定期間内に監査請求手続きを経ておくことが前提要件となる。裁判所は，一定期間を経過した支出に関する請求部分と，複数の原告住民のうち一部については，これらの手続き要件を満たしていないとして，請求を却下している。その上で，要件を満たした原告らの，被告社会福祉法人が実態上は１つの保育所しか設置運営しておらず，施設長も１人しかいないのに，２つの保育所を設置運営し，施設長も２人いるとの虚偽の申請を行い，運営費や補助金を二重に支出しているという主張については，実態上も２つの保育所が存在しそれに対応する支出がなされているため，適法であるとの判断を行った。

本件は，公金支出自体はなんら問題となるものではなく，社会福祉法人が運営する２つの施設につき，別個独立した２つの保育所なのか否かという事実認定が問題となっている。この点につき裁判所は，２つの施設では，建物が隣接しているという事情や運営の効率化などの目的により，低年齢児を１つの保育所に集めて保育するといった保育場所の変更，これに伴う保育士の勤務場所の変更，施設長の業務分担等，申請とは異なる運営形態の変更が行われており，これが行政指導により是正されるまで継続していたことは認定したものの，その反面，別個に設置認可されており，経理の処理も独立していること，施設もそれぞれ存在していること，職員の最低基準についても各施設ごとに充足していることから，これらの側面を無視して不適切な運営方法のみを取り出して実態的に１つの保育所であったとは評価できないとし，形式的な独立性を重視することで原告らの請求を退けている。

【事件のあらまし】

被告社会福祉法人都鳥友の会は，隣接する建物において２つの保育所（第１センター，第２センター，以下Ａ，Ｂとする）を設置運営している社会福祉法人である。このうちＡは1966（昭和41）年に設置認可されており，Ｂは保育所需要の増大を受けて昭和48年に設置認可されている。いずれも３歳未満児を対象とする乳児保育園であり，1994（平成６）年時点の措置児童数はＡが40名，Ｂが50名であった。２つの園は1991年まではいくつかの行事を共同開催したり，用具を共有するなどの他は，保母の勤務態勢や保育内容も異なっていた。しかし，1992年度以降は０歳と低年齢の１歳児をＡで保育し，高年齢の１歳児と２歳児をＢで保育する形態に変更し，Ａ・Ｂの施設長の業務についても，これを分担して行うといった変更を行った。これらの変更について都鳥友の会は大阪市への報告等の手続きを行っていなかった。このような状況は大阪市の是正指導が行われた1995年まで継続した。

大阪市の住民であるＸらは，1992年から1994年にかけて，Ａ・Ｂが実体的に１つの保育園であるにも関わらず，２つの保育園として運営費や補助金を受け取り，大阪市に違法な公金支出をさせているとして，大阪市に代位して支給決定を行った市職員，ならびに，社会福祉法人に対して損害賠償を求めて訴訟を提起した。

裁判所の判断

■住民ら（原告）の請求を認めず，措置費および運営補助金の交付決定に違法はないとした。

「措置費は，保育所ごとに支出（支弁）され，施設長の設置の有無により支出額が異なり，嘱託医手当にかかる運営補助金も保育所ごとに交付され，施設長の給与にかかる民給補助金も保育所ごとに交付され，施設長の有無により交付額が異なる結果となるものであるところ，平成６年度の第１，第２センターにおいては，措置児童の保育場所の変更及び各施設長の業務分担等の事実が認められるが，第１，第２センターは，別個の保育所として存在し，施設長もそれぞれ設置されていたのであるから，本件平成６年度の支出にかかる被告友の会の報告等に虚偽はなく，被告足立の交付決定及び支出決定は適法であり，したがって，本件平成６年度の支出に違法性は認められない。

すなわち，第１，第２センターは，別個に設置認可された保育所であり，措置費及び補助金を含む予算編成及び執行，経理処理は別個にされ，施設設備等を別個に有し，施設長を含む職員の配属数等も最低基準を充足し，また，各補助金の交付申請等で報告されたとおりであったのであるから，右側面を無視して，措置児童の保育場所の変更及び施設長の業務分担といった，保育所の運営方法として相当とはいえなかった側面のみを取出して，第１，第２センターの実体はひとつの保育所であったと評価することはできない。

また，原告らは，Ｃは施設長としての業務を全くしていなかった旨主張し，これに沿う証拠もあるが，甲18は作成者及び文意が明らかではなく，また，原告Ｄの供述部分は，平成５年５月頃は，Ｃが旧関西主婦連合会の活動をしていたというに止まり，いずれも採用できない。他にＣが施設長としての業務をしていなかったと認めるに足りる証拠はない。さらに，前記２（六）記載の施設長の保育所の運営管理の統括という業務内容からすれば，Ｃが，第１センターの保育現場を離れて，主として第１，第２センターの管理業務を行っていたからといって，Ｅとの業務分担を前提とする限り（その業務分担の相当性はおくとして），右のような業務の担当者が施設者に該当しないとはいえない」。

◆児童福祉法

第４条 ① この法律で，児童とは，満18歳に満たない者をいい，児童を左のように分ける。
一 乳児 満１歳に満たない者
二 幼児 満１歳から，小学校就学の始期に達するまでの者
三 少年 小学校就学の始期から，満18歳に達するまでの者
② この法律で，障害児とは，身体に障害のある児童，知的障害のある児童，精神に障害のある児童（発達障害者支援法（平成16年法律第167号）第２条第２項に規定する発達障害児を含む。）又は治療方法が確立していない疾病その他の特殊の疾病であつて障害者の日常生活及び社会生活を総合的に支援するための法律（平成17年法律第123号）第４条第１項の政令で定めるものによる障害の程度が同項の厚生労働大臣が定める程度である児童をいう。

第６条 この法律で，保護者とは，第19条の３，第57条の３第２項，第57条の３の３第２項及び第57条の４第２項を除き，親権を行う者，未成年後見人その他の者で，児童を現に監護する者をいう。

第６条の３
⑦ この法律で，一時預かり事業とは，家庭において保育（養護及び教育（第39条の２第１項に規定する満３歳以上の幼児に対する教育を除く。）を行うことをいう。以下同じ。）を受けることが一時的に困難となつた乳児又は幼児について，厚生労働省令で定めるところにより，主として昼間において，保育所，認定こども園（就学前の子どもに関する教育，保育等の総合的な提供の推進に関する法律（平成18年法律第77号。以下「認定こども園法」という。）第２条第６項に規定する認定こども園をいい，保育所であるものを除く。第24条第２項を除き，以下同じ。）その他の場所において，一時的に預かり，必要な保護を行う事業をいう。
⑨ この法律で，家庭的保育事業とは，次に掲げる事業をいう。
一 子ども・子育て支援法（平成24年法律第65号）第19条第１項第２号の内閣府令で定める事由により家庭において必要な保育を受けることが困難である乳児又は幼児（以下「保育を必要とする乳児・幼児」という。）であつて満３歳未満のものについて，家庭的保育者（市町村長（特別区の区長を含む。以下同じ。）が行う研修を修了した保育士その他の厚生労働省令で定める者であつて，当該保育を必要とする乳児・幼児の保育を行う者として市町村長が適当と認めるものをいう。以下同じ。）の居宅その他の場所（当該保育を必要とする乳児・幼児の居宅を除く。）において，家庭的保育者による保育を行う事業（利用定員が５人以下であるものに限る。次号において同じ。）
二 満３歳以上の幼児に係る保育の体制の整備の状況その他の地域の事情を勘案して，保育が必要と認められる児童であつて満３歳以上のものについて，家庭的保育者の居宅その他の場所（当該保育が必要と認められる児童の居宅を除く。）において，家庭的保育者による保育を行う事業
⑩ この法律で，小規模保育事業とは，次に掲げる事業をいう。
一 保育を必要とする乳児・幼児であつて満３歳未満のものについて，当該保育を必要とする乳児・幼児を保育することを目的とする施設（利用定員が６人以上19人以下であるものに限る。）において，保育を行う事業
二 満３歳以上の幼児に係る保育の体制の整備の状況その他の地域の事情を勘案して，保育が必要と認められる児童であつて満３歳以上のものについて，前号に規定する施設において，保育を行う事業
⑪ この法律で，居宅訪問型保育事業とは，次に掲げる事業をいう。
一 保育を必要とする乳児・幼児であつて満３歳未満のものについて，当該保育を必要とする乳児・幼児の居宅において家庭的保育者による保育を行う事業
二 満３歳以上の幼児に係る保育の体制の整備の状況その他の地域の事情を勘案して，保育が必要と認められる児童であつて満３歳以上のものについて，当該保育が必要と認められる児童の居宅において家庭的保育者による保育を行う事業
⑫ この法律で，事業所内保育事業とは，次に掲げる事業をいう。
一 保育を必要とする乳児・幼児であつて満３歳未満のものについて，次に掲げる施設において，保育を行う事業
イ 事業主がその雇用する労働者の監護する乳児若しくは幼児及びその他の乳児若しくは幼児を保育するために自ら設置する施設又は事業主から委託を受けて当該事業主が雇用する労働者の監護する乳児若しくは幼児及びその他の乳児若しくは幼児の保育を実施する施設
ロ 事業主団体がその構成員である事業主の雇用する労働者の監護する乳児若しくは幼児及びその他の乳児若しくは幼児を保育するために自ら設置する施設又は事業主団体から委託を受けてその構成員である事業主の雇用する労働者の監護する乳児若しくは幼児及びその他の乳児若しくは幼児の保育を実施する施設
ハ （略）
二 満３歳以上の幼児に係る保育の体制の整備の状況その他の地域の事情を勘案して，保育が必要と認められる児童であつて満３歳以上のものについて，前号に規定する施設において，保育を行う事業

Ⅱ　無認可保育施設

小解説

無認可保育施設とは，乳児又は幼児を保育することを目的とする施設で，児童福祉法35条４項の認可を受けていない保育施設のことをいうが，このような施設について児童福祉法は，その存在を許容した上で，事後的に指導監督（59条から59条の２の６までの規定を参照のこと）を行うことにより，児童の福祉を確保することとしている。

無認可保育施設については，基本的に，保育事故の裁判例を取り上げたが，保育事故の裁判例９件は，死亡時の状況の詳細が不明の１件を除いて（判例53），８件が乳幼児の睡眠中に発生した事故である。９件の裁判例のいずれもが，乳児，１歳児の事故の事例であるが，以上について本章では，事故発生時の保育環境（人的・物的環境等），裁判での争点，損害賠償責任の所在等の相違に注目して裁判例を選択した。なお，本章では，保育の実施過程で児童の身体に生じた結果に注目して，保育事故以外の裁判例も２件取り上げている。いずれも，保育者による乳幼児の虐待の事件であるが，一つは，園長の暴力により幼児が死亡した事件（判例57），もう一つは，保育ママの暴行により乳児が傷害を負った事件（判例58）である。これらは，行政において児童福祉法が規定する指導監督権限が適切に行使されなかったために，発生を防止することができなかった事件である。

以下では，無認可保育施設において発生した事故（一部は事件。以下同じ）について，裁判例ごとに，事故の内容と裁判の争点，そして，事故の責任についての裁判所の判断を簡単に紹介することとする（11件のうち10件は損害賠償請求事件であるが，判例59のみ，保育事故の責任をめぐり業務上過失致死罪の成立が争点となった刑事事件である）。

判例49は，幼児（１歳６か月）が睡眠中に食べた物を吐き，これを吸飲して窒息死したとの事故について，保育者の過失の有無，及び保育施設経営者の善管注意義務違反の有無が争点となった事案である。以上について裁判所は，保育者の過失を否定して，保育者の過失を前提とする使用者責任は認められないと判断したが，他方で，保育施設の人的設備（保育態勢）の不備を指摘して，保育施設経営者の善管注意義務違反を認定の上，経営者の債務不履行責任を認める判断をしている。

判例50は，乳児（９か月）が大人用のベッドで他の５人の乳幼児と共に寝かせられていたところ，２歳の幼児に覆いかぶさられたために窒息死したとの事故について，保育施設の経営者兼保育担当者である夫婦の保育上の注意義務違反の有無が争点となった事案である。以上について裁判所は，保育者夫婦の注意義務違反を認定して，保育者夫婦の不法行為責任を認める判断をしている。

判例51は，乳児（４か月）が睡眠中に吐乳吸引による気道閉塞によって窒息死したとの事故について，乳児の両親に対して示談金を支払った保育施設の経営者が，乳児の保育を担当していた保母（当時。以下同じ）らに対して，求償権に基づき求償金を請求した事案である。裁判では，乳児の保育を担当していた保母らの保育上の注意義務違反の有無，及び保母らの注意義務違反と乳児の死亡との間の因果関係の有無が争点となったが，裁判所は，１名の保母の注意義務違反は認めたが，同保母の注意義務違反と乳児の死亡との間の相当因果関係は否定して，保母の保育に不法行為の成立は認められないとして，保母らに対する保育施設経営者の求償の請求を棄却する判断をしている。

判例52は，乳児（８か月）が睡眠中に吐瀉物誤嚥により窒息死したとの事故について，保母らの保育上の注意義務違反の有無，及び異常発見後の対応についての経営者兼施設長の注意義務違反の有無，上記注意義務違反と乳児死亡との間の因果関係の有無が争点となった事案である。以上について裁判所は，保母らの注意義務違反を否定する一方で，経営者兼施設長の注意義務違反を認めたが，同義務違反と乳児死亡との間の相当因果関係は否定して，乳児の両親の経営者兼施設長に対する不法行為または債務不履行を理由とする損害賠償請求を棄却する判断をしている。

判例53は，幼児（１歳２か月）が何らかの原因で嘔吐し，吐瀉物を吸飲して窒息死したとの事故について，経営者兼保育者の注意義務違反の有無，及び同注意義務違反と幼児死亡との間の因果関係の有無が争点となった事案である。以上について裁判所は，経営者兼保育者の注意義務違反，及び同注意義務違反と幼児死亡との間の因果関係を認めて，経営者兼保育者の債務不履行責任を認める判断をしている。

判例54は，乳児（９か月）が睡眠中に死亡したとの事故について，乳児の死亡原因，無認可保育施設経営者の損害賠償責任の有無，市・県・国の各行政責任の有無が争点となった事案である。以上について裁判所は，乳児の死亡は乳幼児突然死症候群（SIDS）による突然死であると認定して，保育施設経営者及び保育者（市の認定，登録を受けた家庭保育福祉員）は，乳児の死亡を回避する措置を採ることはできなかったとして，乳児の両親の施設経営者に対する不法行為又は債務不履行を理由とする損害賠償請求，及び市・県・国に対する国家賠償法１条１項等に基づく損害賠償請求を棄却する判断をしている。

判例55は，乳児（生後83日目）が睡眠中に仮死状態に陥り（以下「本件事故」という），無酸素性脳症による後遺障害を残し，後に窒息により死亡したとの事案について，本件事故の発生原因，保育施設（国立大学付属病院内所在で，同大学教職員組合が開設）の保育者らの過失の有無，保育施設の構造上の瑕疵の有無が争点となった事案である。以上について裁判所は，本件事故はニアミスSIDSによって発生した可能性が十分認められるとした上で，保母らの過失，及び保育施設の構造上の瑕疵を否定して，乳児の両親の国及び組合に対する損害賠償請求を棄却する判断をしている。

判例56は，幼児（１歳２か月）が睡眠中にうつ伏せ寝の状態となっていたところ，心肺停止状態になり，結果，当該幼児に低酸素性虚血性脳症という重度の障害が残ったとの事故について，幼児の心肺停止の原因，及び施設管理者兼保育士の過失の有無が争点となった事案である。以上について裁判所は，幼児の心肺停止の原因は不明であるとした上で，施設管理者兼保育士に保育上の注意義務違反はなかったとして，幼児の施設管理者兼保育者に対する不法行為を理由とする損害賠償請求，及び幼児の両親の施設管理者兼保育者に対する不法行為又は債務不履行を理由とする損害賠償請求を棄却する判断をしている。

判例57は，幼児（１歳１か月）が園長の暴力により虐待死したとの事件について，県知事の無認可保育施設に対する指導監督権限の不行使の違法性が争点となった事案である。以上について裁判所は，知事が保育施設に対して事業停止命令を行わなかったことの違法性を認めて，県の国家賠償責任を認める判断をしている。

判例58は，乳児（４か月）が区から保育ママの認定を受けていた保育者から暴行を受けて，硬膜下血腫，眼底出血の傷害を負ったとの事件について，区長が区要綱に定める権限を行使しなかったことの過失の有無が争点となった事案である。以上について裁判所は，区長には保育ママに対して調査及び認定取消しを行わなかったことについて過失が認められるとして，区の国家賠償責任を認める判断をしている。

判例59は，幼児（１歳４か月）が夜間保育において睡眠中に嘔吐し，吐物を気道に詰まらせたことが原因で窒息状態となり，その後，低酸素性脳障害に陥り死亡したとの事故について，保育者及び保育施設の管理運営者の業務上の注意義務違反の有無（刑法211条）が争点となった事案である。以上について裁判所は，両名の業務上の注意義務違反を認定して，両名には業務上過失致死罪（刑法211条）が成立するとして，禁固10月，執行猶予３年の有罪判決を言い渡している。

49　保育態勢不備による幼児の嘔吐物吸引窒息死

◆無認可保育施設幼児事故損害賠償請求事件◆

名古屋地裁1984(昭和59)年３月７日判決

裁判のポイント

事故防止のために保育施設経営者が負う善管注意義務。

解　説

本件は，無認可保育施設に預けられていた１歳６か月の幼児が，食べた物を睡眠中に吐き，これを吸飲して窒息死した事故について，無認可保育施設経営者の善管注意義務違反を認めた事案である。保母（当時）の資格を有しない者が１人で９人もの乳幼児の保育をしていたなかで生じた点に，本件事故の特徴がある。

「善管注意」とは「善良な管理者の注意」の略語で，注意義務の程度を示す用語であるが（行為者の属する職業や社会的地位に応じて通常期待されている程度の注意義務をいう），判決は，無認可保育施設を経営する者の「善管注意」義務について，「保育の対象が自らの力で自己を守ることのできない者であることに鑑みると，預かった乳幼児を事故の危険から守るための善管注意義務の程度は自ら重くならざるを得ない」と述べて，保育施設を経営する者に重い注意義務が課せられていることを確認している。なお，本件は，無認可保育施設を経営する者の注意義務について確認したはじめての裁判例であると思われる。

本件について，原告はまず，保育者の過失を理由として，保育者を使用していた者（無認可保育施設経営者）の責任（使用者責任）を追及しているが（民法715条に基づく損害賠償請求），判決は，事故発生後の保育者の対応と幼児の死亡との間に因果関係は認められないこと，９人もの乳幼児の世話を１人でしていた保育者に乳幼児の監視義務違背等の過失を認めることはできないことを指摘して，保育者の過失を否定して，本件には保育者の過失を前提とする使用者責任は認められないと判断している。

しかし，判決は，原告が併せて主張していた，経営者の保育委託契約上の債務不履行責任については（民法415条に基づく損害賠償請求），「本件でももう１人保母がいたなら，(略) 幼児の死を防止し得た蓋然性は低くないものと言うべきである。」「保母の心得があれば救急措置をとって死の結果を食い止め得た可能性は強いのである。」などと述べて，当該保育施設の人的設備(保育態勢）に不備がなかったのであれば（判決は，救急措置の実施につき，保母資格を有する者の有用性をも指摘している），死亡した幼児の窒息死を回避し得たと判断して，無認可保育施設経営者の善管注意義務違反を認定して，経営者の債務不履行責任を認めている。

なお，判決は，損害について，幼児の両親が本件無認可保育施設の「人的な面を知りつつ敢えて自己らのために幼児の保育委託を継続して」いた点などを指摘して，85%もの過失相殺を認めている。以上の点は，本件経営者の善管注意義務違反の程度から見て，また，児童福祉法が行政庁の監督責任（事故発生当時の法58条２項）を定めていることから見て，適当と言えるかどうか一考を要するように思われる。

【事件のあらまし】

X_1は，無認可保育所を経営するY_1との間で，長男Ａ（１歳６カ月）の保育を午後６時から午前０時30分まで委託する保育委託契約を締結していた。Y_1は，従業員として，保母資格を有するY_2及び保母資格を有しないY_3を雇い，預かった乳幼児の保育に当たらせていた。

昭和56年3月10日の午後6時過ぎ，同施設では，Y_2が予め献立していた夕食をAら預かった乳幼児らに食べさせた。Y_2は夕食の片付けが終わると帰り，その後はY_3が1人で，自己の3歳と4歳の子どもとA，それに9か月児，3歳児の各2人（3歳児の1人は昼間から預かっていた児童で，午後8時30分頃まで保育していた），2歳児，4歳児各1人の合計9人の乳幼児の世話をしていた。

Aは，夕食後おもちゃ等で遊んだ後，午後7時40分頃にはベビーベッドの1つに入れられて眠ったが，その後，食べた物を吐き，これを吸飲して窒息した（遅くとも午後8時30分前後には窒息したものと推測される）。Y_3は午後9時35分頃これを発見して9時50分頃救急車を呼び，すぐ近くの病院で手当てを受けさせたが，Aは既に心停止，呼吸停止の状態にあり，午後10時42分蘇生しないことが確定した。

以上について，Aの両親であるX_1・X_2が，Y_1に対して，Y_2又はY_3の不法行為を理由として民法715条に基づいて損害賠償を請求するとともに，民法415条に基づいて債務不履行を理由とする損害賠償を請求した。

裁判所の判断

■被告に対し損害賠償を命じた。

1　保育者の過失の有無について

「Y_3がAの異常を発見して後の不手際はすでにAの死の結果には結びつくものでなかったもの（略）と言うべく，この時点でのY_3の過失はとりあげるに由ないところとなる。」「そして午後8時から午後8時30分前後の間，他の7人（昼間保育の3歳児を入れて8人）もの乳幼児の世話をしながら，特段体調が悪いとも認識し得ず安全なベビーベッドで眠っているAにたえず注意を払っておくことは期待し得ないところであり，Y_3に監視義務違背等の過失を認めることは困難である。」したがって，Y_2又はY_3の過失を前提とするY_1の使用者責任は認められない。

2　無認可保育施設を経営する者の善管注意義務違反の有無について

「Y_1は有償にて乳幼児を預り保育するのであるから，かけがえのないその生命身体に別条のないよう保育態勢を整えるべく，とりわけ保育の対象が自らの力で自己を守ることのできない者であることに鑑みると，預かった乳幼児を事故の危険から守るための善管注意義務の程度は自ら重くならざるを得ないところである。」

「而してY_1において預っていた年齢の乳幼児は自ら自己を守る能力はなく，いつ突発的な事故が起こるかもしれない（略）から，1人の子供に相当程度注意力を集中しておくことが求められるところ，その必要な注意をまんべんなく9人もの乳幼児に向けることはほぼ不可能というべく，注意を向けうる人数には限界があるものと判断される。本件でももう1人保母がいたなら，Y_3が他に注意を向けたときにその余に注意を払い得たのであるからAの死を防止し得た蓋然性は低くないものと言うべきである。即ち，保母が間断なく1人1人に注意を集中するまでは期待できないのは言うまでもないが，本件のような窒息の場合心停止に至る数分の間にけいれん等何らかの徴候のあることが知られており，少なくとも，Y_3の注意が他に向いているときに，もう1人が全体を見まわす機会があったなら，Aの右徴候を発見し得，保母の心得があれば救急措置をとって死の結果を食い止め得た可能性は強いのである。

従ってY_1は右の人的設備の点で乳幼児を保育のため預った者として未だ責に帰すべき事由がないものとは認め難く，債務不履行責任としてAに生じた本件事故による損害を賠償する義務を免れない。」

3　過失相殺について

X_1・X_2も「Y_1の人的な面を知りつつ敢えて自己らのためにAの保育委託を継続し（略），Aの世話をY_1に一任してしまっており，（略）当日もAの健康を一次的にチェックする責任を怠っていることが認められ，その安易な態度が本件の一因ともなっているものと言うべく，A側の過失として85%の過失相殺をするのを相当とする。」

50　他児の覆い被さりによる睡眠中乳児の窒息死

◆無認可保育施設乳児事故損害賠償請求事件◆

千葉地裁1992(平成４)年３月23日判決

裁判のポイント

睡眠中の乳児に対して保育者が負う注意義務。

解　説

本件は，９か月の乳児が大人用のベッドで他の５人の乳幼児と共に寝かせられていたところ，２歳の幼児に覆いかぶさられたために窒息死したとの事故について，無認可保育施設の経営者兼保育担当者の保育上の注意義務違反の有無が争点となった事案である。

判決はまず，本件無認可保育施設で実施されていた保育について，本件施設では，無資格者である夫婦（経営者兼保育担当者）が昼夜合わせて十数名の乳幼児を保育し，夫婦が睡眠不足であった点などを指摘して，本件「施設での保育の環境は，劣悪であったと認めざるを得ない。」と述べている。そして，事故当日の保育について，「乳幼児６人を，１つの大人用のベッドに寝かせるという，それ自体極めて危険な保育を行っていた」と述べて，保育内容自体の問題性を指摘している。なお，本件施設は傷害保険にも加入していなかったということであるが，本件に見る事実は，無認可保育施設の１つの実態を示すものとして注目する必要があると思われる。

さて，以上を前提に判決は，保育者夫婦の保育上の注意義務について検討しているが，判決は，「乳幼児の保育に従事する者としては，寝返り等を打った乳幼児が他の乳幼児に覆いかぶさったりすることによって不測の事故が発生しないように乳幼児らの動静を常時注視していなければならない注意義務があった」と述べている。そして，本件保育者夫婦の保育について，夫は睡眠中であり，妻はそのことを知りながら「ベッドを見ることができない他の部屋で食器を洗っており，約10分ごとに様子を見に行ったに過ぎ」なかったとして，保育者夫婦の注意義務違反を認定している。このように判決は，保育者夫婦には「乳幼児らの動静を常時注視」する注意義務違反があったと判断しているが，以上の判断は，本件施設の保育環境及び保育の実施状況を前提とするものであることに注意する必要がある。本件では，本件態様の事故の発生が十分に予見することができたという点がポイントになっているのである。

なお，保育者夫婦は裁判において，乳児の死因は病死である疑いがあると主張したが，判決は，乳児の発育状態と事故当日の健康状態，そして事故の発生状況に言及して，乳児の死因は事故による窒息死であると認定している。

以上から判決は，保育者夫婦の不法行為責任を認定して（判決は，乳児死亡の損害について過失相殺の検討をしていない。この点につき，**判例49**を参照のこと），乳児の両親の損害賠償請求を認容している。

【事件のあらまし】

夫婦であるX_1・X_2は，無認可保育施設を夫婦で経営するY_1（妻）・Y_2（夫）との間で，長男であるA（９か月）の保育について，保育委託契約を締結していた。

Yらが本件事故当時に預かっていた乳幼児は昼間・夜間を合わせ約17人であり，年齢は０歳から５歳の間であった。昼間の保育状況は，Aを含む０歳から３歳までの６

人の乳幼児を大人用のベッドに寝かせ，３歳より上の子どもは，布団を敷いて寝かせるなどしていた。なお，保育者は，保母の資格を有しないY_1及びY_2の２人のみであり，Ｙらは，自身の４人の子どもの保育にも当たっていた。

平成３年４月６日の午前11時30分頃，Y_1及びY_2は，いつもの通りＡを含む６名の乳幼児を１つの大人用のベッドに寝かせた後，Y_1においては他の部屋で子どもたちの食器を洗うなどし，Y_2においては，ベッドのある部屋で頭痛のため睡眠をとっていた。Y_1が右ベッドを離れた時点では，Ａは眠っていたが，まだ眠っていない幼児もいた。Y_1は約10分ごとにＡらの様子を見に行ったが，炊事場とベッドのある部屋の間には仕切りがあり，Y_1が常時Ａらを見ていることができる状態ではなかった。

Y_1が，午前11時50分頃，Ａらの様子を見に行ったところ，うつぶせになっているＡの頭部に，Ａと同じベッドに仰向けに寝ていた２歳になる女児が，首から上をＡの後頭部にのせるかたちで眠り続けているのを発見した。Y_1が急いで同女児をＡの頭部からどかせてＡを抱き上げたところ，Ａの顔は青くなっており，Ａを床に敷いてあった布団に下ろしてほほをたたいたが反応がなかったので，Y_2を起こして，Ａに対しかわるがわる人工呼吸を行った。しかし，Ｙらは人工呼吸について正確な知識を有していたわけではなく，Ａの口に息を吹き込み，腹を押すという程度のことをしたに過ぎなかった。Ｙらは，数分にわたって人工呼吸を行った後，Y_1の運転する自家用車でＡをＢ医院に連れて行ったが，Ａは既に死亡していた。

以上について，両親であるX_1・X_2が，Y_1・Y_2に対して，保育委託契約の債務不履行又は不法行為に基づいて，Ａの死亡よる損害について損害賠償を請求した。なお，Ｙらは，預かった乳幼児について傷害保険に加入していなかった。

裁判所の判断

■被告に対し損害賠償を命じた。

本件無認可保育施設は，「何ら保育所における乳幼児保育に従事する資格を取得していないＹらのみで，昼夜合わせて十数名の乳幼児を保育していたというのである。Y_1が，１人の保母で保育できる乳幼児の人数は４，５人であると認識していたこと，(略) ２人で昼夜にわたり保育を行わなければならなかったためＹらが睡眠不足であったことを考えあわせると，Ｙらによる無認可保育施設での保育の環境は，劣悪であったと認めざるを得ない。

そして，Ｙらは，事故当日も，Ａを含む０歳から３歳までの乳幼児６人を，１つの大人用のベッドに寝かせるという，それ自体極めて危険な保育を行っていたのであるから，乳幼児の保育に従事する者としては，寝返り等を打った乳幼児が他の乳幼児に覆いかぶさったりすることによって不測の事故が発生しないように乳幼児らの動静を常時注視していなければならない注意義務があったというべきであるが，Y_2においては右ベッドのある部屋で睡眠をとり，Y_1は，Y_2が睡眠をとっていることを知りながら，右ベッドを見ることができない他の部屋で食器を洗っており，約10分ごとに様子を見に行ったに過ぎず，Ｙらにおいて，うつぶせになったＡの後頭部に同じベッドに仰向けに寝ていた２歳の女児の首から上をのせた直後にそれに気が付かなかったというのであって，右注意義務を怠ったことは明らかであり，したがって，Ｙらには過失がある。

また，Ｙらは，Ａは病死した疑いがあるというのであるが，(略) Ａは特に病弱ということはなく，前日に医者に行ったのも軽い風邪に過ぎず，熱もなかったのであるから，Ａの死因は，ベッドにうつぶせになっていたところに右女児がのったことにより窒息したことによるものである。

こうして，Ｙらは，Ａの窒息死について不法行為責任を負わなければならない。」

51　吐乳吸引による乳児の窒息死

◆無認可保育施設乳児事故損害賠償請求事件◆

東京地裁1992（平成４）年５月28日判決

裁判のポイント

乳児の保育を担当していた保母が負う注意義務。

解　説

本件は，吐乳吸引による気道閉塞によって生じた４か月乳児の窒息死事故について，乳児の両親に対して示談金を支払った無認可保育施設の経営者が，乳児の保育を担当していた保母（当時）らに対して，求償権に基づき求償金を請求した事案である。

民法715条３項は，使用者損害賠償責任（715条１項）を負担した使用者は，被用者に対して求償できる旨を規定しているが，同項による求償は，その前提として，被用者の行為に「不法行為」が成立していることが必要になる。そこで本件では，使用者損害賠償責任を負担した無認可保育施設経営者と被用者である保母らとの間で，①乳児の保育を担当していた保母らに保育上の注意義務違反があったと言えるか，また，②保母らの注意義務違反と乳児の死亡との間に因果関係が認められるか，の２つが争われた。

判決は①について，まず，被告保母の１名について，同保母は死亡した乳児の「保育の業務を担当すべき地位」になかったなどと述べて，同保母には「乳児の吐乳吸引の危険の発生を防止すべき注意義務があったものとも認められない。」と判断している。しかし，乳児の保育を担当していた保母については，「乳児に対する授乳の後も乳児の睡眠中を含め相当程度頻繁に乳児室を見回って乳児の動静に気を配り，吐乳吸引が生じることがないようにするべき注意義務を負っていた」と述べて，同保母が乳児の異常が発見されるまでの「１時間50分の間に１度も乳児室に入っていない」点を指摘して，同保母には「相当程度頻繁に乳児室を見回って乳児の動静に気を配る注意義務を怠った」違反があったとした。なお，判決がいう「相当程度頻繁に」とは「10分ないし20分おき」のことをいうようであるが，以上が動静把握のあり方として適当であるかどうかは，保育環境（乳児室の構造及び乳児室が置かれている位置等を含む）や保育の実施状況にも照らして判断する必要があると思われる。

判決は次に，②について，本件乳児の吐乳の吸引は，気道の末梢までに至る吸引であることを指摘して，本件においては，保母が「早期に乳児の異常を発見することができたとしても，そしてその後直ちに救急車を呼んでも，乳児の救命を果たし得たかどうかは甚だ疑問が残る」と述べて，保母の注意義務違反と乳児の死亡との間の相当因果関係を否定している。

判決は以上から，保母らに対する無認可保育施設経営者の求償の請求には理由がないと判断したが，本件は，乳児窒息死事故の責任の分担をめぐり，経営者と保母との間で，保母の保育に不法行為の成立が認められるかどうかが争われた事案として注目に値するものである。

【事件のあらまし】

Xは，マンションの一室において無認可保育施設を経営していたものであり，Y_1・Y_2は，Xに雇用され，保母として勤務していたものである。

昭和62年８月21日，乳児A（生後４か月）は，午前の昼近い時刻にY_1から授乳を受けたあと，乳児室内に敷かれた敷布団上で寝かされていたが，午後２時50分頃，Aを起こしに来たY_2によって，毛布を上半身に巻き被るようにしたうつ伏せの姿勢となり，ぐったりして，身体が冷たくなっているのが発見された。Aは，施設長Bの指示により救急車で病院に搬送されたが，午後4時に死亡が確認された。解剖結果によれば，Aの直接の死因は吐乳吸引による気道閉塞であった。

Aの保育は，6か月未満児の保育を担当していたY_1が分担していたが，Y_1は午後1時頃に乳児室の様子を見て以降は，Y_2（6か月以上1歳未満児の保育を担当）がAの異常を発見するまでの1時間50分の間に1度も乳児室に入っていなかった。なお，Aの吐乳は午後1時20分頃から午後2時頃までの間と推認されている。

以上の事故について，Aの両親であるZ_1・Z_2が，Xに対して，Y_1・Y_2の共同不法行為を理由として損害賠償の請求をしたことから，Xは，昭和63年3月21日，Z_1・Z_2との間で，Xが金3400万円の示談金を支払う旨の示談をした。Xは，Xが加入していた賠償責任保険から2600万円が保険金として支払われたので，同額を示談金の弁済に充て，残る800万円を自己負担としてZ_1・Z_2に支払った。そこでXは，使用者損害賠償責任を負担した使用者として，Y_1・Y_2に対して求償権に基づき求償金800万円の支払いを求めた。

裁判所の判断

■原告の損害賠償金求償請求を棄却した。

1　Y_2の注意義務違反について

Y_2は，Aに対する「保育の業務を担任すべき地位になく，（略）Aにその吐乳吸引の危険の発生の具体的徴候を認識した場合を除き，一般的にその吐乳吸引の危険を予見するべき注意義務までを負うものではなかったといわなければならない。そして，Y_2がその分担する他の乳児に対する保育の業務をしている間に，たまたまAに右の危険の発生の具体的徴候が現れているのを認識したことを認めるに足りる証拠はないから，Y_2にこのような認識に基づくAの吐乳吸引の危険の発生を防止すべき注意義務があったものとも認められない。」

2　Aの保育を担当していたY_1の注意義務違反について

「Y_1としては，4か月児であるAに対する授乳の後もAの睡眠中を含め相当程度頻繁に乳児室を見回ってAの動静に気を配り，吐乳吸引が生じることがないようにするべき注意義務を負っていたものであるが，Y_1は，（略）午後1時ころに乳児室の様子を見て，泣いている乳児1人をプレイルームに連れ出しておむつの世話をした後には，プレイルームで乳児の連絡帳の記入をしたり，洗濯物を取り込んだり，乳幼児のおやつを作ったり，調乳をしたりする保育業務をしていた（略）ものの，午後2時50分ころY_2がAの異常を発見するまでの1時間50分の間に1度も乳児室に入っていないことが認められるのであって，右の時間の長さ，その間にしていたY_1の保育業務の性質等を含むこれらの認定事実によれば，Y_1は，相当程度頻繁に乳児室を見回ってAの動静に気を配る注意義務を怠ったものといわなければならない。」

3　Y_1の注意義務違反とAの死亡との間の因果関係について

「Aの吐乳吸引は，（略）気道の末梢までに至る吸引であるから，吐乳の後の極めて短時間内の吸引があったと推認されるので，Y_1が相当頻繁に（例えば，10分ないし20分おきに）見回ってAの動静に気を配ることを繰り返しても，次の見回りまでの間にAが右のようなうつ伏せの姿勢になってしまい，その見回りの際にこれをY_1が発見したときにはAは既に吐乳吸引後でその気道の閉塞が生じてしまっていた可能性を否定することは困難である。」

「仮にY_1が相当頻繁に乳児室を見回ってAの動静に気を配り，これによって早期にAの異常を発見することができたとしても，そしてその後直ちに救急車を呼んでも，Aの救命を果たし得たかどうかは甚だ疑問が残るものといわなければならず，したがって，（略）Aの死亡が（略）Y_1の注意義務の違反によるものとしてその間に相当因果関係があるとまでは認めること」はできない。

「以上の次第で，Xの本訴請求は，その余の点について判断するまでもなく，いずれも理由がない」。

52　乳児窒息死事故における救命措置義務違反

◆無認可保育施設乳児事故損害賠償請求事件◆

東京地裁1992（平成４）年６月19日判決

裁判のポイント

乳児の異常を発見した保育者が負う救命措置義務。

解　説

本件は，無認可保育施設において，８か月の乳児が睡眠中に吐瀉物誤嚥により窒息死した事故について，①保母（当時）らの保育上の注意義務（監視義務）違反の有無，②異常発見後の対応についての経営者兼施設長の注意義務（救命措置義務）違反の有無，③上記注意義務違反と乳児死亡との間の因果関係（救命可能性）の有無が争われた事案である。

①について判決は，本件乳児は，嘔吐誤嚥の異常発生の際に，また，その直後において「外部から認識可能な外形的兆候」をほとんど示すことがなかった可能性が多分にあると述べて，保母らが，乳児の「嘔吐誤嚥・呼吸停止の異常に気づかなかったとしても，これをもって直ちに監視義務を怠った過失があるということはできない。」と判断している。以上の判断は，判決が，乳児の午睡が静寂な環境で行われていたこと，また，保母らが乳幼児室に在室し，乳児らのぐずり声にその都度気付いて対応していたことを考慮している点に注意する必要がある。

次に判決は，②について，経営者兼施設長が，来園を依頼しようとして電話した顧問医が不在であるとわかった時点で救急車を呼ばなかった行為について，「本件における対応として著しく適切さに欠け，かつ，常識では理解できない」と述べて，経営者兼施設長の注意義務違反を認めている。争点②については，判決が，経営者兼施設長には「可能な限り人工呼吸等の応急措置を施す一方で，直ちに医師等の専門家に救命措置を委ねるようにすべき義務」があったと述べている点に注目する必要がある。

②の判断を経て判決は，③について，本件では「乳児の異常が発見されたときには既に乳児にはチアノーゼが生じており，右の発見時までに気道閉塞後既に相当の時間が経過してしまっていた」として，「結局，救急車を直ちに呼んでも乳児の救命可能性はなかった」と述べて，経営者兼施設長の注意「義務違反と乳児の死亡との間には，相当因果関係を認めることはできない」と判断している。

本件は，経営者兼施設長の注意義務違反は認めたものの，同注意義務違反と乳児死亡との間の相当因果関係は否定して，乳児の両親の損害賠償請求を棄却した事案であるが，嘔吐物誤嚥による乳児窒息死事故について，経営者兼施設長の救命措置義務違反を認定した裁判例として注目する必要がある。

【事件のあらまし】

夫婦であるX_1・X_2は，施設長として無認可保育施設を経営するＹとの間で，子である男児Ａ（８か月）の保育について，保育委託契約を締結していた。

昭和62年３月23日，離乳食を食べた後，ミルクを150cc飲んだＡは，午前11時30分頃，午睡に入った。当日，園には乳幼児が13名登園しており，施設長であるＹのほか，３名の保母，１名のアルバイトが乳幼児の保育を担当していた。なお，午睡中，保母らは乳幼児室に在室し，交代で乳幼児の監視にあたっており，午後１時過ぎ頃には，Ｂ保母がＡのぐずり声に，午後２時頃，２時30分頃には，Ｃ保母が他の乳児のぐずり声にその都度対応していた。

午睡の終了時刻である午後３時を少し過

ぎた頃，ＹがＡを起こそうとして顔から掛け布団を剝がしたところ，Ａは唇が濃い紫色になっており，口の周辺にもチアノーゼが出ていた。ＹはＡを抱き上げ，声を掛けたが，ぐったりとして反応がなかったため，他の保母らに急を告げ，最も保育経験の豊富なＢ保母にＡに対する応急措置を委ねた。ＢがＡに人工呼吸と心臓マッサージを施す間，Ｙは顧問医に電話して来園を依頼しようとしたが顧問医が不在であったため，続けてＸ方に電話し，電話に出たX_1に対し，Ａのかかりつけの医者を教えて欲しい旨を告げた。X_1は電話を受けて３，４分後に園に到着したところ，Ｙがいまだ救急車を呼んでいなかったことから，Ｙに救急車を呼ぶように指示した。Ｙが救急車に電話した時刻は３時18分であり，救急車は３時23分に園に到着した。救急車は午後３時45分にＤ病院に到着し，ＡはＤ病院において気道確保の措置が採られたが，午後４時52分，死亡が確認された。Ａの死因は吐瀉物誤嚥による窒息死であった。なお，解剖の結果からＡは，本件事故当時，気管支炎又は軽度の気管支肺炎の症状を有しており，それによる気道炎症が刺激となって午睡中に嘔吐し，吐瀉物を誤嚥した結果，気管が閉塞して急性窒息により死亡したものと推認されている。

以上から，X_1・X_2が，Ｙに対して，Ｙの不法行為責任又は債務不履行責任を主張して，損害賠償を請求した。

裁判所の判断

■原告の損害賠償請求を棄却した。

1　保母らの注意義務（監視義務）違反の有無について

「本件保育所は，環境的には閑静な場所に存在し，午睡中はわずかな物音でも聞き取れる程度の静寂度であったと考えられ，現実にも，Ａや他の乳児らがぐずり声を上げた際には，Ｂ保母又はＣ保母がその都度気づいて対応していることなどの各事実をも合わせて考慮すれば，本件において，Ａは，嘔吐誤嚥の異常の発生の際，外部から認識可能な外形的兆候をほとんど示すことがなく，かつ，その直後においてそのような外形的兆候をほとんど示すことのないまま呼吸停止の状態に至った可能性が多分にあるものといわざるを得ず，したがって，保母らがＡの右のような嘔吐誤嚥・呼吸停止の異常に気づかなかったとしても，これをもって直ちに監視義務を怠った過失があるということはできない。」

2　Ｙの注意義務（救命措置義務）違反の有無について

「ＹがＡの異常を発見した当時，Ａは，口の周辺にチアノーゼが出てぐったりしていたのであるから，Ｙとしては，可能な限り人工呼吸等の応急措置を施す一方で，直ちに医師等の専門家に救命措置を委ねるようにすべき義務があったものというべきである。」

「Ｙは，顧問医が不在であることがわかった後，続けてＸ方に電話してかかりつけの医師を尋ねた上，X_1が本件保育所に到着して指示するまで救急車を呼ぼうとして」いないが，本件では，「顧問医が不在であるとわかった右時点において，救急車を呼ばなかったＹの行為は，本件における対応として著しく適切さに欠け，かつ，常識では理解できないものであって，前記注意義務に違反するものといわざるをえない。」

3　Ｙの注意義務違反とＡの死亡との間の因果関係について

Ａの症状に対しては，「救命措置としてマウスツーマウスや酸素マスクによる人工呼吸では不十分であって，気管内挿管及び気管内洗浄等の医療設備を有した病院に搬入した上で，右各措置を講じる必要があり，しかも，Ａが吐物を誤嚥して窒息してから数分以内にこれらの措置が行わなければ救命可能性が低いものと認められる。」本件では，「Ａの異常が発見されたときにはＡには既にチアノーゼが生じており，右の発見時までに気道閉塞後既に相当の時間が経過してしまっていたのであるから，結局，救急車を直ちに呼んでもＡの救命可能性はなかったものといわざるを得ない。」「Ｙの（略）義務違反とＡの死亡との間には，相当因果関係を認めることはできないから，Ｙの右義務違反を理由としてＡの死亡による損害の賠償を請求する原告の主張は，理由がない。」

53　吐瀉物《としゃ》吸飲による幼児窒息死

◆無認可保育施設幼児事故損害賠償請求事件◆

千葉地裁1993（平成５）年12月22日判決

裁判のポイント

幼児の保育において保育者が負う注意義務。

解　説

本件は，無認可保育施設で保育を受けていた１歳２か月の幼児が何らかの原因で嘔吐し，吐瀉物を吸飲して窒息死した事故について，①経営者兼保育者（以下「保育者」ともいう）の注意義務（監視義務等）違反の有無，及び②保育者の注意義務違反と幼児の窒息死との間の因果関係の有無が争われた事案である。

①について判決は，まず，業として乳幼児の保育に携わる者は，「１歳２か月くらいの乳幼児は，食べた物を嘔吐することがよくあり，その場合に吐瀉物を気管に吸飲し，時には死に至ることも稀でないこと」を常に念頭に置いて保育にあたるべき注意義務を負っていると述べている。そして，当該注意義務の程度として，「特段の事情なき限り，乳幼児を注視し続け一寸たりとも目を離してはいけないというほど高度なものではないが，乳幼児が顕著な外部的徴表により異常を示した場合には即座に気付いて対応し得る程度のものが要求されている」と述べている。以上は，乳幼児の保育における保育者の注意義務（監視義務）の中身及び程度を述べる部分として重要であるが，判決はこの点について，本件において保育者は，幼児の保育中に約25分間他の作業に従事しており，そのために，「幼児が音を立てるなどの顕著な外部的徴表により異常を示したとしても気付くことは困難な状況であった」と指摘して，本件保育者の行為は上記注意義務に違反する行為であると判断している。

次に，②について判決は，本件では保育者が必要な注意さえしていれば，幼児の嘔吐に即座に気付くことができたのであり，その場合，保育者は「即座に吐瀉物を口外に出させ，吐瀉物が気管に吸飲されるのを防ぐ措置をとることにより幼児を救命する蓋然性があった」と述べて，保育者の注意義務違反と幼児の死亡との間の因果関係を認めている。なお，判決は，②の判断において幼児の嘔吐状況について検討しているが，判決は原告の主張，すなわち，本件において幼児は顕著な外部的徴表を示して嘔吐した可能性があるとの主張に対して，被告が何らの反証をしていないとして，原告の主張を前提に②の判断をしている。因果関係の立証に関する裁判所の以上の判断は，本判決の注目箇所の一つと言える部分であろう。

判決は，①②の判断から経営者兼保育者の債務不履行責任を認定しているが，他方で，親の過失を認定して60％の過失相殺を認めている。判決は親の「慎重さを欠いた行為が本件事故の一因となった」と述べているが，この点に関する裁判所の判断にも注目する必要がある。

【事件のあらまし】

Ｘは，無認可保育施設を経営するＹとの間で，長女Ａ（１歳２か月）を午後６時から午前２時までを保育委託時間とする保育契約を締結していた。

平成２年９月24日の午後６時15分頃，ＸはＡをＹに預けたが，この日の夜間は，ＹとＹの妻の２人がＡを含め４人の乳幼児の保育にあたることになっていた。午後６時30分頃，１人で保育にあたっていたＹは，同時刻にＡに食事をさせた後，Ａを他の女児と一緒のベッドに入れ，他の２人の乳幼児を床の上で遊ばせた。ＹがＡをベッドに入れたのは６時50分頃であるが，ＹはＡをベッドに入れてすぐに保育室の隣にある事務室に入り，書類の作成作業をはじめた。保育室と事務室との間のドアは約90度開けられていたが，事務室とベッドとの間の距離が5，6mあるため，室内が静かな状態であったとしても，事務室内からではベッド内でAが音を立てて嘔吐するなど顕著な外部的異常を示してもそれに気付くことは困難な状況であった。Aはベッドに入れられてから暫くの間はベッドの柵に摑まってがたがたとベッドを揺すっていたが，その後，何らかの原因で嘔吐し，吐瀉物を吸引して気管支に詰まらせ，窒息状態に陥った。YがAの異常に気付いたのは7時15分過ぎであったと推認できるが，Aの異常を発見するまでの間，YはAの側に行ってAの様子を見ていない。異常発見後，Aは救急車で病院に搬送され，治療を受けたが，午後8時40分に死亡が確認された。死因は吐物吸引による窒息死であった。

以上についてXは，Yに対して，第1次的に保育契約の債務不履行に基づいて，第2次的に不法行為に基づいて，損害賠償を請求した。

裁判所の判断

■被告に対し損害賠償を命じた。

1　Yの注意義務（監視義務）違反の有無について

「1歳2か月くらいの乳幼児は，食べた物を嘔吐することがよくあり，その場合に吐瀉物を気管に吸飲し，時には死に至ることも稀でないことが認められる。(略) 業として乳幼児の保育に携わる者としては，常にそのことを念頭に置いて保育にあたるべき注意義務を負っているものであり，右の注意義務の程度は，特段の事情なき限り，乳幼児を注視し続け一寸たりとも目を離してはいけないというほど高度なものではないが，乳幼児が顕著な外部的徴表により異常を示した場合には即座に気付いて対応し得る程度のものが要求されているものと解するのが相当である。」

「Yは，(略) 本件事故当時，4人の乳幼児を預かり，しかも，保育にあたる者がY1人しかいなかったにもかかわらず，Aをベッドに入れたまま，午後6時50分過ぎから同7時15分過ぎまでの約25分間，隣の事務室で書類作成の作業に従事しており，Aが音を立てるなどの顕著な外部的徴表により異常を示したとしても気付くことは困難な状況であったのであるから，Yの右行為は，右の注意義務に違反するものといえる。」

2　Yの注意義務違反とAの死亡との間の因果関係について

「一般に幼児が嘔吐する際には，音を立てるなど顕著な外部的徴表を示す場合とそうでない場合の両方の可能性があり，本件においてAがそのどちらかであったかは断定できないが，Aが嘔吐した際に音を立てるなど顕著な外部的徴表を示した可能性のあることをXが立証した場合には，Yにおいて反対事実を立証しない限り，Aが嘔吐した際に音を立てるなど顕著な外部的徴表を示した可能性のあることを前提として因果関係の有無を判断すれば足りるものというべきである。

本件ではYにおいて何らの反証がないところ，Aが音を立てるなどの顕著な外部的徴表を示して嘔吐した場合には，Yが必要な注意さえしていればこれに即座に気付くことができたことは，前記 (略) 認定のとおりであり，かつ，その場合には，被告は即座に吐瀉物を口外に出させ，吐瀉物が気管に吸飲されるのを防ぐ措置をとることによりAを救命する蓋然性があったものと解する。以上によれば，Yの監視義務違反とAの死亡との間の因果関係を肯定するのが相当である。」

3　過失相殺について

Xは，「YにAを預ける際に，Aが鼻水を出していることをYに告知しなかった。そのため，Yは，Aを特に注意して監視しなければならないとは考えなかった。」また，Xは，本件無認可保育施設が「夜間はY1人で数人の乳幼児を観るという保育体制であることを認識していた」。「以上の事実を総合すれば，(略) Xの右慎重さを欠いた行為が本件事故の一因となったものと言うべきであり，X側の過失として60%の過失相殺をするのを相当とする。」

54　乳幼児突然死症候群(SIDS)による乳児死亡

◆家庭保育福祉員（無認可保育施設）乳児事故損害賠償請求事件◆

東京高裁1995(平成７)年２月３日判決

裁判のポイント

無認可保育施設での乳児死亡事故における市·県·国の行政責任。

解　説

本件は，無認可保育施設において９か月の乳児が睡眠中に死亡したとの事故について，①乳児の死亡原因，②無認可保育施設経営者の損害賠償責任の有無　③市・県・国の各行政責任の有無が争点となった事案である。なお，本件無認可保育施設は松戸市の家庭保育福祉員制度（市は制度要綱に基づき，市が認定，登録した家庭保育福祉員に対して，同福祉員が受託児童を保育した場合に報償金を支給していた）を利用して運営されていたものであり，乳児の同施設の利用は，市の紹介（斡旋）に基づいて，両親が無認可保育施設経営者と保育委託契約を締結して行っていたものであった。

裁判ではまず，①乳児の死亡原因が争われたが，これについて一審は，乳児の死亡は鼻口閉塞による窒息死であると認定したのに対して，二審は，乳児の死亡は乳幼児突然死症候群（SIDS）による突然死であると認定してこれを否定する判断をした。

そして裁判は，以上の認定の相違により，一審では，無認可保育施設経営者，市・県・国の損害賠償請責任の有無（上記②③の争点）が判断され，施設経営者の不法行為責任のみを認める判決（行政責任は否定）がなされたが，二審では，無認可保育施設経営者及び（家庭保育福祉員である）保育者は，死亡した乳児について乳幼児突然死症候群による突然死を回避する措置を採ることはできなかったとして，施設経営者，市・県・国の損害賠償責任を否定する判決をした。

本件はこのように，乳児の死亡原因の認定だけでなく，損害賠償責任の有無の判断の点においても，一審，二審で異なる結論が採られたが，本件は以下の点，すなわち，死亡した乳児の両親が市・県・国の行政責任を追及した点，そして一審において，無認可保育施設経営者の国家賠償法上の「公務員」該当性，市の紹介行為の違法性，県の児童福祉法上の規制監督権限の不行使の違法性，国の知事に対する指揮・監督の懈怠の違法性等が判断されている点が注目される。一審判決の判断には議論の余地があるが，本件は，「保育保障制度における公的責任」の内容が争われた事案として注目する必要がある裁判例である。

【事件のあらまし】

無認可保育施設（以下「本件施設」という）を経営するＹは，雇用する保育者を松戸市の家庭保育福祉員として登録し，松戸市から紹介を受けた児童を保育していた。

乳児Ａ（昭和48年５月生まれ）の両親であるX_1・X_2は，松戸市に対して，Ａの市立保育所への入所を申し込んだが，市は市立保育所は満員であるなどとして入所を拒否し，代わりに，松戸市の家庭保育福祉員制度の概要を説明の上，その利用を勧め，本件施設を紹介した。以上によりX_1・X_2は，Ａの保育について，Ｙとの間で保育委託契約を締結した。

1970(昭和49)年２月，Ａは昼食後の午後零時30分頃に，家庭保育福祉員である保育者Ｂにより乳児用寝室に連れて行かれ，敷布団の上に伏臥位で寝かされた。Ｂは午後３時頃，乳児用寝室に入室しＡの様子を見たところ，Ａが顔面を垂直に敷布団に押し付けるように伏臥しており，敷いてあったバスタオルがＡの顔面付近に雑然としわ寄せられて集中しているのを発見した。そこで，ＢはＡを抱き上げたが，Ａの顔面は黄色くなりぐったりした様子であったため，Ｙを呼んで異状を知らせた。ＹはＢからＡを受け取ると，Ａを近くの医院に搬送したが，午後３時すぎ頃，Ａの死亡が確認された。

以上について，X_1・X_2は，Ｙに対して，不法行為又は債務不履行に基づいて，また，市・県・国に対して，国家賠償法１条１項等に基づいて損害賠償を請求した。

原審（千葉地裁松戸支部昭和63年12月２日判決，判例時報1302号，判例タイムズ691号，判例地方自治55号）は，Ａの死因について，Ｃ大学Ｄ教授の司法解剖による鑑定結果により，Ａに窒息死の所見が認められること（Ｄの証言を含めて，以下「Ｄ鑑定等」という），本件に鼻口閉塞による窒息死を推測させるに足りる十分な外的状況があることなどを指摘して，Ａの死因は鼻口閉塞による窒息死であると認定した。そして，以上の認定のもと，Ｙの注意義務違反を認めて，Ｙについて，不法行為に基づく損害賠償責任を認める判決をした。しかし他方で，市・県・国に対する国家賠償請求等については，市について，Ｙ及びＢは国家賠償法上の公務員には当たらないとして，また，市の無認可保育施設の紹介行為に違法性は認められないとして請求を棄却し，県及び国については，本件事故当時において，「千葉県知事又は厚生大臣が本件事故発生の具体的蓋然性を認識していたことあるいは容易にこれを認識しうべきことを認めることはできない」などと述べて，県の児童福祉法58条２項（本件事故当時）の規制監督権限の不行使に違法性は認められないとして，また，国の知事に対する指揮・監督の懈怠に違法性は認められないとして請求を棄却した。

そこで，以上に不服の一審原告X_1・X_2及び一審被告Ｙが控訴した。

裁判所の判断

■施設経営者に損害賠償を命じた一審判決を取り消し，原告の損害賠償請求を棄却。市，県，国に対する損害賠償請求を棄却。

１　乳児の死因について

Ｄ鑑定等に対して，Ｅ大学Ｆ教授の鑑定結果は，Ａの死因はSIDSであり，鼻口閉塞による窒息死等ではないとするものである（Ｆの証言を含めて，以下「Ｆ鑑定等」という）。また，Ｇ大学Ｈ助教授の鑑定結果は，Ａの死因はSIDSの可能性が極めて高く，口腔内への異物（バスタオル）の挿入等による窒息死の可能性は極めて少ないとするものである（Ｈの証言を含めて，以下「Ｈ鑑定等」という）。そこで，Ｄ鑑定等とＦ鑑定等及びＨ鑑定等とを対比して検討する。

「Ｄ鑑定等はＡには多数の溢血点が見られ，特に皮膚にもそれが発現していること及び他の臓器は鬱血でありながら脾臓のみは貧血であるということを根拠としてＡの死因を窒息死であると判断しているが，それらはいずれも窒息死のみに特有な所見ではなく，SIDSの所見とも一致するのであるから，Ｄ鑑定等がＡの死因を窒息死であるとする点には大きな疑問があり，Ｄ鑑定等はこの点において既に採用し難いというべきである。」

Ｄ鑑定等は，バスタオルの口腔内への挿入等によって鼻口閉塞が発生したと考えているが，「本件事故の際，Ａの口の中に右バスタオルが入り込んでいたことを認め得る直接の証拠は全く存しないし，そのようなことを推認させる客観的状況も認められない」。「したがって，結局，Ａの死因を鼻口閉塞による窒息死であるとするＤ鑑定等は採用できないといわなければならない。」

「Ｆ鑑定等及びＨ鑑定等を併せ考えれば，Ａの死因は鼻口閉塞による窒息死であるとは認められず，Ａの死亡はSIDSによるものと認めるのが相当である。」

２　無認可保育施設経営者の責任及び市・県・国の行政責任について

本件では，Ａの死亡につき，第一審被告Ｙ及びＢにおいて回避の措置を採る余地はなかったのであるから，「第一審原告らの第一審被告らに対する本訴請求は，その余の点について判断するまでもなく，いずれも理由がないから棄却すべきである。」

55　ニアミスSIDSによる無酸素性脳症発症

◆無認可保育施設乳児事故損害賠償請求事件◆

神戸地裁1995（平成７）年６月９日判決

裁判のポイント

睡眠中の乳児に対して保育者らが負う注意義務。

解　説

本件は，国立大学付属病院内所在の無認可保育施設（以下「本件施設」という）において，睡眠していた生後83日目の乳児が仮死状態に陥り（以下これを「本件事故」という），無酸素性脳症による後遺障害を残し，後に窒息により死亡したとの事案について，①本件事故の発生原因，②本件施設の保育者らの過失の有無，③本件施設の構造上の瑕疵の有無が争点となった事案である。

①について判決は，原告の主張（本件事故は，保育者らがうつぶせ寝保育を行ったために，乳児の鼻口部が寝具等により閉塞され，窒息したことによって生じた（本件はこれを「機械的窒息」という）との主張）を退けて，本件事故は「ニアミスSIDSによって発生した可能性が十分認められる」，「機械的窒息に陥って生じたと認めることは困難である」と判断している。なお，「ニアミスSIDS」とは，判決文によれば，「それまでの健康状態及び既往歴から，その発生が予測できなかった乳幼児が，突然の死亡をもたらし得るような徐脈，不整脈，無呼吸，チアノーゼなどの状態で発見され，死に至らなかった症例」のことをいう。

以上を前提として判決は，次に②について検討しているが，判決は，保育者らが乳児の「泣き声がする都度，異常の有無を確認するために保育室に出向いていた」点などを指摘して，保育者らが「保育室内に在室していなかった事実だけをとらえて，監視義務を怠ったとすることはできない」と述べている。以上は，睡眠中の乳児に対する保育者の監視義務の中身について述べる部分として注目する必要がある。また，判決は，「本件事故当時においては，うつぶせ寝にした場合にはSIDSが発生しやすくなるとの知見が得られていたとは到底いえない」として，保育者らが「うつぶせ寝保育を実施していたことをもって，ニアミスSIDSの発生の危険性を看過した過失があったとすることはできない」と述べている。この部分の判断は，判決が，事故発生時（1976年４月）の知見を基準に保育者の過失の有無を判断している点に注目する必要がある。今日，SIDSのリスク因子の１つとして「うつぶせ寝」が指摘されているが，保育者はそのような（現時点での）知見に十分留意して保育活動を行う必要があるということになる。

このほか，判決は，③本件施設の構造上の瑕疵の有無について検討しているが，判決は，本件保育所の「構造が保母らの保育活動に支障を来すようなものであったとすることはできない」などと述べてこれを否定する判断をしている。保育事故の発生が保育施設の構造及び安全性の瑕疵の有無の点から検討されている点も，本件の特徴の１つと言える部分である。

【事件のあらまし】

X_1・X_2は，Ｋ大学教職員組合が同大学付属病院構内に開設した無認可保育施設に長男であるX_3（生後83日目の乳児）の保育を委託していた。本件事故当時，同保育施設には０歳児が13名入所しており，事故当日は４名の保育者（内１名が保母（当時）の有資格者である）が０歳児の保育を担当していた。０歳児を保育する保育施設には，Ａ，Ｂ２つの保育室と台所，保母室がそれぞれ配置されていたが，各部屋はそれぞれ壁で仕切られており，保母室から各保育室へ行くには廊下を通り，その廊下側の戸を開けて入らなければならない構造になっていた。また，保母室から各保育室を直接見通せる構造にはなっていなかった。

1976(昭和51)年１月20日の午後１時少し過ぎ頃，保育者Cは保育室AにおいてX_3をうつぶせ寝にし，X_3を眠らせた。午後１時５分頃，CはX_3をそのままの状態にして同室を出て，保母室内で保育連絡日誌をつけ続けた。台所で洗い物をしていた保育者Dは，１時15分頃，保育室Aから泣き声がしたため，同室内に入りX_3の様子を確認した。また，１時20分頃，保育室Aから再び泣き声がしたため，同室内をのぞいてX_3の様子を確認した。１時25分頃，Cは保母室から出て，X_3が眠っているかどうかを見るため保育室A内に入ったところ，X_3は顔を右向きにしてうつぶせになり，右頬が青ざめた状態であった。異常を感じたCは，保母室に在室していたD及びE保母に対してX_3の急変を伝えたところ，EがX_3を抱きかかえ，K大病院小児科外来へ向かった。X_3は午後１時30分頃から同科医師による手当てを受け蘇生したが，X_3には無酸素性脳症による後遺障害が残った。X_3はその後，国立F療養所において治療を受けていたが，1977(昭和52)年４月15日，窒息により死亡した。

以上について，X_1・X_2及びX_3が，本件保育施設の設置管理及び運営主体は国であるとして，国に対して，国家賠償法２条又は民法715条１項又は同法415条に基づいて損害賠償を請求するとともに，組合に対して，組合は国からの委任に基づき本件保育施設の管理運営を行っていたとして，民法715条２項に基づいて損害賠償を請求した。

裁判所の判断

■原告の損害賠償請求を棄却した。

１　本件事故の発生原因について

「本件事故は，(略) ニアミスSIDSの定義，好発月齢や特徴等に照らすと，ニアミスSIDSによって発生した可能性が十分認められるといわなければならない。」「X_3の発育状況と首の座り，本件事故当日における寝具の形状と発見及び手当て時の状況，さらにニアミスSIDSの可能性が十分考えられることなどに基づくと，本件事故は，寝具等によって鼻口部が閉塞されたために，又は，吐乳を誤って吸収したために，機械的窒息に陥って生じたと認めることは困難であるといわなければなら」ない。したがって，「X_3が機械的窒息に陥ったことを前提として，保母らの過失の有無を論ずることはできない。」

２　保育者らの過失の有無について

「本件事故発生の直前において，保母が保育室A内に数分間にわたって誰もいないという状態が数回生じたことは事実であるが，右不在の時間はそれぞれ数分間程度のことであり，外出したG保母を除き，C，D及びEの保母らは，いずれも保母室内や台所周辺にいて，X_3の泣き声がする都度，異常の有無を確認するために保育室Aに出向いていたのであり，さらに右保母室や台所と保育室Aとの位置関係等に照らして考えると，保母らが右のとおり保育室A内に在室していなかった事実だけをとらえて，監視義務を怠ったとすることはできない」。

また，「本件事故は昭和51年４月に発生したものであるところ，(略) 本件事故当時においては，うつぶせ寝にした場合にはSIDSが発生しやすくなるとの知見が得られていたとは到底いえないから，(略) 本件保育所の保母らが右当時X_3に対しうつぶせ寝保育を実施していたことをもって，ニアミスSIDSの発生の危険性を看過した過失があったとすることはできない」。

３　保育所としての安全性に瑕疵があったかどうかについて

「保母らのX_3に対する保育及び監視，応急措置のいずれについても不相当とされるべき点があったとは認められない以上，(略) 保育所としての構造が保母らの保育活動に支障を来すようなものであったとすることはできないから，同建物の構造が (略) 通常備えるべき安全性を欠いていたとまでは認められないといわざるを得」ない。

56　睡眠中の幼児の低酸素性虚血性脳症発症

◆無認可保育施設幼児事故損害賠償請求事件◆

横浜地裁川崎支部2014(平成26)年３月４日判決

裁判のポイント

睡眠中の幼児に対して保育者が負う注意義務。

解　説

本件は，無認可保育施設において，１歳２か月の幼児が睡眠中にうつ伏せ寝の状態となっていたところ，心肺停止状態になり，結果，当該幼児に低酸素性虚血性脳症という重度の障害が残ったとの事故について，①幼児の心肺停止の原因，②保育士の過失の有無が争点となった事案である。

判決は①について，原告が，幼児の心肺停止はうつ伏せ寝の状態であった幼児の後頭部に他児が覆いかぶさったことにより，幼児が急性窒息に陥ったために生じたと主張したのに対して，次の４点，（ａ）異常発生後の幼児の医学的所見，（ｂ）幼児の昼寝の状況，（ｃ）寝具の状況，（ｄ）幼児の出生及び発育状況並びに異常発生当日の健康状況の４つを検討して，幼児の心肺停止の原因は不明であると判断している。以上は，心肺停止の原因について判決が，（ｂ）や（ｃ）をも考慮して検討している点に注目する必要がある。

次に判決は，②について，「保育園側が，園児の睡眠時の状態について，きめ細かく観察しなければならない義務は存するとしても，状況に応じ間断的な観察で足りるのであって，一瞬たりとも目を離さないような常時監視を義務付けることはできない」と述べて，保育士の視界に幼児の様子が10分間入っていなかった本件について，保育士に保育上の注意義務違反はなかったと判断している。また，判決は，幼児のうつ伏せ寝を保育士が放置したことについて，保育士には，本件幼児を「直ちに仰向けにする義務があるとも認められない」と判断している。以上は，睡眠中の児童に対する保育士の観察義務について述べる部分として注目する必要があるが，後者の判断については，本件にみる事実，すなわち，睡眠中の児童が他児に覆いかぶさられるという特別な事態が生じていた事実からみて，妥当な判断であると言えるのか，よく検討する必要があると思われる。

なお，判決は，幼児の心肺停止の原因は不明であると判断しつつ，保育士の過失の有無について検討しているが，本件は，幼児の異常に保育士が早期に気付いていたのであれば，幼児が重度の後遺障害を負うとの結果を回避し得た可能性は否定できないと言えるから，②の検討は重要であるとみることができる。

【事件のあらまし】

X_1（１歳２か月）の両親であるX_2・X_3は，無認可保育施設を管理するＹとの間で，X_1及びＡ（X_1の双子の妹）の同保育施設の利用について保育委託契約を締結していた。

事故発生日である2008(平成20)年11月10日の午後は，保育士であるＹとＹの子であるＢの２人が，X_1を含む園児６名（他の５名は，Ａのほか，０歳児１名，２歳児２名，４歳児１名である）の保育を行っており，園児６名は午後零時30分頃から，６畳の保育室において仰向けの状態で昼寝を始めた。午後３時10分頃，隣接する保育室にいたＹは，X_1の「ウオッ」又は「ウオー」という鈍く低い声を聞き，うつ伏せで顔を右横に向けた状態で寝ていたX_1の頭部に，Ａの胸が重なるような状態となっていることを発見し，Ａを元の位置に移動させた。

その後，ＹはＡとX_1の間に座り，Ａを寝かしつけようとしたところ，X_1の左隣の園児が起きて泣き出してしまい，同園児も寝かしつけようとしたが，同園児とＡが眠らなかったため，昼寝の時間を終わらせ，園児らを起こすこととした。しかし，Ｙが最後にX_1を起こそうとした際，X_1がうつ伏せでぐったりしていたため，Ｙは直ちに，X_1の口の中に異物がないことを確認するとともに，X_1の呼吸を確認したが，X_1は顔面蒼白の状態で呼吸をしていなかった(以下これを「本件異常」という)。本件異常発見後，X_1は救急車で病院に搬送され，X_1の心拍は午後３時45分頃に再開したが，X_1には後遺障害等級の１級に相当する低酸素性虚血性脳症の障害が残った。

以上について，X_1及びX_2・X_3が，X_1が心肺停止に至り低酸素虚血性脳症という重度の後遺障害を負ったのは，Ｙが保育上の注意義務等を怠ったことによるものであると主張して，X_1は不法行為に基づいて，X_2・X_3は不法行為又は債務不履行に基づいて，Ｙに対して損害賠償を請求した。

裁判所の判断

■原告の損害賠償請求を棄却した。

１　幼児の心肺停止の原因について

「本件異常後のX_1の医学的所見に照らしても，X_1の心肺停止の原因が窒息であると認めることは困難である。」「①（略）X_1の顔は，（略）右横を向いていたと認められること，ＡはX_1の頭部に覆いかぶさっていただけであることからすると，窒息の可能性は少ないと認められる。②X_1の寝具の状況も，（略）窒息の危険性が小さいものである上，敷かれていたバスタオルがしわになったり身体に絡まったりしていたことを認めるに足りる証拠はない。③（略）X_1には心肺停止の原因となり得る明らかな疾病等は認められないものの，これをもって窒息以外の原因が排除されるものではない。これらの点を踏まえると，（略）X_1の心肺停止の原因が窒息であると認めることは困難である。」「以上によれば，X_1の心肺停止の原因は不明であり，窒息であると認めることはできない。」

２　保育士の過失の有無について

「認可外保育施設指導監督基準では，睡眠中の児童の顔色や呼吸の状態をきめ細かく観察することとされているものの，観察の時間間隔は明記されていない。他方，川崎市では，０歳ないし２歳児については５分ないし15分置きに顔色や呼吸等睡眠時の状態をきめ細かく観察するよう指導されている。要するに，本件保育園側が，園児の睡眠時の状態について，きめ細かく観察しなければならない義務は存するとしても，状況に応じ間断的な観察で足りるのであって，一瞬たりとも目を離さないような常時監視を義務付けることはできないというべきである。」本件事故について「X_1の様子がＹ及びＢの視界に入っていなかったのは，」午後３時頃からX_1の鈍く低い声を聞いた午後３時10分頃までの「約10分間であるから，上記監督基準や川崎市の指導に反するものとはいえない。」また，「呼吸停止に至ったX_1が結果的に蘇生していることからすれば，Ｙは，X_1が心肺停止に至った後速やかにこれを発見していると推認することができる。」「以上によれば，Ｙが，死角を創出し，ＡがX_1の上に覆いかぶさるところを全く目撃していないとしても，保育上の注意義務を怠ったとは認められない。」

ＹがX_1のうつ伏せ寝を放置したことについて，「X_1は寝返りを自由にすることができるのであるから，うつ伏せ寝になること自体を回避する義務があるとは認められない。また，仰向け寝が乳幼児突然死症候群等の予防に有効であり，推奨されるとしても，乳幼児突然死症候群は主として１歳未満に見られるものであるところ，X_1は本件異常発生時において１歳２か月であった上，うつ伏せ寝自体も，長時間その状態で放置するのでなければ，直ちに生命に危険をもたらすものとはいえない。そうだとすれば，X_1のうつ伏せ寝を発見した場合に直ちに仰向けにする義務があるとも認められない。」従って，保育上の注意義務をＹが怠ったということはできない。

57　無認可保育施設園長の虐待による幼児死亡

◆無認可保育施設幼児虐待損害賠償請求事件◆

高松高裁2006（平成18）年１月27日判決

裁判のポイント

知事が無認可保育施設に対して事業停止命令を行わなかったことの違法性。

解　説

本件は，無認可保育施設に通園していた１歳１か月の男児が園長の暴力により虐待死したとの事件について，死亡した男児の両親が，県知事が児童福祉法に基づく指導監督権限（「事業停止又は施設閉鎖命令」）を適切に行使していれば，同児が死亡するとの結果は回避することができたと主張して，県に対して国家賠償法１条１項に基づいて損害賠償を請求したという事案である。なお，本事件の発生前に知事は，同施設に通園していた別の園児が園長から暴行を受けていた旨の通報を受けて，同施設に対して２度の立入調査や改善指導を実施するなどしていた。

本件事件当時の児童福祉法（平成13年法律第135号による改正前のもの）は59条１項で，都道府県知事は，児童の福祉のため必要があると認めるときは，無認可施設について報告徴収及び立入調査等ができる旨規定し，３項で，「都道府県児童福祉審議会の意見を聴き，その事業の停止又は施設の閉鎖を命ずることができる。」と規定していた。そして，より効果的な指導監督を図る観点などから，厚生労働省より，「認可外保育施設指導監督の指針」（本件指針）及び「認可外保育施設指導監督基準」（本件基準）が示されていた。なお，本件指針では，緊急時の手続の特例として，「事業停止命令又は施設閉鎖命令の対象となることが明らかであって，児童の福祉を確保すべき緊急の必要があるときは，（略）児童福祉審議会からの意見聴取の手続を経ることなく，事業停止又は施設閉鎖を命じることができる」ことなどが記されていた。

判決は，以上を確認の上，県知事の権限不行使の違法性について検討しているが，本件について，①本件では園長が園児の生命又は身体に重大な加害行為を行う切迫した状況にあったこと，②県においてその危険が切迫していることを知り得たこと，③県の行った改善指導，報告書の徴求等の児童福祉法に基づく規制権限の行使は著しく不合理と評価せざるを得ないこと，④本件は従業員でなく施設の園長による常習的な暴行であったことなどを総合考慮して，県知事が本件施設に対して事業停止命令を行わなかったことは，「事業停止命令の権限不行使が許容される限度を逸脱して著しく合理性を欠くと認められる」と述べて，国家賠償法１条１項の適用上違法となると判断した。

児童福祉法は，無認可の児童福祉施設について，指導監督等を通じて児童の福祉を確保することとしているが（59条から59条の２の６までの規定を参照のこと），本件は，知事の指導監督権限（事業停止命令）の不行使につき，その違法性をはじめて認めた裁判例として注目する必要がある。

【事件のあらまし】

X_1・X_2は，2000（平成12）年12月25日に長男Ａをもうけた夫婦であるが，Ａが１歳を過ぎた平成14年１月に妻であるX_2が仕事に出ることとなったので，たまたま町内（香川県香川町）のタウンページで見つけたＢ幼児園にＡを預けることとした。Ａは同年２月４日から通園をはじめたが，通園を始めた当初からＢ幼児園の設置者であり園長であるＹから頬や大腿の付け根等をつねられたり，手やプラスティック製の容器等で殴打されるなどの暴力を受けた。そして同月19日，ついにＡはＹから激しい暴行を加えられた挙句，Yから救命措置を講じられることなく放置されたため，外因性脳浮腫により死亡した（同事件については，殺人罪での有罪判決が確定し，Yに懲役10年が言い渡されている（高松地裁平成15年1月31日判決，賃金と社会保障1366号））。

ところで，本件事件の発生以前，香川県子育て支援課（無認可保育施設に対する指導監督を担当）は，2001（平成13）年11月5日の時点で，B幼児園に通園していた園児Cについて，CがYから暴行を受け頭に怪我や瘤（こぶ）がある旨，同園に通園する他の数名の園児が心配である旨の通報を受けていた。また，同課は同月14日に，YがCに対してその頭部や顔面を太鼓のバチで叩いていたとの情報を得ていた。

そこで，子育て支援課は，同月21日に事前通告なしの抜き打ちの立入調査をB幼児園に実施した。この調査でYはCに対して体罰を行なったことを認めたが，同課はCに対するYの具体的な暴行態様について事実確認を十分しなかった。以上の立入調査を経て子育て支援課は，12月13日にYに対し文書で改善指導を行ったところ，Yより同月27日に文書で改善状況の報告を受けた。そして子育て支援課は，2002（平成14）年2月13日に改善状況について確認するとして2度目の立入調査を実施した。しかし，このときも子育て支援課は，前回がそうであったように，児童に触れるなどして児童の身体状況を確認するといったことをしなかった。

以上について，X_1・X_2は，Yに対して，A殺害という故意による不法行為が成立するとして損害賠償を請求するとともに，香川県に対して，知事（子育て支援課）が指導監督権限を行使すべき義務を果たさなかったためにAが死亡するとの事件が発生したなどと主張して，国家賠償法1条1項に基づいて損害賠償を請求した。

原審は，Yの損害賠償責任を認めるとともに，知事の指導監督権限の行使に過失が認められるとして，香川県の国家賠償責任を認める判決をした（高松地裁平成17年4月20日判決，判例時報1897号，賃金と社会保障1403号）。そこで，これに不服の県が控訴した。

裁判所の判断

■被告に対し損害賠償を命じた一審判決を維持し、控訴棄却。

「児童福祉法の趣旨，目的や，その権限の性質等によれば，1審被告県（子育て支援課）の児童福祉法59条に基づく事業停止又は施設閉鎖の権限の不行使をもって違法か否かを判断するについては，Yが在園児に対しその生命又は身体に対し重大な危害を加える加害行為をするおそれが切迫していたか否か，1審被告県（子育て支援課）においてその危険が切迫していることを知り又は知り得たか否か，1審被告県（子育て支援課）は，認可外保育施設に対し監督権限を行使するための要件及び手続等について定めた本件指針等に則り，その権限を適正かつ妥当に行使していたか否か等の事情を総合し，事業停止又は施設閉鎖の権限の不行使が著しく不合理と認められる場合に，これが違法と評価されると解するのが相当である。」

「本件において，平成13年11月ころから平成14年2月ころ，B幼児園において，Yによる在園児への兇器等を用いた虐待行為のような，生命又は身体に重大な危害を加える加害行為が行われるおそれが切迫した状況にあること，1審被告県（子育て支援課）において，その危険が切迫していることを知り得たこと，1審被告県（子育て支援課）の行った改善指導，報告書の徴求等の児童福祉法に基づく規制権限の行使は著しく不合理と評価せざるを得ないこと，従業員でなく施設の園長による常習的な暴行であること等の事情を総合すると，1審被告県（子育て支援課）の平成13年法律第135号による改正前の児童福祉法59条3項ないし本件指針等に定められた事業停止命令の権限不行使が許容される限度を逸脱して著しく合理性を欠くと認められるので，1審原告らとの間において，国家賠償法1条1項の適用上違法となると解するのが相当である。」

58　保育ママの虐待による乳児傷害

◆保育ママ乳児虐待損害賠償請求事件◆

東京地裁2007(平成19)年11月27日判決

裁判のポイント

要綱に基づく区の保育ママに対して調査及び認定取消を行わなかったことの違法性。

解　説

本件は，世田谷区（以下「区」という）から保育ママの認定を受けていた保育者が，保育中の乳児（４か月）に暴行を行い，当該乳児に硬膜下血腫，眼底出血の傷害を負わせたとの事件について，当該保育ママに乳児の保育を委託していた両親が，保育ママのほか，保育ママ制度を運営し，当該保育ママを両親に紹介した区に対して，損害賠償を請求した事案である。

区の保育ママ制度は，事件発生の平成17年当時，児童福祉法（以下「法」という）24条１項ただし書の「その他の適切な保護」の方法として，区が定める要綱等に基づいて区が運営していたものであるが，当該区要綱には，区長の権限として，保育ママの認定，保育ママに対する調査，保育ママの認定の取消し等が定められていた。

本件の主な争点は，①本件保育ママは国家賠償法上の「公務員」に当たるか，また，②保育ママ制度を運営していた区に，区要綱が定める権限を行使しなかったことについての過失が認められるかの２点であるが，判決はまず，①について，本件保育ママは「保育ママとして，世田谷区の公務を委託されてこれに従事しているものとは認定することができない」などと述べて，保育ママの「公務員」該当性を否定する判断をしている。そして，他方，争点②について，本件保育ママに対して調査及び認定取消しを行わなかった区長には権限不行使の過失があると述べて，区の国家賠償責任を認める判断をしている。

裁判所の①の判断については，区の保育ママ制度が法24条１項ただし書の「その他の適切な保護」の方法として実施されていたものであったという点（とくに，同項ただし書がいう「適切な保護」義務の中身，及び保育ママ制度の制度趣旨）に留意した判断が必要であったように思われるが，②の判断については，判決が，区要綱に基づいて運営されていた保育ママ制度について，「乳幼児の被侵害利益の重大性と児童福祉法の趣旨（筆者注，児童育成の責任主体について定める法２条と「適切な保護」の実施を求める法24条１項ただし書の趣旨）」の２つを確認して，区長は「制度の適切な運営を行う義務を負」うと述べて，区長の権限不行使の過失及び違法，すなわち，区の監督責任を認めている点が注目される。なお，②の判断に際して判決は，区立保育所園長による，本件保育ママの保育についての2003(平成15)年の情報提供を重視しているが，本判決についてはこの点にも注目する必要がある。

【事件のあらまし】

Y_1（世田谷区）は，児童福祉法24条１項ただし書の「その他の適切な保護」の方法として，世田谷区家庭福祉員制度運営要綱（以下「区要綱」という）及び家庭福祉員制度事務取扱要領（以下「取扱要領」という）に基づいて保育ママ制度を運営していた。なお，区要綱には，保育ママの認定は区長が行うこと（３条，５条），区長は保育ママに対して必要に応じて調査を行い(17条)，保育ママに保育ママとして不適当な事由が生じたとき（取扱要領４条）は保育ママの認定を取り消すことができること(14条）などが定められていた。

2007(平成17)年２月生まれの女児X_1の両親であるX_2・X_3は，X_1の保育について，同年５月にY_1に相談したところ，区要綱に基づき保育ママとして認定されていたY_2の紹介を受けた。そこでX_2・X_3は，Y_2と面談した上で，X_1の保育についてY_2との間で保育委託契約を締結した。

ところがY_2は，同年６月にX_1を乗せたベビーカーの手すりを両手で持ち，多数回にわたり前後左右に激しく揺さぶってX_1の頭部を強く動揺させる暴行を加え，X_1に左硬膜下血腫，眼底出血の傷害を負わせた。また７月にも同様の暴行により，X_1に右硬膜下血腫，眼底出血の傷害を負わせた（以下「本件各不法行為」という）。これによりY_2は，本件各不法行為による傷害罪により懲役２年６か月の実刑判決を受けた。

ところで，Y_1の区立保育所の園長Aは，本件各不法行為に先立つ2003（平成15）年10月に，園児の妹である乳児の左眼の周りに大きなあざがあることに気付いたので，その原因を母親に尋ねたところ，あざはY_2に保育を委託していたところ，その保育中に発生したものであること，Y_2からは，あざは公園で小学生とぶつかってできたものであるとの説明を受けたとのことであったので，Y_1の保育課担当職員に上記内容を電話で伝えた。しかしY_1の保育課担当職員は，上記報告をY_2の保育についての苦情であると認識しただけで，Y_2の保育についてとくに調査等をしなかった。

以上について，X_1及びX_2・X_3は，Y_2に対して，民法709条に基づいて損害賠償を請求するとともに，Y_1に対して，Y_2は国家賠償法１条１項の「公務員」に当たるとして，また，Y_1には区要綱17条及び14条の権限を行使しなかった過失があるとして，国家賠償法１条１項に基づいて損害賠償を請求した。

裁判所の判断

■Y_2の民法上の損害賠償責任を認めるとともに，区の国家賠償責任を認めた。

１　Y_2をY_1の「公務員」とする国家賠償請求について

「Y_2は，保育ママとして，Y_1の公務を委託されてこれに従事しているものとは認定することができないから，国家賠償法１条１項所定の『公務員』と認めることはできない。」

２　Y_1の区長らの権限不行使を理由とする国家賠償請求について

「Y_1は，児童福祉法24条１項ただし書に基づいて，保育ママ制度を実施しているが，同法２条により児童の保護者とともに，児童を心身ともに健やかに育成する責任を負うものであるから，保育ママ制度によって適切な児童の保護を図ろうとする同法の趣旨に照らすと，少なくとも適格者を保育ママとして認定する制度を作り，その制度に従って運営すべきものである。」そして，「保育ママによって保育される乳幼児（略）の被侵害利益の重大性と児童福祉法の趣旨に照らし，保育ママ制度を運営するY_1においては，保育ママとしての不適格者を排除して上記危険を回避すべき義務があるというべきである。そして，Y_1は，児童福祉法の趣旨に従って保育ママ制度の適切な運営を行う義務を負い，その履行のために，区要綱ないし取扱要領を定めているのであるから，区要綱ないし取扱要領の権限の不行使について，具体的事情の下において，その権限の趣旨・目的に照らして著しく不合理と認められる場合には，国家賠償法１条１項の適用上違法の評価を受けるものと解するのが相当である。」

「A園長の上記情報提供の内容は，Y_2の保育においては，児童虐待という重大な乳幼児の生命・身体に対する危害の発生が切迫しており，また，その危険を予見し得る十分な徴表であり，Y_1の区長あるいは保育課担当職員が適切な対応をしておれば，その後の本件各不法行為の発生を防止できたものである。」

「Y_1の区長あるいは保育課担当職員は，Y_2の保育業務に対する調査を怠り，Y_2の乳幼児に対する虐待が続発するのを放置するとともに，少なくとも区要綱17条及び14条の権限を行使しなかった点において過失があるので，法令の趣旨・目的や権限の性質に照らして，その権限の不行使が著しく合理性を欠くものであるから国家賠償法上違法である。」

59　夜間保育での幼児窒息死（刑事事件）

◆業務上過失致死事件◆

和歌山地裁2007（平成19）年６月27日判決

裁判のポイント

夜間保育を行うにあたり保育者及び保育施設管理運営者が負う業務上の注意義務。

解　説

本件は，無認可保育施設での夜間保育（午後８時を超えて保育を実施し，宿泊を伴わない保育サービスを提供するものをいう）において，１歳４か月の幼児が睡眠中に嘔吐し，吐物を気道に詰まらせたことが原因で窒息状態となり，その後，低酸素性脳障害に陥り死亡したとの事故について，保育者及び保育施設の管理運営者の業務上の注意義務違反の有無が争われた事案である。なお，この事故は，無資格の保育者が１人で幼児１名の夜間保育を行っていた際に発生したものであり，幼児の嘔吐の主たる原因は，保育者が自身の夜食のカップ麺の麺やチョコレートの一欠片等を同幼児に与えたことにある。

以上について判決は，保育者の過失（業務上の注意義務違反）を認める判断をしたが，とくに結果回避義務について，無資格の保育者が，「１人で１歳半未満の幼児１名の夜間保育を行うに当たっては，（略）幼児の食事に関していえば，その保護者が持たせ，あるいは飲食を許した物については，保護者の判断を信頼して幼児に飲食させてよいとしても，（略）特段の事情がない限り，それ以外の物を飲食させないようにすべき結果回避義務がある」と述べて，食事を済ませていた幼児に対して，保護者が許可していないものを含む食べ物を夜間に飲食をさせた保育者の行為について，業務上の注意義務違反を認める判断をしている。

また，判決は，保育施設の管理運営者の過失について，「児童の保護者が持たせ，あるいは飲食を許した物以外の物を児童に摂らせてはならないことを伝えないまま」無資格者に幼児の夜間保育を１人で行わせたことについて，業務上の注意義務違反を認める旨の判断をしている。

本件は，夜間保育の実施中に発生した事故であるが，夜間の飲食により幼児が睡眠中に嘔吐し，吐物により窒息状態になるとの危険は，保育者であれば当然に予見しなければならないものであったと言える。判決は，結果回避義務の中身をかなり限定しているが，本件事故については，幼児に対して深夜に飲食をさせた保育者の行為自体に注意義務違反を認めてもよかったのではないかと思われる。

なお，無認可保育施設について厚生労働省は，児童福祉法59条の規定を受けて「認可外保育施設指導監督基準」（厚生労働省通知）を定めているが，本件の夜間保育については，無資格の保育者が幼児の保育を実施していた点に「基準」違反が認められる。この点の管理運営者の責任は一層重いと見るべきである。

【事件のあらまし】

認可外保育施設であるＡ園は，平成13年に開園したものであるが，Ａ園の保育室は一室のみで，ベッドやテーブルも同室内に置かれていた。Ａ園の園長はＢであり，代表としてＢの夫であるＣが就任していたが，実質的な管理運営者はＢであった。なお，Ｂ及びＣはともに無資格者であった。また，Ａ園は，和歌山市に提出した運営状況報告書において，夜間保育を実施していることについて報告していなかったが，同園は，2003（平成15）年９月当時，１歳４か月の幼児Ｄの１名を夜間保育の対象として保育を実施していた。

同年９月20日の午後10時30分頃，ＢはＣ

に対し，Dが食事を済ませていることや，Dの母のEが午前2時頃にDを迎えに来ること等を伝えて，Dの保育をCに引き継いだ。Cは21日午前零時頃，自身の夜食のカップ麺の麺を5本くらいDに食べさせたほか，チョコレートの一欠片をDに食べさせた。また，EがDに持たせたビスケットを5枚くらい食べさせ，さらに，ジュースとお茶をそれぞれコップ4分の1程度飲ませた（以下「本件飲食行為」という）。なお，Eは従前に，A園の保育者に対して，家から持参した食物以外の物は一切食べさせないようにしてほしい旨の申し入れをしており，Bは当該保育者から右の申入れの報告を受けていた。しかし，Bは当該申入れをCに伝えていなかった。

本件飲食行為の1，2分後，Cは眠そうにしていたDをベッドに仰向けに寝かせたところ，Dはすぐに眠りについた。午前2時5分頃，Dの異常な呼吸音に気付いたCは，Dを逆さ吊りにし背中を強く叩くなどしたほか（これによりDは嘔吐した），Dに人工呼吸や心臓マッサージを試みるなどした。また，2時9分頃に119番通報した。DはF医療センターに運び込まれたが，心肺停止状態であり，自発呼吸ができない状態が続いた。

Dは10月1日に死亡するに至ったが，これは，9月21日午前2時5分頃，A園で睡眠中に嘔吐し，吐物を気道に詰まらせて窒息状態となり，低酸素性脳障害に陥った結果である。また，本件飲食行為が嘔吐の主たる原因である。

以上について検察官は，B，C両名ともに業務上過失致死罪が成立すると主張して，禁固10月を求刑した。

裁判所の判断

■有罪（禁固10月，執行猶予3年）。

1　保育従事者Cの過失について

「保育士及び看護師の資格をいずれも有しない保育従事者が，主たる開所時間を超えて，1人で1歳半未満の幼児1名の夜間保育を行うに当たっては，児童の生命，身体等の安全保護のため，なし得る保育の内容には一定の制約があると解されるのであって，これを幼児の食事に関していえば，その保護者が持たせ，あるいは飲食を許した物については，保護者の判断を信頼して幼児に飲食させてよいとしても，当該保育従事者には，緊急性が認められるなどの特段の事情がない限り，それ以外の物を飲食させないようにすべき結果回避義務があるというべきである。」

「被告人Cは，（略）保育士及び看護師の資格をいずれも有しない身でありながら，A園の主たる開所時間を超えて1人で夜間保育を行うに当たり，Dに対し，その母親であるEが持たせておらず，かつ，飲食も許していない物を含んでいるのに，本件飲食行為に及び，その際，緊急性が認められるなどの特段の事情も何ら窺われないのであるから，その業務上の注意義務に違反したものと認められる。」

2　実質的な管理運営者Bの過失について

「認可外保育施設の実質的な管理運営者は，保育士及び看護師の資格をいずれも有しない保育従事者をして，主たる開所時間を超えて，1人で1歳半未満の幼児の夜間保育を行わせるに当たっては，たとえ同保育従事者が数年にわたり児童保育に従事してきたのだとしても，同保育従事者の行為を全面的に信頼することは許されないのであって，現に保育している児童が1人であっても，当該保育従事者に対し，その保護者が持たせ，あるいは飲食を許した物以外の物を摂らせてはならないことをあらかじめ周知徹底すべき結果回避義務があるというべきである。」

「被告人Bは，（略）児童の保護者が持たせ，あるいは飲食を許した物以外の物を児童に摂らせてはならないことを伝えないまま，A園の主たる開所時間を超えて，保育士及び看護師の資格をいずれも有しない被告人Cに1人でDの夜間保育を行わせたのであるから，その業務上の注意義務に違反したものといえる。」

「関係証拠によれば，（略）被告人B及び被告人Cの各過失の競合によりDを死亡させたものと認められるから，被告人両名にはいずれも業務上過失致死罪が成立する。」

◆児童福祉施設の設備及び運営に関する基準

（最低基準と児童福祉施設）

第４条 ① 児童福祉施設は，最低基準を超えて，常に，その設備及び運営を向上させなければならない。

② 最低基準を超えて，設備を有し，又は運営をしている児童福祉施設においては，最低基準を理由として，その設備又は運営を低下させてはならない。

（児童福祉施設の一般原則）

第５条 ① 児童福祉施設は，入所している者の人権に十分配慮するとともに，一人一人の人格を尊重して，その運営を行わなければならない。

② 児童福祉施設は，地域社会との交流及び連携を図り，児童の保護者及び地域社会に対し，当該児童福祉施設の運営の内容を適切に説明するよう努めなければならない。

③ 児童福祉施設は，その運営の内容について，自ら評価を行い，その結果を公表するよう努めなければならない。

④ 児童福祉施設には，法に定めるそれぞれの施設の目的を達成するために必要な設備を設けなければならない。

⑤ 児童福祉施設の構造設備は，採光，換気等入所している者の保健衛生及びこれらの者に対する危害防止に十分な考慮を払つて設けられなければならない。

（入所した者を平等に取り扱う原則）

第９条 児童福祉施設においては，入所している者の国籍，信条，社会的身分又は入所に要する費用を負担するか否かによつて，差別的取扱いをしてはならない。

（虐待等の禁止）

第９条の２ 児童福祉施設の職員は，入所中の児童に対し，法第33条の10 各号に掲げる行為その他当該児童の心身に有害な影響を与える行為をしてはならない。

（食事）

第11条 ① 児童福祉施設（助産施設を除く。以下この項において同じ。）において，入所している者に食事を提供するときは，当該児童福祉施設内で調理する方法（第八条の規定により，当該児童福祉施設の調理室を兼ねている他の社会福祉施設の調理室において調理する方法を含む。）により行わなければならない。

② 児童福祉施設において，入所している者に食事を提供するときは，その献立は，できる限り，変化に富み，入所している者の健全な発育に必要な栄養量を含有するものでなければならない。

③ 食事は，前項の規定によるほか，食品の種類及び調理方法について栄養並びに入所している者の身体的状況及び嗜好を考慮したものでなければならない。

④ 調理は，あらかじめ作成された献立に従つて行わなければならない。ただし，少数の児童を対象として家庭的な環境の下で調理するときは，この限りでない。

⑤ 児童福祉施設は，児童の健康な生活の基本としての食を営む力の育成に努めなければならない。

（保育時間）

第34条 保育所における保育時間は，一日につき八時間を原則とし，その地方における乳幼児の保護者の労働時間その他家庭の状況等を考慮して，保育所の長がこれを定める。

（保育の内容）

第35条 保育所における保育は，養護及び教育を一体的に行うことをその特性とし，その内容については，厚生労働大臣が定める指針に従う。

（保護者との連絡）

第36条 保育所の長は，常に入所している乳幼児の保護者と密接な連絡をとり，保育の内容等につき，その保護者の理解及び協力を得るよう努めなければならない。

（業務の質の評価等）

第36条の２ ① 保育所は，自らその行う法第39条に規定する業務の質の評価を行い，常にその改善を図らなければならない。

② 保育所は，定期的に外部の者による評価を受けて，それらの結果を公表し，常にその改善を図るよう努めなければならない。

Ⅲ　幼　稚　園

小解説

Ⅰ　教育条件整備にかかわる裁判

1　公費助成，幼稚園配置・環境を争う裁判

就学前の子どもの発達保障を担う幼稚園は，教育がよく行われるために，学校設備整備，学校配置・環境，教職員人事，勤務条件などの教育の諸条件の整備を必要とし，そのために教育行政による財政的・制度的な関与を必要とする。**判例60**は，無認可施設の幼児教育室への補助金助成の合憲性が争われた事例であるが，私立の教育施設に対する公的助成に共通する法的な問題を有しているので，ここで取り上げ，検討する。**判例61**は，私立幼稚園の設立認可を認める処分について，既存の幼稚園の経営者が適正配置を理由に処分の取消訴訟で争った事例である。**判例62**は，近隣建物の建設による幼稚園への日照権侵害を予防するため在園児が原告となり建設工事禁止の仮処分を求めた事例である。

2　幼稚園事故にかかわる裁判

幼稚園を含めた学校における事故の防止には，学校施設や運営体制の整備が求められることから，教育行政による財政的，制度的な条件整備が不可欠であるが，被害者側が，救済を求めて民法や国家賠償法に基づき損害賠償を起こすことがあり，幼稚園に関しても，事故をめぐる訴訟が多数存在する。

自由時間中の事故として，**判例68，69，70**がある。判例68は，遊びの時間中に雲梯（うんてい）にかかっていた縄跳びの縄に首をかけて3歳児が窒息死した事件について，学校法人，理事長，園長，教諭の損害賠償責任が認められた事案である。**判例69**は，登園直後の始業時間前に園児が教室内で右目裂傷等のけがを負った事故につき，園児同士の偶発的かつ瞬時に衝突し発生したものであるとして，教諭の安全配慮義務違反を否定している。**判例70**は，市立幼稚園の戸外遊び中に行方不明になった園児が，幼稚園の敷地の脇を流れる用水路に転落して溺死した事件について，民法709条に基づき園長および教諭らに，注意義務違反があったと判断している。

園外行事における事故として，**判例71**は，園外行事として牧場を訪れた際，園児が騒いだため，隣接している牧場の軽種馬が驚き暴走し骨折の傷害を負い殺処分となった事件について，引率中の教諭の過失を認め，代理監督者としての損害賠償責任を認めた事案である。

保育活動中の事故として，**判例72**がある。教諭が幼児のいる保育室に熱湯の入ったやかんを置き幼児がこれにつまづき大火傷を負った事故について，やかんをおいたことと火傷への対応について教諭の過失が認定された。

スポーツ活動の際は，幼児は危険に対する判断力や危険を回避する能力が未熟であるため，幼稚園とその教諭にはより高度の注意義務が求められる。**判例73**は，綱引き競技の練習中，園児が親指を切断した事故について，教諭の注意義務違反を認定している。**判例74**は，水泳指導中の園児の溺死事故について，教諭らの水泳指導中の監視義務に対する過失を認定している。

自然災害発生時における園児を保護すべき幼稚園の注意義務を判断したものとして，東日本大震災での津波による園児の死亡事件につき，学校法人と園長の損害賠償請求を認め

た判例75がある。

施設設備の不備による事故については，私立幼稚園の場合は，民法709条による不法行為または民法717条の土地工作物の設置または保存の瑕疵に基づく損害賠償が可能である。公立幼稚園の場合は，国家賠償法２条に基づく公の営造物の設置又は管理の瑕疵に基づく損害賠償請求が可能である。判例76は，サッカーゴールの転倒により園児が死亡した事件について，民法717条に基づく，幼稚園側のサッカーゴールの設置・保存の瑕疵に基づく損害賠償責任を認めた事例である。飲用に利用していた井戸水が病原性大腸菌 O-157に汚染され，園児２名が死亡した事件について，判例77は，刑事事件として園長の業務上過失致死傷罪を言い渡している。同事故の民事裁判である判例78は，学校法人および園長の不法行為責任は認めたが，県知事の井戸水に対する規制権限不行使に基づく国家賠償責任の成立を否定している。

3　職員の労働条件にかかわる裁判

幼稚園教諭やその他の職員の労働条件は，子どもの発達保障のための保育・教育条件整備の一環として，位置づけられる。判例79は，指導の不適格，勤務態度不良を理由とする教員の解雇に対し，地位保全および賃金の仮払いを命じた事例である。判例80は，幼稚園教諭の妊娠・出産を理由とした解雇事件である。

Ⅱ　幼稚園における教育措置を争う裁判

幼稚園における教育措置を争う裁判としては，入園申込みの拒否を争う裁判，事前の説明と実際の教育内容が異なることによる保護者からの在園契約解除を求める裁判，退園処分を争う裁判がある。

入園申込みの拒否を争う裁判として，判例63は，私立幼稚園への入園申込みの承諾拒否に対する損害賠償が求められたケースである。公立幼稚園の入園拒否処分に対し，入園処分を直接的に実現する訴訟形式として義務付け訴訟の利用があるが，判例64は，原告の権利利益を暫定的に保全するために認められる，行訴法37条の５第１項に基づく仮の義務付けの申立により，障害のある子どもの公立幼稚園の就園を仮に義務付けることを認めた事例である。

判例65は，幼稚園への入園後，募集要項や入園説明会時に示されたカリキュラムが完全に実施されなかったこと等を理由にして，入園契約の債務不履行に基づく，保護者からの契約解除と授業料の返還，損害賠償を認めた事例である。

判例66は，保護者と私立幼稚園との信頼関係の喪失を理由にした幼稚園の退園処分に対する，保護者からの損害賠償請求事件である。また，いじめを理由にした退園処分を争った判例67は，退園処分が許されるためには，退学処分の正当事由と，保護者に十分な弁明の機会を与えるとともに，指導に対する協力要請を求めるなどの適正手続が要請されるとし，退園処分の違法性を認定している。

60 無認可施設の幼児教室に対する補助金交付（住民訴訟）

◆吉川町補助金支出差止め請求事件◆

東京高裁1990（平成２）年１月29日判決

裁判のポイント

無認可施設の幼児教室への補助金交付は憲法89条に違反するか。

解 説

憲法89条は「公金その他の公の財産は，宗教上の組織若しくは団体の使用，便益若しくは維持のため，又は公の支配に属しない慈善，教育若しくは博愛の事業に対し，これを支出し，またはその利用に供してはならない」と定めている。この規定からすれば，民間事業として行われる福祉事業や教育事業には，「公の支配」に属しない限り，公金等を支出したり，公の財産を使用させたりすることはできないのではないかという疑念が生じる。言い換えれば，国や地方自治体による私立学校等に対する公費助成などについては，私立学校等が「公の支配」に属しているかどうかが問題となる。

「公の支配」に属するとは，予算の決定，執行の監督，人事に対する関与など，その事業の根本的な方向に重大な影響を及ぼすことができることをいうとする見解がある（厳格説）。これに従えば，本件の吉川町は，幼児教室の予算の決定や人事に対する具体的な関与を行っているわけでなく，交付した補助金の使途などについて，一般の補助金に対するのと同じ仕組み（規則，要綱）で監督をしているだけであるから，「公の支配」に属しないとされることになるだろう。

これに対して，教育・福祉事業に対し，厳格説ほどに強い統制を求めない「緩和説」が有力であり，本判決はこの立場をとる（「裁判所の判断」参照）。緩和説によれば，「公の支配」に属するとは，私立学校法や私立学校振興助成法に定められている程度の「公の監督」を受けているとする説，学校教育法などの法律の規制を受けていることにより事業が「公の性質」を有していることが必要であるとする説がある。本判決は，幼児教室の事業は両者を兼ね備えていると判断し，「公の支配」に属していると認めた。

なお，本判決に不服の原告・控訴人らは上告したが，1993（平成３）年５月27日，最高裁はこれを棄却した（『保育情報』1993年５月号）。

【事件のあらまし】

埼玉県吉川町（現吉川市）は，1976年度より幼児教室（無認可の，幼稚園類似の事業を行う権利能力なき社団）に対し，建物と用地を無償で使用させ，その運営費について補助金を交付していた。そこで，このような建物等の無償使用と補助金交付は憲法89条に違反するとして，同町の町民らが原告となり，①町長（被告）には建物等の使用の差止めを，②前町長（個人）を被告とし，同町が支出した補助金と同額の損害賠償を求めて提訴した（住民訴訟）。

第一審浦和地裁判決（1986年６月９日）は，憲法89条違反を認めず，請求を棄却した。本件は，その控訴審である。

なお，その後の住民訴訟制度の改革（地方自治法242条の２の改正）により，現在，②の趣旨の裁判を提起するときは，地方自治体の長（本件であれば吉川町長）を被告とし，前町長（個人）に対し損害賠償請求をすることを求めることになる。

裁判所の判断

■原告らの請求を棄却した。

本件教室の事業は，憲法89条にいう「教育の事業」にあたる。

「教育の事業に対して公の財産を支出し，又は利用させるためには，その教育事業が公の支配に服することを要するが，その程度は，国又は地方公共団体等の公の権力が当該教育事業の運営，存立に影響を及ぼすことにより，右事業が公の利益に沿わない場合にはこれを是正しうる途が確保され，公の財産が濫費されることを防止しうることをもって足りるものというべきである。右の支配の具体的な方法は，当該事業の目的，事業内容，運営形態等諸般の事情によって異なり，必ずしも，当該事業の人事，予算等に公権力が直接的に関与することを要するものではない」。

「私立学校法59条，私立学校振興助成法10条，同法附則２条５項の規定は，憲法89条の規定を受けたものであるが，右各規定は，私立学校法による学校法人という形態を採る場合の教育事業（その設立予定の場合を含む，）に対し，その公教育たる性格に着目し且つ私立学校の自主性を尊重しつつ，一定の基準に基づき助成することを定めたものにすぎず，教育事業に対する助成が右の各法による以外には許されないと解すべきものではなく，また，憲法89条は，当該助成を受けた教育事業が『公の支配』に服していることを規定しているが，右規制が法律によるものであることまでを求めているものではない」。

本件教室に対する町からの土地，建物の無償提供，経常経費への助成などの「公の財産の利用，支出については，補助金についての一般の規制のほか，本件教室に対する個別の指導により，公の利益に沿わないものに使用又は利用されないように規制，管理されているが，本件教室の予算，人事等については，本件教室に委ねられ，これについて町が直接関与することはない。しかし，それは，本件教室の目的が，幼児の健全な保育という町の方針に一致し，特定の教育思想に偏するものでなく，その意思決定について保護者による民主的な意思決定の方法が確保されているため，これに直接関与する必要がないためであり，本件教室と町との前示の関係を考慮すれば，本件教室と運営が町の助成の趣旨に沿って行われるべきことは，町の本件教室との個別的な協議，指導によって確保されているということができ，以上のような事情の下においては，本件教室についての町の関与が，予算，人事等に直接及ばないものの，本件教室は，町の公立施設に準じた施設として，町の関与を受けているものということができ，右の関与により，本件教室の事業が公の利益に沿わない場合にはこれを是正しうる途が確保され，公の財産の濫費を避けることができるものというべきであるから，右の関与をもって憲法89条にいう『公の支配』に服するものということができる。」

61 私立幼稚園の設置認可

◆私立幼稚園設置認可処分取消請求事件◆

東京高裁1982(昭和57)年３月31日判決

裁判のポイント

県知事が行った私立幼稚園新設を認める認可処分を，既設の幼稚園の経営者が取消訴訟で争うことができるか。

解 説

法令上，既設の業者の営業を保護する目的で，新規の営業所開設にあたり既設の営業所との間に一定の距離を置く必要があるとされているものがある（距離制限）。異業種の営業所間の距離制限（たとえば，風俗営業規制・適正化法による風俗営業の営業所と学校，病院，児童福祉施設など）と同業者間のそれ（たとえば公衆浴場法による公衆浴場の営業所相互間）などである。これらはいずれも，法律に距離制限の根拠規定が定められている例である。

学校の設置について，関係の法令には距離制限を定める規定は存在しない。しかし，学校教育法施行規則１条２項は「学校の位置は，教育上適切な環境に，これを定めなければならない。」と，幼稚園設置基準７条１項は，「幼稚園の位置は，幼児の教育上適切で，通園の際安全な環境にこれを定めなければならない。」と定める。また，文部省・文部科学省関係の通達のなかには，公私立幼稚園の適正配置に配慮することを求めるものがある。こうしたなかで，私立幼稚園の設置認可権限を有する千葉県知事は，本件当時，通園バスの使用を原則として認めない理由の一つとして「幼児の健康管理上，徒歩通園可能距離は……おおむね500メートルと定められており，これら等を考慮し従来から各幼稚園間の適正距離を1000メートルと定め，その適正配置に努めているが，通園バス使用によつて園児の就園範囲が拡大されることは適正配置の趣旨にもとることともなること。」という通達を発していた。これらを根拠に，既設幼稚園は，660メートルしか離れていない所に新設幼稚園の設置を認めるのは，適正配置の趣旨にもとると主張して裁判を提起した。

これに対し，本判決は，幼稚園の適正配置の主たる目的は幼児教育の機会均等を実質的に図ろうとするものであり，既設幼稚園の設置者の利益を保護するために幼稚園の集中を排除するところにあるわけでないとし，幼稚園の配置を配慮することにより既設幼稚園が，毎年相当数の幼児を入園させることができ，経営の財政的基盤の安定を図るという利益を得られ，かつ，その利益が教育内容の充実と事実上つながるものであるとしても，そのような利益が既設幼稚園の設置者に対して付与された法的利益とまでは認めることができない，と判断した。

近隣に新しく幼稚園が設置されれば，既設の幼稚園は園児をとられ，ひいては経営が不安定になり，幼児に対する教育が阻害されること（不利益）がないとはいえないであろう。しかし，経営の安定はいろいろの方法により図るものであり，かりに距離制限による必要があるとすれば，その旨を定める法令の規定が求められるであろう。この意味で，本件第一審および控訴審の判決は適切であろう。

なお，Xは本判決に不服で，最高裁に上告したが，棄却された。

【事件のあらまし】

原告・控訴人の学校法人Xは，千葉県I市において学校教育法によるx幼稚園を設置経営している。

1979(昭和54)年2月，被告・被控訴人千葉県知事Yは，学校法人設立代表者Aに対し，学校教育法4条によるa幼稚園設置認可処分（本件認可処分）を行った。新設のa幼稚園は，原告Xが経営するx幼稚園と直線距離で660メートル（被告によれば700メートルである）離れている。また，a幼稚園から540メートル（同前600メートル）および600メートル離れたところに幼稚園が各1施設存在する。したがって，a幼稚園を中心にした半径1キロメートル以内に，合計3つの既設の幼稚園が存在することになる。

当時，千葉県では，「法令による具体的な規定はないものの，被告県知事が新たに私立幼稚園の設置を認可しようとする場合には，既設幼稚園との距離を1000メートルと定めて適正配置に努める取扱いをしてい」た（本件第一審判決による)。

原告Xは，I市内および近隣の幼児数の減少，私立幼稚園入園者の減少の中で，新設幼稚園を認める本件認可処分は，原告を含む近隣幼稚園の経営基盤を危殆に瀕せしめるものであり，ひいては幼稚園間の過当競争により幼児教育の水準を低下させる恐れがある。そこでXは，本件認可処分は「適正配置条項」違反する違法処分であるとして，Yを被告として取消訴訟を提起した。

第一審の千葉地裁は，既設の幼稚園の経営者に，Yが他の者に対して行った幼稚園設置認可処分の取消しを求める訴えの原告適格はないとして，請求を却下した。そこで，Xが控訴した。

裁判所の判断

■原告らの請求を却下した第一審判決を認め，控訴を棄却した。

「幼稚園の適正配置を検討するにあたつて，幼稚園を新設することによる既設幼稚園への影響をも配慮するというのは，その主たる目的が幼児教育の機会均等を実質的にもはかろうとするところにあるのであり，既設幼稚園の設置者の利益を保護するために幼稚園の集中を排除するところにその目的があるものとは解されない。右のような配慮の結果，既設幼稚園の設置者において，毎年相当数の幼児を入園させることができ，幼稚園を経営する財政的な基盤の安定をはかるうえで利益を得られ，かつ，その利益が教育内容の充実と事実上つながるものであるとしても……右の利益をもつて既設幼稚園の設置者に対して付与された法的利益とまでは認めることができず，右の利益は，反射的利益にとどまるものというほかはない。このことは，I市においてこれまで半径1キロメートル内の近隣幼稚園の同意がなく，I市私立幼稚園協会が反対したのに設置が認可された事例がないというだけで別異に解しうるものではない。また，近隣幼稚園及び地元幼稚園協会の意見は，幼稚園の新設が既設幼稚園に及ぼす影響を調査するうえで参考となるものと考えられ，被控訴人県知事ひいてはその諮問を受ける千葉県私立学校審議会が設置認可の可否を検討するにあたりこれを斟酌することは，既に述べたとおり当を得たものではあるが，このことから逆に，近隣幼稚園及び地元幼稚園協会の同意がない限り幼稚園の設置を認可することが許されないとの結論が導き出せるわけのものではなく，被控訴人県知事が幼稚園間の適正距離を1000メートルと定めていることが，既設幼稚園の設置者に対し，その意に反して1000メートルの範囲内に他の幼稚園の設置が認可されることはないという法的地位を付与するものであるとは解されないのである。」

62 在園児による近隣建物の建設工事禁止請求

◆港区立青南幼稚園事件◆

東京地裁1988(昭和63)年３月17日決定

裁判のポイント

近隣建物の建設による日照権侵害を予防するために，園児が当該建物の建設工事禁止の仮処分を申請することができるか。

解　説

本件は，近隣建物の建設により生じ得る日照権侵害を予防するために，幼稚園の在園児が原告となり，建築工事禁止の仮処分を求める申立てがなされた事案である。日照権が法的権利であり，これに対する侵害が相手の受忍限度を超えた場合，賠償の対象となることは，最高裁で既に認められている（最判1972(昭和47)年６月27日民集26巻５号)。ただし，建物が建築された後は，もっぱら，金銭賠償のみが認められ，撤去等による日照権の回復は困難であることが多い（東京地判平10・10・16判例タイムズ1016号)。それゆえ，日照権侵害においては，建築の差止めや，建築禁止の仮処分申請のような事前救済策が重要となる。

学説上，損害賠償による事後救済と差止め等の事前救済とでは，違法性を考慮するための判断要素や考慮の程度が完全に一致するわけではないとされているが，判断要素の多くは共通している。すなわち，建物の建設が受忍限度を超えるような違法性を有しているかにつき，事前救済の場合も，事後救済と概ね同様の要素を用いて判断される（→判断要素に関しては市立東山保育園事件を参照のこと)。この点につき本件も，①地域性②日照阻害の程度③加害回避可能性④交渉の経緯といった共通の判断要素を用いている。これらの判断要素に基づき裁判所は，本件幼稚園が周辺に高層住宅の多い都市部にあること，園児の在園時間中の園舎・園庭への日照が園児の活動を著しく阻害するものではないこと，相手方の加害回避が困難であり，また，設計計画を修正している事等に鑑みて，園児らが受ける日照被害は，差止めに関する限りでは受忍限度を超えるとまでは言えないと判断した。

判断に当たって裁判所は，園児の実際の在園時間を具体的に特定し，本件における日照権侵害が形式的には建築基準法の規制を超過する可能性がないわけではないが，原告らの在園時間との関係では規制の範囲内であるとしている。この点を見る限り本件は，日照権侵害の発生を，実態に即して厳格に判断した裁判例といえよう。なお，本件においては園児らの原告適格も論点となっている。判旨によれば，建物完成時に在園している限り，権利侵害の期間が卒園までの短期間に過ぎないことは原告適格の有無に影響せず，また，保護者会等による相手方との合意は，園児の個人的な権利行使を拘束しないこととなる。

【事件のあらまし】

Ｙらは青南幼稚園の南東側に隣接する敷地に地下２階地上３階建ての建物の建設を計画していた。当該建物は1989(昭和64)年１月末に完成予定であった。Ｙらは1987年３月以降，複数回にわたって幼稚園に赴き，園長ならびに保護者会に対する説明会を行い，交渉結果に基づき当初の設計計画を修正するなどした。保護者会は同年９月の決議により，保護者会としての交渉は打ち切ることとした。しかし，一部保護者とＹらとの間では話がまとまらないままであった。Ｙは同年９月に建築確認申請を行い，同申請は10月に確認された。これに対して在園児の一部（年長児９名，年少児３名）が，建物の全部，もしくは，一部の建築を禁止する仮処分を求めて本件申立てを行った。

裁判所の判断

■園児ら（申請者）による建築禁止の仮処分申請を却下した。

1　園児らの原告適格について

「Xらの本件請求は，Xらが本件建物の完成により将来本件幼稚園において日照妨害を受けるべきことを前提としたうえ，その侵害予防として本件建物の全部または一部の建築工事禁止を求めるものである。したがって，このような差止請求権を有する者は，将来においても本件幼稚園児として日照妨害を受けるべき地位にある者であることを要すると解すべきである。しかるに，本件建物は昭和64年1月末に完成する予定であるところ，Aら6名の年長組の者は本年3月に卒園するのであるから，本件建物の完成により本件幼稚園において日照妨害を受けるべき地位にない者である。(中略)これに反して，Bら3名の年少組の者は，本件建物完成予定当時も未だ本件幼稚園児であるから，右完成後卒園までの期間が短いことが被保全権利の存否等の判断において考慮されることは別として，本件請求をなしうることは当然である。

また，「日照を阻害される幼稚園に通園する園児たちは各人が日照の被害者であるから，各人毎に本件仮処分を求め得る地位にあり，仮に保護者会等の決議により本件幼稚園児全体としての意思が決定されたとしても，それによって各園児たちの個人としての権利を喪失させることはできないことは当然である」。

2　日照権侵害の有無

「幼稚園における園庭は，その園児たちにとって，遊び等の活動の場として，その心身の健康な発育上大切なところであるから，園舎のほかに園庭にも日照が確保されることが望ましいことはいうまでもない。しかし，本件建物が建築されても，本件幼稚園児たちが登園する時間帯には既に本件園庭の一部に日が当たりだしており，降園までの間に日の当たらないところはほとんどなく，その意味では終日日が当たらないため，園庭が湿潤になったり，園児の戸外における活動を著しく減退させるまでの悪環境にするものであるとまではいえない。

また，建築基準法の規定（同法56条の2）は，規制対象となる高さの建築物については(中略)その規制高度を若干下回るからといって，確かに建築基準法の規制の対象からは外れるとしても，規制対象建物以上に日照被害を近隣に及ぼす建物は，特段の事情のない限り，私法上もその受忍限度を超えて差止めの対象になりうるものといえる。そして，本件建物を同法等の規制にあてはめた場合，前述の境界線からの5メートルラインよりも3時間線が超えている。しかし，Xらは本件建物によって日照阻害を受ける隣地に終日居住するものではなく，午前8時45分頃から登園し，遅くとも午後1時30分頃には降園する間だけ本件幼稚園において保育を受けているにすぎないものである。そして，(中略)Xらの立場から考察すると，登園後の5メートルラインを超える日照阻害としては，合わせて合計約2時間40分にすぎないこととなる。してみると，本件建物による本件幼稚園に対する日照の阻害は形式的には建築基準法の規制にあてはめるとこれを超過するといえないこともないではないが，Xらの右個別具体的な事情を考慮すると，同人らとの関係では実質的にはむしろ右規制の範囲内というべきである。

さらに，(中略)Xらは本件建物完成後卒園までの2か月足らずの期間しか本件幼稚園に通園しないこと，債務者らの加害回避の手段が必ずしも容易であるとまではいえないばかりでなく，債務者らは(中略)修正して建築確認申請をした経緯及び首都東京の中心部に位置する南青山という場所柄，周辺に高層住宅の多い場所という地域性等を合わせ考えると，本件建物によりXらが受ける日照被害は，差止請求に関する限りは，未だ受忍限度を超えるものとは到底認めることはできない」。

63 入園申込みの拒否と公序良俗原則

◆入園申込み承諾拒否損害賠償請求事件◆

最高裁1984(昭和59)年12月18日判決

裁判のポイント

保護者との信頼関係がないことを理由にした入園申込みの拒否は違法か。

解 説

私立幼稚園が運営していた3歳児のための週1回の保育研究会に通園していた園児が,「同幼稚園の4歳児組への入園進級の際は,入園料の納入があれば優先的に入園できる」という募集要項の記載にもかかわらず,入園の申込みの承諾を拒否されたという事案である。園児およびその両親が原告となり,幼稚園を経営する宗教法人および園長を被告として,申込みに対する承諾拒否が不法行為又は債務不履行にあたるとし,損害賠償を求めた。

名古屋高裁は,本件3歳児保育研究会は,学校教育法の適用を受ける正規の幼稚園教育とは別個のものであり,4歳児組への進級という観念を受け入れる余地はなく,優先的入園とは,定員の関係で一般応募者に対して優先的に入園できる事実上の期待にすぎないと判断した。

また,最高裁は,私立幼稚園が,入園申込の承諾を与える要件として,その教育方針に従って幼児を教育するために,当該幼児の親権者等が幼稚園の教育,経営方針に対して理解と信頼を示し幼稚園との信頼関係を保ちうることとし,この要件を充足していない申込に対しては承諾を与えないこととしても,信頼関係が客観的に存在しないと認められる限り,公序良俗に反しないと判断した。

学説は,学校法人の私学設置の自由は,私学「経営」を通じておのずから教育的校風を形成する自由を含むといえるが,具体的な私学教育の自由は経営者にではなく,教育権を有する学校と教師にあるとする(兼子仁『新版教育法』有斐閣)。

最高裁は,本件で信頼関係が失われた理由として,園長と幼稚園教諭らの労働条件や園の教育方針や方法をめぐる対立があり,原告父母は,園側を擁護する保護者の署名に応じず,面接の際,組合結成に関する意見を園長に述べたことから,園側が信頼関係を持てないと判断したと認定している。しかしながら,幼稚園教諭らが,労働条件や園の教育方針を経営者と交渉することは,労働者,又は教諭として憲法上認められる権利である。また,園の教育方針のみならず,教諭らの労働条件は,子どもたちの教育条件に直接かかわる問題であり,保護者が意見を述べることや説明を求めることは,親の教育要求権として認められるべきものである。本件の場合,事実上,3歳からの入園実態がある上での教育条件に関する親の意見表明であったとも言え,最高裁は親の教育権行使の側面を十分考慮していない点で問題が残る。

【事件のあらまし】

本件私立幼稚園は,4歳児,5歳児を対象とした正規の幼稚園教育の他に,3歳児の保育を目的とした週1回の3歳保育研究会を運営していた。原告X_1は,昭和48年4月からこの研究会に通園を始めた。研究会の募集要領には,「幼稚園4歳児組への入園(進級)について　次年度,4歳組への入園進級の時は,入園料の納入があれば優先的に入園できます。」との記載があった。

1973(昭和48)年11月に本件研究会入会者のみのために昭和49年度4歳児組入園手続が一般応募者と別に行われ,入学願書の提出及び保護者面接が行われることになった。X_1の両親である原告X_2,X_3は,X_1の入園を希望していたが，保護者面接に出席しなかったところ，幼稚園から優先的入園の特典を喪失したものと扱われた。父親であるX_2は，取扱いの再考を求め，さらに，同園の組合紛争や教育方針について意見を述べたところ，園長である被告Y_2は，原告に対し，原告の言うような考え，態度では園としては一緒にやっていけないから，それが変わらない限りは一般の手続をとっても入園をさせることはできないと述べた。

原告らは，幼稚園を経営する宗教法人Y_1および園長Y_2を被告として，本研究会入会契約には小学校入学までの３年間継続して当該幼稚園に通園し幼稚園教育を受ける権利が含まれていること，又は，1974年以降の通園を含まないものであっても，本研究会要領を記載した入会案内所により２年目に所定の入園料を払えばX_1が直ちに４歳児組に入園できるものと期待させたのであるから，被告らは信義則上右記載にかかる利益供与を実現すべき義務を負担するべきである，また，公教育をなす学校の設置者として，研究会入会者に対し，本件幼稚園に継続して通園することを希望する者に対しては，積極的に通園契約の延長をはかるべき信義則上の義務を負担するところ，これらを履行しなかったことにより精神的苦痛を受けたとして，不法行為もしくは債務不履行に基づく損害賠償を請求した。

一審名古屋地裁(1979(昭和54) 6月4日判決）および二審名古屋高裁（1982(昭和57) 9月29日判決）は，本件研究会と幼稚園教育は別個のものであり，４歳児組への通園は「進級」とは言えず，また，私立幼稚園の入園は，幼稚園設置者と入園者の保護者との間の私的契約関係に基づくものであるから，教育基本法等の趣旨に鑑みて，承諾を拒絶することが公序良俗に反するような場合はともかく，入園の申込があっても，承諾するか否かは，幼稚園設置者の自由裁量に属するものとし，原告の訴えを退けた。

原告（控訴人は)，原判決は憲法26条１項，旧教育基本法３条，および民法90条の公序良俗の解釈適用の誤りおよび理由不備の違法があるとして上告した。

裁判所の判断

■上告人（原告）の上告を退け，入園申込み拒否は公序良俗に反しないとした。

「私立幼稚園が，その教育方針に従って幼児を教育するために，当該幼児の親権者又は監護教育にあたる者が幼稚園の教育，経営方針に対して理解と信頼を示し幼稚園との信頼関係を保ちうることは重要なことであるとして，これを入園申込に対し承諾を与えるための要件とし，この要件を充足していない申込に対しては承諾を与えないこととしても，右の信頼関係が客観的に存在しないと認められる限り，公序良俗に反するものとはいえないと解するのが相当である。本件において，原審の確定したところによれば，私立の天道幼稚園の設置者である被上告人高照寺の代表役員であり，かつ，同幼稚園の園長である被上告人山田は，同幼稚園が昭和48年４月から設けていた本件研究会に入会していた幼児についての昭和49年度天道幼稚園４歳児組への入園申込を承諾するためには，当該幼児の親権者又は監護教育にあたる者が同幼稚園の教育，経営方針に対して理解と信頼を示し幼稚園との信頼関係を保ちうることが必須であるとしたうえ，本件研究会に入会していた上告人X_1について，同X_2及びX_3のした右４歳児組への入園申込に対し，同X_2の言動等から同上告人には天道幼稚園の教育，経営方針に対する理解と信頼がなく，同幼稚園としては同上告人と信頼関係を保てないと判断した結果，承諾を拒否したというものであり，また，右承諾拒否に至るまでの被上告人山田と上告人X_2及びX_3との折衝について原審が確定した事実関係のもとにおいては，同幼稚園と右上告人らとの間の信頼関係が全く失われ，その間に意思疎通の生ずる余地がないとした原審の判断は是認することができるから，右承諾拒否をもって公序良俗に反するものとはいえない。」

64 障害児の町立幼稚園への就園許可の義務付け

◆藍住町立幼稚園就園許可の仮の義務付け申立て事件◆

徳島地裁2005(平成17)年6月7日決定

裁判のポイント

1．財政上の理由による就園申請の却下。　2．就園許可の仮の義務付けの可否。

解　説

本件は，障害児のＹ町立Ａ幼稚園への入園許可申請を不許可とする決定を受けた５歳児Ｘの保護者（申立人）が，主意的に（第一次的に）幼稚園長に，予備的に町教育委員会においてＡ幼稚園への就園を仮に許可するよう求めた仮の義務付け申立て事件である（被申立人はＹ町）。

義務付け訴訟（本案訴訟）を提起したが，その判決の確定をまっては権利救済の実効性が失われる場合に，原告の権利利益を暫定的に保全するために，原告は仮の義務付け（行訴法37条の５第１項）を申し立てることができる。裁判所は「償うことのできない損害を避けるため緊急の必要があり，かつ，本案について理由があるとみえるとき」（積極的要件）仮の義務付けを決定でき，「公共の福祉に重大な影響を及ぼすおそれがあるとき」（消極的要件。同前３項）は決定できない。

裁判所は，「本案について理由があるとみえるとき」の判断において，幼稚園教育は，幼児の心身の成長，発達のために重要な教育であり，地方公共団体としては，申請を拒否する合理的な理由がなく不許可とした場合は，裁量権の濫用逸脱にあたるとした。さらに，心身に障害を有する幼児に対しては，一定の人的，物的な配慮をすることは社会全体の責務であり，公立幼稚園を設置する地方公共団体においてもこのような配慮をすることが期待されるとする。申請に対する許否の決定に当たっては，当該幼児の心身の状況，その就園を困難とする事情の程度等の個別事情を考慮して，その困難を克服する手段がないかどうかについて十分に検討を加えた上で，当該幼児の就園を許可するのが真に困難であるか否かについて慎重に検討した上で柔軟に判断する必要があるべきであり，そのような観点からみて不許可に合理的な理由がないとみられる場合には，裁量権の逸脱・濫用として違法となると判断した。Ｘの障害の態様から，幼稚園に就園させるに当たっては，移動等の介助，安全の確保のため，教職員の加配措置を採ることができれば就園にあたっての困難を克服することが可能であるとした。そして財政的な理由から加配措置を採らないという被申立人のＹ町教育委員会等の決定について，Ｘへの加配配置は被申立人の予算全体からみれば，多額とは言えないこと，町立幼稚園においてすでに障害を有する児童のために加配措置を採っていることから，Ｘについてのみ加配措置が不可能であるとは考えられず，財政上の理由は加配措置を採らないことの決定的な理由とはできないと判断した。また，体験入園は，入園の継続が必ずしも保障されていない上，登園日や園の滞在時間が短いため，他の園児と同一の生活時間を共にする機会が限られており，将来の進学や正式入園を求めているＸに差別感を抱かせるものであり，正式入園の代替措置とは言えないと判断した。

本件は，障害者差別解消法が成立する以前の事例であるが，裁判所が，加配措置の必要性を認定した上で，財政上の理由から加配措置を採らないことの違法性を審査した点で，今後の障害者差別解消法が規定する合理的配慮の判断にあたっての参考になるものと思われる。仮の義務付け固有の論点としては，「償うことのできない損害を避けるための緊急の必要」の判断において，Xの幼稚園教育への利益を認定した上，Xの年齢および障害の状況から，他の健常児と共に正式入園できなければXの今後の成長や障害の克服に障害を与えるものとし，緊急の必要性を認めている点が重要である。

【事件のあらまし】

二分脊椎の障害を有し，これによる歩行障害及び排尿障害があるほか，水頭症に罹患しているXを，Xの母親が2003年12月に，Y町が設置するA幼稚園に就園させることの許可を求める申請をしたところ，2004年3月，町教育委員会は不許可とする決定を行い，その代わりに，週3回，午前9時から午前11時までの間，町立B幼稚園への体験入園を許可した。母親は，A幼稚園に対し，自力歩行の訓練のためには，同年齢の児童と行動することが効果的であるとの医療センターの意見書および加配教職員の配置があれば，健常児集団の中で十分に対応可能との児童相談所からの証明書を提出し，同年12月20日に再度就園の許可を求める申請をしたが，不許可決定を受けた。

そこで，母親（原告，申立人）は同不許可決定は違法であり，就園を許可するべきであるとしてY町を被告として取消訴訟と義務付け訴訟を提起するとともに，主位的にA幼稚園長において，予備的に町教育委員会において，就園を仮に許可するように求めて仮の義務付けを申し立てた（Y町が被申立人）。

裁判所の判断

■仮の義務付けの申立てを認めた。

1　本案訴訟についての理由があるか

「子どもには，一人の個人又は市民として，成長，発達し，自己の人格を完成するために必要な教育を受ける権利が憲法上保障されており，子どもに対する教育の制度や条件を整備することは国家の重要な責務であるというべきである（憲法26条等参照）。子どもにとって，幼児期は，その健康かつ安全な生活のために必要な習慣を身につけたり，自主的，自立的な精神を育んだり，集団生活を経験することによって社会生活をしていく上での素養を身につけたりするなどの重要な時期であり，幼稚園教育は，義務教育や普通教育ではないものの，幼児の心身の成長，発達のために重要な教育として位置づけられるべきものということができる。そうだとすれば，地方公共団体としては，幼児の保護者から公立幼稚園への入園の申請があった場合には，これを拒否する合理的な理由がない限り，同申請を許可すべきであり，合理的な理由がなく不許可としたような場合には，その裁量権を逸脱又は濫用したものとして，その不許可処分は違法になると解するのが相当である。」

「地方公共団体にとって幼稚園において障害を有する幼児を受入れることは，施設面等の物的な配慮や，教職員等の負担の増大に対する人的な配慮が必要となり，そのためには財政的な措置等を要することなどが想定されることは明らかである。しかしながら，障害を有する幼児に対し，一定の人的，物的な配慮をすることは，社会全体の責務であり，公立幼稚園を設置する地方公共団体においてもこのような配慮をすることが期待されるものというべきである。心身に障害を有する幼児にとって，社会の一員として生活するために成長，発達していくためには，特に，幼少期から，障害の有無にかかわりなく他者とともに社会生活を送り，自主的，自立的な精神を育むことが重要であると考えられるほか，身体に障害を有する幼児にとっては，その障害を克服する意欲を持続するためにも，他者との社会生活が重要となる場合もあると考えられる。そうだとすれば，心身に障害を有する幼児の公立幼稚園への就園の申請に対する許否の決定をするに当たっては，当該幼児に障害があり，就園を困難とする事情があるということから，直ちに就園を不許可とすることは許されず，当該幼児の心身の状況，その就園を困難とする事情の程度等の個別の事情を考慮して，その困難を克服する手段がないかどうかについて十分に検討を加えた上で，当該幼児の就園を許可するのが真に困難であるか否かについて，慎重に検討した上で柔軟に判断する必要があるというべきであり，そのような観点からみて不許可処分に合理的な理由がないとみられる場合には，当該不許可処分は，裁量権を逸脱又は濫用したものとして違法となると解すべきである。」

「XをA幼稚園に就園させるに当たっての問題点は，Xの移動等の介助，安全の確保等をするため，教職員の加配措置を採ることができれば克服することが可能であるということができる。」

「幼児にとっての幼稚園教育の重要性や，行政機関において障害を有する幼児に対してできる限りの配慮をすることが期待されていることなどにかんがみれば，地方公共団体が財政上の理由により，安易に障害を有する幼児の就園を不許可にすることは許されないというべきである」

「教職員の加配に要する費用については被申立人の予算全体からみれば多額とはいえないことからすれば，Xのために教職員の加配をすることにより被申立人の財政状況を著しく悪化させるものとは考え難い」

「他の幼稚園においては，自閉症の障害を有する園児1人に対して教職員1人の加配がされていることなどからすれば，X1人のために教職員の加配措置を採ることについて，被申立人の財政上の理由から不適切であると評価されるものとは考え難い。」

「被申立人等において，その財政上の理由，採用手続上の理由等から，Xのために教職員を加配する措置を採ることが不可能ないし著しく困難であるということはできず，導尿についても申立人がすることが可能であるから，加配する教職員が医療資格を有する者に限定されるということもできない。XのA幼稚園への就園を可能とするために教職員の加配措置を採ることができないとの判断は合理性を欠くというべきである。」

「Xの心身の状況やその就園を困難とする事情の程度等，その困難を克服するための手段について慎重かつ柔軟に判断するならば，本件不許可決定について，合理的な理由があるということはできない。」

2　償うことのできない損害を避けるため緊急の必要があるか

「Xは，現在満5歳であり，A幼稚園への就園が許可されたとしても平成18年3月にはA幼稚園を卒園することになる。Xは，現在，B幼稚園で体験入園が認められているものの，正式入園が認められた場合との違いは決してわずかなものといえない」。

「申立人は，平成17年4月1日に本案訴訟を徳島地方裁判所に提起しているものの，本案訴訟の判決を待っていては，Xは，幼稚園に正式入園して保育を受ける機会を喪失するということができる。また，Xに体験入園しか認めないことは，必要以上にXに差別感を抱かせるものであり，身体に障害を有するXの心身の成長や障害の克服等にとって障害となるおそれが十分に考えられる。このような損害は，後に回復するような性質のものではないことは明らかである。

そうである以上，Xには，A幼稚園に就園の許可がされないことにより生じる償うことのできない損害を避けるため就園を仮に認める緊急の必要があるというべきである。」

◆国家賠償法

第1条 ① 国又は公共団体の公権力の行使に当る公務員が，その職務を行うについて，故意又は過失によつて違法に他人に損害を加えたときは，国又は公共団体が，これを賠償する責に任ずる。

② 前項の場合において，公務員に故意又は重大な過失があつたときは，国又は公共団体は，その公務員に対して求償権を有する。

第2条 ① 道路，河川その他の公の営造物の設置又は管理に瑕疵があつたために他人に損害を生じたときは，国又は公共団体は，これを賠償する責に任ずる。

② 前項の場合において，他に損害の原因について責に任ずべき者があるときは，国又は公共団体は，これに対して求償権を有する。

第3条 ① 前2条の規定によつて国又は公共団体が損害を賠償する責に任ずる場合において，公務員の選任若しくは監督又は公の営造物の設置若しくは管理に当る者と公務員の俸給，給与その他の費用又は公の営造物の設置若しくは管理の費用を負担する者とが異なるときは，費用を負担する者もまた，その損害を賠償する責に任ずる。

② 前項の場合において，損害を賠償した者は，内部関係でその損害を賠償する責任ある者に対して求償権を有する。

◆児童福祉法

第39条の2 ① 幼保連携型認定こども園は，義務教育及びその後の教育の基礎を培うものとしての満3歳以上の幼児に対する教育（教育基本法（平成18年法律第120号）第6条第1項に規定する法律に定める学校において行われる教育をいう。）及び保育を必要とする乳児・幼児に対する保育を一体的に行い，これらの乳児又は幼児の健やかな成長が図られるよう適当な環境を与えて，その心身の発達を助長することを目的とする施設とする。

② 幼保連携型認定こども園に関しては，この法律に定めるもののほか，認定こども園法の定めるところによる。

◆認定こども園法（就学前の子どもに関する教育，保育等の総合的な提供の推進に関する法律）

第2条

⑦ この法律において「幼保連携型認定こども園」とは，義務教育及びその後の教育の基礎を培うものとしての満3歳以上の子どもに対する教育並びに保育を必要とする子どもに対する保育を一体的に行い，これらの子どもの健やかな成長が図られるよう適当な環境を与えて，その心身の発達を助長するとともに，保護者に対する子育ての支援を行うことを目的として，この法律の定めるところにより設置される施設をいう。

⑧ この法律において「教育」とは，教育基本法（平成18年法律第120号）第6条第1項に規定する法律に定める学校（第9条において単に「学校」という。）において行われる教育をいう。

⑨ この法律において「保育」とは，児童福祉法第6条の3第7項に規定する保育をいう。

65 幼稚園の入園契約不履行と園児の退園

◆幼稚園教育契約不履行損害賠償請求事件◆

浦和地裁1995（平成７）年12月12日判決

裁判のポイント

幼稚園側の入園契約内容の不完全履行による契約解除と損害賠償請求。

解　説

本件は，1993（平成５）年４月に開園した幼稚園の幼稚園案内，募集要項や入園説明会で説明されていたカリキュラム内容が完全には実施されなかったこと，遊具や教材などが揃えられていなかったことなどについて，契約（債務）の不完全履行であるとし，６名の保護者が原告となり，幼稚園経営者を被告として，授業料等の諸費用の返還（原状回復請求），精神的苦痛に対する損害賠償を求めた事例である。

浦和地裁は，入園契約にあった外国人講師の配置，専門コースの開設，小学校の開設等の７項目について，全て完全に履行していないことを認定した。そして，外国人講師の増員やすべての専門コースの開設などは被告において直ちに履行する意思はないことや小学校の開設の可能性がないことは，入園後に保護者らの要請により行われた幼稚園の説明から明らかであったとし，開園直後の４月30日の時点で，本件契約は解除されたと判断した。

新設園の場合，幼稚園案内や入園説明時に提示されたカリキュラムや諸設備の準備が開園までに間に合わないことも予測されるが，本件の場合は，本幼稚園の重要な特色として提示されていた外国人講師による語学教育や保育，専門コースの設置などが履行されていなかったこと，当初説明されていた教育内容や諸条件と異なる項目が多岐にわたること，幼稚園側の説明からは直ちにこれらの教育条件を整備する意思がみられないことから，裁判所は４月末の段階で，契約の不完全履行を認めている。

【事件のあらまし】

被告は，1993（平成５）年４月に開園した幼稚園である。募集要項や幼稚園案内，説明会において，外国人講師を５名おいて，自然に外国語に親しめるようにする，午前中の基本科目は大卒で保育者の資格を持つものをおく，午後の専門コースは，能力開発教室，英会話，ピアノ，テニス，バレエなど希望者が一人でもいれば希望する専門教育を受けられる，給食は栄養士が計画的に献立を準備する，今後小学校から大学まで順次設立し，エスカレータ式に進学できるようにするなど，説明されていた。しかし，同年４月10日の入園以降，カリキュラムもスタッフも諸設備も，到底説明にかかる幼児指導ができる状態ではなかったため，保護者６名は，同月30日には入園契約の解除を通告し，子どもらを退園させた。そして，同保護者６名が原告となり，入園時に示された契約内容の不完全履行を理由として，本件入園契約は解除されたとして，被告に納付した授業料等および慰謝料の支払い（返還）を求めた。

裁判所の判断

■原告に対し慰謝料を支払うよう命じた。

①入園説明会において，被告は，外国人講師は５名いると説明していたが，入舎式の時点では２名の外国人講師が在職するだけであった。②通園のバスに外国人講師が乗ることは殆どなかった。③午前中の基本科目の講師の中には保育の資格を有しない者もおり，午後の専門科目の講師として就職した者が急遽午前中の基本科目の担当に回された者もいるなど，幼児教育の経験者がほとんどいない状態であった。しかも，入園直後の平成５年４月16日には，教育設備等の改善を要求していた職員５名（基本科目を担当し，各コースの担任となっていた）が突然解雇されるという事態が発生し，専門コースの授業ばかりでなく，基本科目の授業も満足に行えない状況になってしまった。④午後の専門コースについては，設備や講師が準備されていないことから，園児が希望した教室の幾つかは到底開設できる状況になかった。⑤ピアノやオルガン等のほか，教材，滑り台やブランコ等の遊具も入舎式の時点では殆ど揃えられておらず，その後一部設置されたものの極めて不十分であった。初めの頃は幼児の名札さえ準備されていなかった。⑥完全給食と説明しながら，栄養士はおらず，被告が経営する日本料理店で弁当を作らせていた。⑦小学校の開設についても，何ら具体的な手続はなされていなかった。

「被告は，本件契約の締結に際して原告らに対して約束した①ないし⑦の各点を全て完全には履行していなかったものと認めるほかない。」

原告と被告の問答からすると「少なくとも①，②，④及び⑥の各点については，被告において直ちに当初の約束通り履行する意思はなく，⑦の点は履行の可能性がないことは平成５年４月22日の会合における被告の説明から明らかであり，右会合が開催されるに至った事情を合わせ考慮すると，本件契約の解除権は右の時点において発生したものと認められる。」

「被告は各原告に対し，各原告から納付を受けた入学金，学舎債，授業料（能力開発教室分の授業料を含む）及びバス代を返還すべきところ，本件契約は，その性質から将来に向かって解消されるものと解されるので，各原告らが被告に納付した金額のうち，平成５年４月分の授業料及びバス代については，その返還を求めることはできないと解するのが相当である。」

被告は，入園「説明会の際に原告らに約束した①ないし⑦の点が入舎直後に実現することが出来ないことを知りながら，或いは不注意にもそうした状態にはならないものと軽信し，原告らに働きかけて本契約を締結させたものと，…また被告において当初の約束を完全に履行しなかったことによって，原告らをしてその子供達（いずれも３歳）を被告幼稚舎から退舎させ，他の幼稚園に入園させざるを得ない状態にしたこと，が認められる。」

「そうした被告の行為によって原告らが精神的苦痛を被ったことは容易に推測し得るのであって，右苦痛を慰謝するための慰謝料としては10万円が相当である。」

66 保護者との対立を理由にした園児の退園処分

◆退園処分損害賠償請求事件◆

東京高裁1993(平成５)年５月26日判決(控訴審)

裁判のポイント

保護者との対立を理由に園児を退園処分にすることはできるか。

解 説

本件は，園児が幼稚園でブランコから落下した事故の存否をめぐり，園児の両親と幼稚園が対立し，両親による度重なる事故の調査要求や，他の保護者も巻き込んだ上での幼稚園への抗議・要求が行われ，このような両親の行動により，両親と幼稚園との信頼関係が破壊されたという理由で，幼稚園側が，園児の委託契約を解除し退園処分にしたという事案である。

原告園児と原告両親は，落下事故が発生したことを主張し，幼稚園の共同経営者２名を被告として，当該事故についての安全配慮義務違反および違法な退園処分による損害賠償を請求した。

東京高裁は，ブランコ落下事故については，事故の存否を含め具体的な内容を特定できないとし，損害賠償請求を退けたが，退園処分の違法性を認めた。

退園処分の違法性について裁判所は，保育を委託する契約は，保護者と幼稚園との間の幼児の教育を目的とする契約であるから，その性質上，幼稚園の方から自由に解除をすることはできないが，この契約の目的を達成するためには，委託者と幼稚園との信頼関係が維持されることが必要であるから，目的の達成を困難にするほどに信頼関係が失われ，かつ，その原因が主として委託者にある場合には，幼稚園から契約の解除ができるとする。

その上で，退園処分にあたり，幼稚園側が事故についての調査やその結果を具体的に保護者に説明していなかったことや，退園の措置を取る上で，今後の保育の方法について保護者から意見を聴取していなかったことなどが認定され，信頼関係喪失の原因が主として保護者側にあるとはいえず，退園処分が正当な理由なくされたと認定された。

私学の在学関係は，在学契約に基づくものであることは，判例・学説上一致している。幼稚園は，就学前の子どもの公教育機関として，教育基本法，学校教育法上の適用があるので，幼稚園による退園処分は子どもの学習権保障の観点から制約を受けると考えられる。

本件によれば，幼稚園は，退園処分を一方的に行うことはできず，処分の決定にあたって，保護者に対し十分な説明や信頼回復措置を取ることなどの適正手続が求められているといえる。

【事件のあらまし】

園児原告（控訴人）X_1とその両親X_2，X_3は，X_1の身体の異変から，X_1が幼稚園でブランコから落ちて負傷したと考え，幼稚園に事故の態様を問い合わせていた。それに対し，幼稚園側は，X_2，X_3らが主張するような事故は確認できないとして，事実を否認していた。この事故の存否をめぐり，両親と幼稚園側の双方の不信感が強まり，完全に対立した状況になった。幼稚園の経営者である被告（被控訴人）Y_1およびY_2は，原告らの幼稚園に対する不当な抗議，保育妨害，信用棄損により，幼稚園と原告との間の信頼関係が破壊されたことを理由に，原告らに対し，X_1を退園させる通知をした。

原告は，ブランコ事故について，幼稚園

側の安全配慮義務違反であるとし，Y_1およびY$_2$に対し，慰謝料，治療費，交通費の支払いを求めるとともに，Y_1およびY_2がX_1の保育委託契約を解除して，幼稚園から退園させたことは，何ら正当な理由がないとして，損害賠償を求めた。

第1審判決（東京地裁八王子支部1991（平成3）年5月29日判決）は原告らの請求を棄却したので，原告らが控訴した。

裁判所の判断

■ブランコ落下事故については，損害賠償請求を退け，退園処分については慰謝料の支払いを命じた。

1　ブランコ事故の存否と損害賠償

何らかの意味で園児の身体に異常をもたらすような事態が園内において発生したのではないかとの疑問は強く残るのであるが，その具体的内容を確定することはできない。したがって，本件事故の発生したことを前提とする安全配慮義務違反による損害賠償請求は，理由がない。

2　退園処分の違法性

「保育を委託する契約は，保護者と疎外幼稚園との間の幼児の教育を目的とする契約であるから，その性質上，訴外幼稚園の方から自由に解除することはできないが，他方，右契約の目的を達成するためには，委託者と幼稚園との信頼関係が維持されることが必要であるから，右目的の達成を困難にするほどに信頼関係が失われ，かつ，その原因が主として委託者にある場合には，幼稚園から右契約の解除をすることができるものと解される。」

「訴外幼稚園と控訴人……との間の信頼関係が失われたとして被控訴人（同幼稚園側）が保育委託の契約を解消することが可能な場合があるとしても，そのためには，右対立関係をやわらげ，控訴人らとの信頼関係の回復に努めるとともに，控訴人園児を退園することもやむをえない事態に至っているかについて控訴人ら保護者から十分に事情を聴取するなどの措置をとることが必要であると考えられる。

しかし，同被控訴人は，控訴人らや園児の関係者の控訴人園児にかかる事故の有無についての問い合わせ，調査の依頼にも，『控訴人X_3のいうような事故はない。』などと告げたことは認められるものの，例えば，何名かの園児がいうように，同控訴人が職員室のベッドで頭を冷やして寝ていたことがあったのかどうか，その原因は何かなどといったことについても，調査の過程やその結果を具体的に説明するなどして控訴人らの納得を得るように努める行動をとったとは証拠上窺うことができない。また，退園の措置を取るに当たって，控訴人ら保護者との間で，同人らとの事故をめぐる争いの中で，控訴人園児の今後の保育の方法についてその意見を聴取するなどの措置を講じていない。そして，被控訴人は，保護者の信頼を回復するためのこれらの措置に出ることなく，前示のように，昭和57年7月1日には既に内部的に控訴人園児の除籍を決定し，その後，同月19日に保護者に何らの予告もなく同日をもって退園させる旨の通知をしている。

当時，訴外幼稚園と控訴人らとの間の信頼関係が既に失われていたとしても，控訴人らの前示のような言動にはある程度やむをえない事情があり，右の信頼関係喪失の原因が主として控訴人らにあるということはできないのであるから，以上の経緯のもとでされた被控訴人のした本件退園処分は，それが控訴人らにとって厳しい処分である（現に，控訴人金太郎本人の当審供述によれば，控訴人園児の本件退園処分により前に退園処分の前例はないことが認められる。）ことをも考え合わせると，結局正当な理由がなくされたことにより，各控訴人に対する不法行為を構成するといわなければならない。右退園処分により，各控訴人が精神的苦痛を受けたことは容易に推認することができるところであり，そのための慰謝料は，控訴人各自について30万円を相当とする。」

67 いじめを理由にした退園処分

◆退園処分損害賠償請求事件◆

札幌地裁1996（平成８）年９月25日判決

裁判のポイント

幼稚園退園処分の手続のあり方。

解 説

本件は，幼稚園側が，原告園児の行動を他の園児に対する「いじめ」と解し，退園の通知をしたことに対し，園児X_1とその保護者X_2・X_3が原告となり，不当な退園処分により精神的苦痛を受けたとして学校法人Y_1とその代表理事Y_2を被告として，損害賠償を求めた事例である。

学校が児童・生徒等に行う法的効果を伴う懲戒処分としては，学校教育法11条および同法施行規則26条に，退学・停学・訓告の三種が法定されている。また，学校における懲戒処分は，「教育上必要があると認めるとき」に行われる，教育的懲戒権の行使であり，中でも退学処分は，究極的な学習権制限の効果を伴うため，厳格な適用が求められる。ただし，義務就学制の公立の小・中学校又は特別支援学校では退学処分はできない。

学説上，幼稚園の園児に対しては学校教育法上の懲戒を加えることはできないと解されている。その理由として，校長，教員が懲戒を加え得ることは，校長，教員の行う教育という作用に伴うものであり，心身未発達の幼児の保育という作用には，懲戒という考えは包含されていないからとされる（鈴木勲編著『逐条学校教育法　第７次改訂版』学陽書房）。

本判決は，学校教育法に言及していないが，退園処分の性質について，退園処分は幼稚園からの教育断念放棄であり，園児に重大な不利益を与えるものであると位置づける。そして，退園処分が許されるためには，当該処分に値するだけの事由の存在すること（正当事由），および，適正手続，すなわち，幼稚園側の問題認識とそれを基礎付ける事実を指摘開示のうえ説明し，両親に十分な弁明の機会を与えるとともに，場合によっては両親から子どもへ適切な教育指導をすることを求めたり，幼稚園の対処方法について理解を求めることが要請されるとする。また，正当事由と適正手続は相関関係にあり，処分決定に当たって総合的な判断を必要とする。

そして，本判決は，原告の一連の行為は「いじめ」には該当せず，認定された問題行動のみをもって退学処分に値すると考えることは相当でなく，退学処分の正当事由なしとした。また，幼稚園側が，両親に対し，幼稚園側の問題認識と退園処分の厳しい判断を迫られていることを正確に説明せず，両親に弁明の聴取をしなかったこと，幼稚園側の対応への理解を求める努力，両親の協力の下での幼稚園による原告園児への教育指導と家庭での指導とその後の経過観察といった対応がなかったことから，適正手続がとられなかったと認定し，退園処分を不当と判断した。

幼稚園や学校におけるいじめや他の子どもへの問題行動は，子どもの発達上の課題として幼稚園等において取り組むべき教育課題である。学校がいじめ対策を適切に講じない場合は，学校および教師の安全配慮義務違反が問われる。また，幼稚園や学校における子どもの問題行動は，学校から親への報告がなければ，親は事実を知ることもできず，子どもの指導監督を行うこともできない。本件で示された幼稚園における退学処分の適正手続のための各要素は，最低限，幼稚園が実施しなければならない義務として理解すべきであろう。

【事件のあらまし】

被告学校法人Y_1が経営する幼稚園の年中組に在籍していたX_1は，他の園児をいじめていることを理由に，２学期をもって退園させられた。

裁判所が認定したX_1の主な問題行動は，次の通りである。①年少組のときから他の園児の手を跡が残るほどかじることがあった，②自由遊びのときのふざけ合いが進んで相手が「嫌だ，やめて」といってもなかなか止めないなどの行動がみられたこと，③送迎バスの中で，他の子を押したり，いたずらしたりすること，④餅つきの日に，１人の園児に泥混じりの雪をぶつけたり，他の園児にぶつけるようけしかけ，その園児を泣かせたこと，⑤他の園児のクレヨンを取り上げたこと，⑥他の園児の家に遊びに行ったときに「マンションって狭いね。」と相手の子どもを傷つけるような発言をしてその子の親を憤慨させたこと，⑥その他，他の園児の弁当を床に落とし，担任の注意を受けたりすることがあった。

退園処分までの経過は，1994（平成６）年12月20日に園長および他の理事と原告両親X_2・X_3が面談し，いじめの内容が告げられ，その後，12月29日に退園処分の文書が原告らに送付された。

原告らは，不当な退園処分を受けたことにより精神的損害を受けたとして，Y_1およびY_2に対し，債務不履行ないし不法行為に基づき，慰謝料の支払いを求めた。

裁判所の判断

■学校法人および代表理事に損害賠償の支払いを命じた。

1　退園処分に値する「いじめ」があったか

「本件を証拠に照らし客観的に見た場合，本件行動主体の幼さによる園児間の立場の互換性（当該年齢の園児間では未だ『いじめる側』と『いじめられる側』という立場の固定化が見受けられないのが通常と思われる）と『いじめ』の典型ともいうべき中学校教育と比較した場合の彼我の教育指導環境及び対象の差異並び前記『いじめ』の定義に照らした原告X_1の行動の質と程度の違いに鑑み，原告X_1の行動を被告らが主張するような世上をにぎわす『いじめ』に該当するものと直ちに判断したり，それと同視するのは，あまりにも拙速であり相当ではないものというべきである。

そして，右に認定した問題行動のみをもってして，即，退園処分に値すると考えることも相当ではない。」

2　本件退園処分の手続は適正であったか

「私立幼稚園における在園関係は，準委任契約類似の在園契約と解されるが，退園処分は，当該園児に対する幼稚園からの教育の断念放棄であり，園児に重大な不利益を与えるものである。従って，退園処分が許されるためには，当該処分に値するだけの事由の存在すること（正当事由），幼稚園側の問題認識とそれを基礎付ける事実を指摘開示のうえ説明し，相手方（両親）に十分な弁明の機会を与えるとともに，場合によっては両親から子どもへ適切な教育指導をするよう協力を求めたり，幼稚園の対処方法についての理解承認を求めること（適正手続）が要請されるところ，右両者は相関関係にあり，幼稚園からの処分決定にあたって総合的な判断が必要になる。

すなわち，前者の退園に値する事由の存在が深刻なものであれば，後者の適正な手続は比較的率直簡明でも被処分者側の大方の納得は得られ易いのに対し，逆に園児の過去の問題行動そのものよりも将来の問題解決に向けた幼稚園と園児の両親の協力関係及びそれに従った経過観察が当該処分の判断に当たって重視される場合もある。」

「しかしながら，被告らは，原告ら両親の問題性…と被告Y_1が原告X_3と本件問題行動について面談した際の反応を指摘するのみで，原告ら両親に現状を把握させる説明努力，幼稚園側の対応への理解を求める努力，そのうえでの原告ら両親の協力の下での幼稚園による原告X_1への教育指導と家庭での原告ら両親による同児への教育指導及びその後の同児の経過観察といった本件で必要と考えられる対応がいずれも認められない。」

「それゆえ，被告らには，原告X_1の問題行動に見合う処分に向けた適正な手続が履践されておらず，結局，本件退園処分は総合的に見て正当なものとは認められない」

よって，被告らは原告らに対し損害賠償責任を負う。

68 園児が縄に首をかけて窒息死した事故

◆窒息死損害賠償請求事件◆

浦和地裁2000(平成12)年7月25日判決

裁判のポイント

1．遊びの自由時間の安全確保・注意義務の内容。　2．事故後の対応と損害賠償。

解　説

本件は，幼稚園に入園して間もない3歳の園児が，遊びの自由時間中，遊具のうんていに架かっていた縄跳びの縄に首をかけ，窒息死した事故について，その父母が原告となり，学校法人，理事長，園長，教諭を被告として，安全義務違反による損害賠償を求め，かつ，県に対して事故後の学校法人に対する指導が適切でなく原告の精神的被害が拡大したとして損害賠償を求めた事案である。

憲法26条の「教育を受ける権利」の保障には，成長発達途中にある子どもが生命・健康・身体面で安全に教育を受ける権利が含まれていると解され，これを保障するために関係者は学校安全を確保するための義務を負っている。この安全義務には，財政負担をともなう学校の施設設備，教職員勤務条件などの学校設置・管理者の条件整備的安全義務と，教師の教育権行使に伴う教育専門的安全義務がある。

幼児は，心身の発達が未熟であり，危険状態に対する判断能力や適応能力が十分ではないため，幼稚園とその教職員には高度の安全義務が課せられる。

幼稚園における遊びの自由時間においては，子どもの自主性を確保する一方で，幼稚園側は，自由遊びだからこそ起こりうる突発的な事故を予測し，子どもの動きに目を配り，安全を確保し事故を防止する義務が生じる。

本判決は，被告園長，クラス主任及び副主任は，入園まもない原告園児の自由遊び時間における行動，うんていを使った園児らの遊戯の状況や縄跳び縄の使用等について十分な監視をしていたとは認められないとした。また，被告学園も，同幼稚園を経営するものして，同幼稚園の教職員らに対する園児らの安全確保及び事故防止に関する教育，管理をしていたと認めることもできないとして，被告側の安全確保・事故防止に関する注意義務違反を認定した。

県に対する請求は棄却された。

【事件のあらまし】

学校法人H学園S幼稚園3歳児クラスに在籍していたXが，昼食後の園庭での自由遊びの時間に，アーチ型遊具のうんてい(高さ1.4メートル，長さ3.2メートル，幅1.3メートル）の高さ1.3メートル付近から端と端を結び，輪の形（直径80センチメートル）で垂れ下がっていた布製の縄跳び用の縄（長さ1.9メートル）に首をかけているところを同園の教諭に発見され，直ちに同園教員室に運ばれ，救急車により医療センターに搬送されたが，医療センターに到着した時点で，すでに死亡していた。

死亡したXの両親（原告）は，学校法人H学園，同学園理事長，S幼稚園園長，クラス担任，クラス副担任を被告として，それぞれ園児が園内で安全に生活できるよう注意義務があったにもかかわらず，本件ロープがうんていにかかっていたのを放置し，Xが右ロープに首をかけた際にもこれに気付かず，窒息死に至らしめたことについて，安全管理上の注意義務違反があったこと，また，事故の発生後の対応について精神的な損害を受けたことを理由として損害賠償を求めた。また，県を被告として，S幼稚園関係者が原告らに精神的な損害を与えていることを知り，監督機関としてこれを防止する義務があったにもかかわらず，これを怠ったことにより，原告の精神的損害が拡大したとして，損害賠償を求めた。

裁判所の判断

■被告学校法人らに損害賠償を命じ，県に対する損害賠償請求は棄却した。

1　学校法人，園長，教職員の幼稚園の遊びの自由時間における安全確保及び事故防止に関する注意義務

「被告学園は，日ごろ，縄跳びの縄等については，その本数を確認し，安全な場所に保管するようにしており，本件うんていについては，本件うんていで遊ぶ園児が落下しないように監視することとなっていたというのであるが，本件事故当日は，幼稚園の行事のために縄跳びの縄を使用しており，Xは，本件うんていにかけられた本件ロープに首をかけるという本件事故に遭ったのであり，特に，Xは，3歳児であり，同幼稚園に入園して間もないころで，親元を離れて慣れない幼稚園生活を始めた状況であったのであるから，自由遊びの時間であっても，その安全確保，事故防止には一層の配慮が求められるというべきであるところ，同幼稚園の教職員らは，本件事故が発生するまでの間，X及び他の園児らの行動及び本件うんていにおける園児らの遊びの状況等について知らなかったというのであるから，S幼稚園の被告園長，クラス主任及び副主任は，同幼稚園における縄跳びの縄の管理，本件うんていの落下防止等に関する運用を履践し，Xの自由遊び時間における行動，本件うんていにおける園児らの遊戯の状況や縄跳び縄の使用等について十分な監視をしていたとは認められない。また，被告学園も，同幼稚園を経営するものして，同幼稚園の教職員らに対する園児らの安全確保及び事故防止に関する教育，管理をしていたと認めることもできない。

したがって，本件事故は，右のとおり，被告学園等が，園児らに対する安全確保及び事故防止に関する注意義務を怠ったことに起因するというべきであるから，被告学園等は，本件事故によって生じた損害を賠償すべき責めを負う」。

2　県の責任

被告県は，本件事故の発生を契機として，被告学園及び県下の私立幼稚園に対し園児の安全確保及び事故防止に関する指導を行い，それに必要な措置を講じていたというべきであり，被告学園に対しても，原告らに対して誠意のある対応をするように指導し，原告らからの指摘のある都度，被告学園に対する調査及び指導を行っていたのであるから，原告らが主張するように，被告県が，被告学園等が原告らに精神的な損害を与えていることを知りながらこれを放置していたと認めることはできない。

69 右眼裂傷等の事故における幼稚園の責任

◈幼稚園児の右眼裂傷等損害賠償請求事件◈

松山地裁1997(平９)年４月23日判決

裁判のポイント

１．本件事故の原因。 ２．担当教員の安全配慮義務違反の有無。

解 説

1 本件事故（右眼裂傷）の原因

幼稚園や学校における事故では，子どもが年少である場合，事故の状況説明がうまくできないことやその供述の信用性，大人証言を優先する傾向などから，事故の原因にかかわる事実認定について争いが生じる場合がある。

本件もその例の一つであり，４歳の園児（原告）の幼稚園教室内での右眼裂傷について，原告側は，傷の態様および被害者本人の供述から，他の園児Ｊからハサミで右眼を突かれたことにより生じたと主張し，園児がハサミを持ちだしたことを見落としたことについて，幼稚園側に安全配慮義務違反があったとして，学校法人を被告として損害賠償請求を求めた。幼稚園側は，被害者と他の園児がたまたま衝突したため，他の園児の歯もしくは指が原告の右眼に当たって右眼裂傷が生じたと主張していた。

本判決は，事故後に教室に戻った教員の証言，治療に当たった医師の証言，医師の鑑定結果および鑑定人証言により，ハサミによる傷害ではなく，他の児童と被害児がぶつかって，その歯が原告の右眼に当たって本件事故が発生したと認定し，原告の損害賠償請求を退けた。

2 安全配慮義務違反の有無

原告側は予備的主張として，仮に本件事故がハサミによるものではなかったとしても，４歳児を預かる被告としては，担当教員において，教室内の園児の動静に注意し，未然に事故を防止する注意義務があったところ，このような注意義務を怠ったため本件事故が発生したと主張した。この主張に対し，裁判所は，事故当時，園児が特に騒いだり暴れたりしている様子はみられず，事故は，園児同士が教室内で偶発的に，かつ瞬時に衝突したことによって発生したものとし，担当教員においては，本件事故の発生を予見し，これを未然に防止することは無理であったと判断し，安全配慮義務違反があったとは認められないとし，この点についても原告の損害賠償請求を退けた。

ハサミやなわとびなど，幼児が扱う際には注意が必要な道具や玩具を幼稚園で使用する場合は，教員には幼児の安全を確保するためその管理や使用中の監視が求められるが，本件については，ハサミによる事故ではないと判断されたため，幼稚園側に安全配慮義務違反はなかったとされた。また，日常の教育活動においても，心身共に未熟な幼稚園児の教育，監護に当たる担当教員は，園内における園児の行動を見守り，危険な行動に及ぶ園児に適宜注意を与えるなど，園内での事故発生を未然に防止すべき安全配慮義務を負っている。本件については，教員が長時間教室を離れていたのではなく，教室の床の清掃をして雑巾を洗いに教室外を出たところで，生じた事故であり，その直前も園児らに騒いだり暴れたりしている様子はなかったことから，本件事故は偶発的，かつ瞬時に起きた事故であるとし，担当教員に事故の予見可能性はなかったと判断されており，裁判所の事実認定を前提とするならば，妥当な判断といえよう。

【事件のあらまし】

幼稚園のコスモス組（４歳児クラス）であった原告は，始業時間の前の登園時間に，担当教員と他の約15名の園児らと共に教室に入り，着替えや積木遊びなどをしていたが，特別に騒いだり暴れたりしている園児は見られなかった。担任教員が，教室内の水を拭き取った後，雑巾を洗いに教室の外を出たところで，園児の１人から原告と園児Ｊとが教室内でぶつかったことを聞かされた。そこで，同教員が，教室内を振り返ると，原告が右眼を，Ｊが口を，それぞれ手で押さえて向かい合う形で立っており，すぐに駆け寄ったところ，原告は瞼を切って出血した右眼を押さえて泣いており，Ｊは口を押さえ,「ううっ」と声を出して痛そうに唸っていたら２人に「どうしたの。」と尋ねたところ，２人は答えず，周辺にいた園児が「ぶつかったんよ」と答えた。

原告は，県病院眼科において，強膜裂傷，角膜裂傷，ぶどう膜脱出と診断されて，強膜及び角膜縫合の手術を受け，その後，右視力障害（裸眼で0.05，矯正不能）の後遺障害が残った。

裁判所の判断

■原告の損害賠償請求を棄却した。

１　本件事故発生の原因

「本件事故は，コスモス組の教室内において，Ｊと原告とがぶつかってＪの歯が原告の右眼に当たって本件事故が発生した蓋然性が高いというべきであって，Ｊが手に持っていた幼児用のハサミにより本件事故が発生したとの原告の両親の供述や，その可能性を指摘するＮ医師の証言は直ちに採用することができないといわざるを得ず，他に原告側の主張するハサミによる本件事故発生の事実を認めるに足りる証拠はない。」

２　教員の安全配慮義務違反

「心身共に未熟な幼稚園児の教育，監護に当たる被告としては，担当教員において，可能な限り園内における園児の行動を見守り，危険な行動に及ぶ園児に適宜注意を与えるなど，園内での事故発生を未然に防止すべき安全配慮義務を負っているというべきである。」

「本件事故は，被告幼稚園の四歳児の教室内において，園児であるＪと原告とがぶつかってＪの歯が原告の右眼に当たって発生した蓋然性が高いが，朝の登園後の始業時間までの自由時間帯に発生しており，園児らは教室内で着替えや積木遊びをしていて，特に騒いだり暴れたりしている様子は見られなかったものであり，担任教員は，床の清掃をして教室外に出たところで本件事故を察知し，直ちに駆けつけて応急処置を講じたものであって，以上からすれば，本件事故は，園児同士が教室内で偶発的，かつ瞬時に衝突したことによって発生したものと認めるのが相当である。そうすると，担任教員において，前記教室内の園児の状況等からして本件事故の発生を予見し，これを未然に防止することは無理であったといわざるを得ず，被告に安全配慮義務違反があったとは認めがたいという外ない。」

よって，原告の損害賠償請求は棄却する。

70 園児が用水路に転落死した事故の責任

◆市立幼稚園園児の用水路転落死損害賠償請求事件◆

千葉地裁2008(平20)年３月27日判決

裁判のポイント

１．園長の安全対策上の注意義務。　２．教諭の注意義務。

解　説

本件は，市立幼稚園が，入園を検討している親子の幼稚園の指導を体験する行事を催し，その後の戸外遊びを終了した際，４歳児クラスに在籍中の園児Ｘが行方不明になり，その後，幼稚園の敷地の脇を流れる用水路で，溺死で発見された事故について，園児の父母が原告となり，幼稚園の園長（Y_1），教頭兼教諭（Y_2）教職員（Y_3，Y_4）４名を被告として，過失に基づく損害賠償，および市に対し使用者責任として損害賠償を請求した事件である。

本判決は，園庭と用水路の間には，生け垣が設定されていたが，隙間が多数あり，Ｘが用水路と生け垣をくぐり抜け，園庭から外に出て，用水路に転落したものと認定した。その上で，被告らは，園児が生け垣の隙間をくぐり抜けるなどして園外に出て，その場合には用水路に転落するなどの事故に遭うことを，予見していたか，少なくとも容易に想像することができたとし，それにもかかわらず，Y_1，Y_2は，園内施設を管理し園児が１人で園外に出られないような安全対策を十分講ずべき注意義務を怠り，Y_3，Y_4らは，同組園児らの動静を注視しその安全に配慮すべき注意義務を怠った過失があるとし，民法709条の不法行為責任を認めた。また市に対しては，民法715条に基づく使用者責任として損害賠償を認めた。

幼児は，さまざまな物に好奇心をもち，心身の発達とともに行動範囲も広がるが，危険状態に対する認識や判断能力が十分ではないため，幼児を預かる幼稚園においては，園児の監護・教育にあたる教諭らに，園児から危険を遠ざけ，安全を確保し事故を防止する義務が課せられる。したがって，幼稚園には，まず第１に，幼児のこのような特徴を十分理解し，幼稚園の敷地に門扉やフェンスを設置するなど，幼児が１人で外に出られないようにするための施設設備上の安全性を確保する義務があると考えられる。

公立幼稚園の事故については，公立学校の教育活動は国家賠償法１条の「公権力の行使」にあたり，その賠償責任については，公立幼稚園の設置者である地方自治体が負うとするのが，学説・判例の一般的な理解である。本件では，原告らが，幼児教育は「私経済作用としての性質」を有するとし，国家賠償法ではなく，民法に基づく園長や教諭ら個人の損害賠償責任を主張し，これに対し被告側が争わなかったため，民法709条の不法行為として，被告の注意義務違反に基づく損害賠償責任が認められた。

また，上記の国家賠償法１条か民法のどちらが適用されるかという論点以外に，幼稚園の敷地と園外との境界に設置されていた生け垣に隙間が多数あったことについて，子どもが１人で外に出ないようするための幼稚園施設設備に瑕疵（欠陥）があった，つまり，学校施設整備事故と解する余地もあり，その場合は，国家賠償法２条に基づく公の営造物の設置・管理の瑕疵として，幼稚園設置者である市の国家賠償責任を追及する余地もあるだろう。

【事件のあらまし】

園児Xは，市立幼稚園の4歳児クラス，つき組に在籍していた。事故当日，同幼稚園では，同園への入園を検討している親子を対象として園での指導内容を体験させる「ふれあい広場」という催し物が，午前9時20分ころから開始された。午前9時50分頃，ふれあい広場参加者，および，つき組園児は，プール遊びを行い，同日午前10時20分頃これを終了して順次着替えを行った。同日午前10時55分ころ，ふれあい広場参加者および，つき組園児は，園庭においてふかしたジャガイモを食べた。この時，教頭兼担任教諭Y_2，教諭Y_4の2名は，つき組園児が全員その場にいることを確認した。午前11時5分ころ，Y_2は，ふれあい広場の終了を告知した。

午前11時15分ころ，副担任教諭Y_3，Y_4の2名は，つき組園児に戸外遊び終了の指示をして，給食の準備に取りかかったが，午前11時25分頃，Xが見当たらないことに気づき，Y_2，園長Y_1にその旨報告した。

Y_1らがXの所在を探したところ，午前11時30分ころ，幼稚園北東部の裏門脇を同園敷地内に沿って流れる用水路の中でうつ伏せになって倒れているのを発見し，病院に搬送したが，溺死による死亡が確認された。

園庭北東部には，敷地のすぐ脇を，幅約80cm，水深約10cmの用水路が敷地に沿って走っている。用水路と敷地との間には，高さ20cmほどの草が密生した土手があり，この土手は，園庭の高さから用水路に向けて急な斜面となっている。本件事故当時，用水路と園庭との間には，高さ約1mのマキの木の生け垣が柵として設置されているだけであった。このマキの木の生け垣は，木の中部から上部にかけては枝葉が密集しているものの，根元付近の部分には枝葉が生えておらず，マキの木の一本一本の間隔が一部広くなっている部分があった。

裁判所の判断

■原告は損害賠償を払うよう命じた。

Xは，午前10時55分ころから同日午前11時25分ころまでの間に，園庭から外部に出て用水路に転落したものと認められる。

「園庭と用水路との間の生け垣の根元部分には，園児がくぐり抜けられる大きさの隙間が多数存在していたのであるから，（Y_1，Y_2，Y_3，Y_4は，）園児が上記隙間をくぐり抜けるなどして園外に出て，その場合には用水路に転落するなどの事故に遭うことについて，予見していたか，少なくとも容易に想像することができたものといわざるを得ない。そうであるにもかかわらず，……被告Y_1，Y_2は，園内施設を管理し園児が一人で園外に出られないような安全対策を十分講ずべき注意義務を怠り，Y_2，Y_3，Y_4は，本件事故当時，つき組園児らの動静を注視しその安全に配慮すべき注意義務を怠ったのであるから，その過失の程度は重い。また，自ら十分に危険を避けることのできない園児の生命，身体の安全が守られるべき幼稚園において，生け垣の隙間という危険な状態が放置され，複数の教諭が監視に当たったにもかかわらず，本件事故を発生させたことについて，強い非難を免れない」

71 園外行事における幼稚園の園児監督義務

◆監督義務違反損害賠償請求事件◆

札幌地裁1988(平成元)年9月28日判決

裁判のポイント

園外行事における幼稚園の監督義務。

解 説

本件は,園外行事における,園児らに対する幼稚園の監督義務が争われた事例である。

幼児などの責任無能力者により不法行為がされたときに,その無能力者を監督する義務を負っている者およびこれに代わって無能力者を監督する者に,被害者への損害賠償責任が民法714条により課される。未成年者については,714条1項に基づき,親権者が典型的な法定の監督義務者としてその責任を負うが,714条2項は,法定の監督者に代わって監督する者にも同様の責任を課し,一般的には保育所の保育士,幼稚園の教諭などがそれに該当すると考えられている。但し,監督義務者は,過大な責任,負担を負うことになるため,代理監督責任は権限を付託された組織の長に限定すべきであり,職員は民法709条の不法行為責任を問われるとすべき見解がある。また,監督義務者は,714条1項ただし書きにより,監督義務を怠らなかったとき,又はその義務を怠らなくても損害が生ずべきであったときは責任を負わない。

本件事案は,幼稚園の行事として,栗拾いのためY_2牧場を訪れた園児たちが,隣接するX牧場の放牧場で柵に沿って走っている馬を発見し,騒いだ。その際,2歳の軽種馬が驚き,暴走し,木戸棒を飛び越えようとしたが転倒し,骨折の傷害を負い,最終的には殺処分となった。

原告X牧場は,幼稚園を経営する学校法人Y_1を被告として,園児の代理監督責任および不法行為責任に基づく損害賠償,また栗拾いをさせたY_2牧場を被告として不法行為責任に基づく損害賠償を求めた。

札幌地裁は,Y_1対して,軽種馬が放牧されていることを認識していたのであるから,軽種馬が敏感で僅かな騒ぎにも驚き暴走する危険性があるのでこれを防ぐため,本件馬匹(ばひつ)に園児を近づけないように監督する義務,園児を遊ばせる場合は馬を驚かせないで行動するよう指導監督する義務があったにもかかわらずこれを怠った過失があり,代理監督者として損害賠償責任を負うと判示し,Y_2牧場の損害賠償責任については否定した。

幼稚園教諭の引率により行われる園外行事において,子どもの行動が第三者に損害を与えた場合,引率中の教諭の監督責任が問われる。本件は,軽種馬が一般に敏感で僅かな騒ぎにも驚き暴走し転倒受傷する危険性があり,幼稚園児が騒いだ場合事故が起きることは,幼稚園教諭にも予測可能であることを前提に,園児に対する監督責任を肯定している。

【事件のあらまし】

被告Y_1学園の幼稚園児約50名(3歳から5歳)が,恒例行事である栗拾いを行うため,被告Y_2牧場を訪ねた。その際,次のバスで来る50名の園児を待つ間,自由行動をとることが認められた。その頃Y_2牧場に隣接する，原告Xの放牧場では，２頭の２歳馬が牧柵に近い位置をゆっくりと走っていた。

Y_2の放牧場に到着して10分位した後，２，30名の幼稚園児は，右２頭の馬を発見し，数名ずつばらばらとX放牧場に隣接するY_2放牧場の東側の牧柵の方に向かって走り出し，柵につかまりしゃがんだり，本件馬匹を含む馬２頭が走るのと平行に走り回ったりしながら，奇声をあげて騒いだ。

本件馬匹が，西側にあるY_2放牧場寄りの牧柵に近づいたところ，右園児の行動に驚き，勢いよくXの放牧場の西側から東側にある木戸口の方に走り出し，木戸棒を飛び越したものの，両後ろ足大腿部を木戸棒に引っ掛け，転倒し，右大腿骨骨頭骨折および股関節脱臼，左踵骨骨折の傷害を負った。治療看護を施したが治癒せず，Xは本件馬匹を殺処分にした。Xは，Y_1に対し，監督義務者に代わり園児を監督すべき義務の違反ないしY_1，Y_2に対し，本件馬匹に園児を近づけない義務または原告放牧場付近で園児を遊ばせる場合には事前に原告に注意を喚起する義務を怠った過失が事故の原因であるとし，損害賠償を求めた。

裁判所の判断

■Y_1学園の損害賠償責任を認め，Y_2牧場の責任は否定した。

１．事故の原因

本件馬匹が２歳の軽種馬で，特に感受性の強い年齢であったところ，Y_1の幼稚園児約２，30名が，本件馬匹を含む２頭の馬の走っている様子をみるために，Y_2牧場の放牧場の西側からXの放牧場寄りの東側に走り寄り，馬と並行して走ったり奇声をあげて騒いだりした結果，Xの放牧場のうちY_2の放牧場寄りの場所を牧柵に接して走ってきた本件馬匹を驚かせ，暴走させて本件事故を発生させたものと認めることができる

２．Y_1の責任

「被告Y_1は，教育基本法及び学校教育法に従い学校教育を行うことを目的として設立されたものであって，その目的を達成するため『夢の国幼稚園』を設置していることを認めることができる。したがって，Y_1は，委託を受けた幼稚園児を監督義務者に代り監督すべき義務があるものということができる。…Y_1は，軽種馬である本件馬匹が近くに放牧されていることを認識していたものであるから，軽種馬が一般に敏感で僅かな騒ぎにも驚き暴走し転倒受傷する危険性があるのでこれを防ぐため，本件馬匹に園児を近づけないように監督する義務，原告放牧場付近で園児を遊ばせる場合には馬を驚かせないで行動するように園児を指導監督する義務があるにもかかわらずこれを怠り，漫然と約２，30名もの多数の幼稚園児（３才から５才）を本件馬匹に近づけ，騒ぐのを放置した過失により，本件馬匹を驚かせ暴走させて本件事故を発生させたものであり，右監督義務を怠らなかったものということはできないから，民法714条２項により，原告の被った損害を賠償する責任を負うものというべきである。」

３．Y_2の責任

「自己の放牧場に生育している栗の木の栗拾いをさせるための場所を提供していただけのものであること，そして，Y_2の放牧場に生育している栗の木は，同放牧場の西隅であって原告放牧場からは最も遠い位置にあることを認めることができる」。したがって，Y_2は本件の事故の発生について過失があるものと認めることはできない。

72 園児火傷事故に対する幼稚園の過失責任

◆園児火傷損害賠償請求事件◆

東京地裁1970(昭和45)年５月７日判決

裁判のポイント

1．担任教諭の安全注意義務違反。　2．火傷後の処置についての過失。

解　説

本件は，幼稚園の担任教諭が，保育室の床に熱湯を入れたやかんを置いていたところ，５歳の園児がこれにつまづき転倒し大火傷を負ったケースである。園児とその両親が原告となり，幼稚園を経営している教会，担任教諭らを被告として，損害賠償を求めた。

裁判所は，５歳前後の幼児のいる保育室の床上に熱湯の入っているやかんを置いたことは，幼児の安全を守るため充分の注意を尽くすべき立場にあるものとして，重大な過失であると判断し，また，広範囲の皮膚の熱傷により皮膚が着衣に密着している場合の救急措置として，担任教師が鋏で着衣を切り裂く等の方法により皮膚がはがれないように万全の対策をすべきであったのに，漫然と着衣を脱がせたことも注意義務に違反する重大な過失であると判断し，原告の園児については慰謝料70万円，原告の父親については，医療費等13万6360円，原告の母親については看護による逸失利益６万円の，損害賠償請求が認めた。

本件は，担任教諭が，積極的に園児の安全を脅かす危険な環境を作り出したという点，また，事故後の救急措置が受傷を悪化させたことから，担任教諭の重大な過失を認定し，被害園児への高額な慰謝料を認定したものと思われる。また，幼児の場合は，危険を回避する能力が低いため，裁判所が，教諭による口頭による注意だけでは幼児の安全を守る義務を果たしたとは言えないと判示している点も重要である。

【事件のあらまし】

幼稚園の保育室内で，担任教諭であったY_2が，保育室中央部で保育用のポスターカラーをとくための熱湯をいれたやかんを床上においていたところ，５歳である園児Ｘが走って来てこれにつまづいて転倒し，流出した熱湯を浴びて，右前膊部，右大腿，下腿外側，左大腿外側，左下腿内側に熱傷を受け，熱傷性瘢痕ケロイドを残した。その他，右上膊部，右下腿外側，左大腿内側にも熱傷を受け，右大腿下腿部にもケロイドを残していた。Ｘが熱湯を浴びた際，Ｙがあわてて Ｘのズボン，ズボン下，パンツを脱がせたため，途中から水で冷やしながら右作業をしたことも効果はなく，結局両脚の皮膚がはぎとられてしまったことも，受傷を重くする原因となった。

Ｘとその保護者が原告となり，幼稚園を経営する教会Y_1，担任教諭Y_2，担任教諭の監督にあたっていた者Y_3を被告とし，損害賠償を求めた。

裁判所の判断

■被告全員に対し，損害賠償の支払いを命じた。

「被告Y_2が５歳前後の幼児のいる保育室の床上に熱湯の入っているやかんを置いたことは，園児の安全を守るため充分の注意を尽くすべき立場にあるものとして，重大な過失であるといわねばならない。もっとも，…被告Y_2が園児に対しやかんに気をつけるよう注意を与えていたことが認められ，右認定に反する証拠はないけれども，５歳前後の幼児に対し口頭で右のような注意を与えていただけでは，到底園児の安全を守る義務をはたしたとは解することはできない。次に被告Y_2は，広範囲の皮膚の熱傷により皮膚が着衣に密着している場合の救急措置として鋏で着衣を切り裂く等の方法により皮膚がはがれないように万全の注意を払うべきであったのに，前認定のとおり漫然と着衣を脱がせたことも，同被告の右注意義務に違反する重大な過失であるといわねばならない。被告Y_2が原告の着衣を途中まで脱がせた後，水で受傷部分を冷やしながら更に着衣を脱がせたという前認定の事情も右過失の程度を軽減せしめるものということはできない。」

「被告Y_2の不法行為により原告らはそれぞれ以上認定の範囲の損害を蒙ったものといわねばならない。そして，被告教会Y_1は幼稚園経営のために被告Y_2を使用する者であり，被告Y_3は被告教会に代わって被告Y_2を監督するものであることは当事者間に争いがなく，被告Y_2の不法行為が被告教会の事業の執行につき行われたものであることは前認定の事実から明らかである」。したがって，被告らは各自，損害賠償責任を負う。

◆私立児童養護施設入所児童の事故の損害賠償請求事件［最高裁2007（平成19）年１月25日判決］

本件では，私立児童養護施設に入所中の児童が事故にあった場合，損害賠償責任は誰にあるかが争われ，最高裁は児童福祉法27条により児童養護を委託した愛知県の損害賠償責任を認め，児童養護施設の設置者である社会福祉法人の損害賠償責任を否定した。

私立児童養護施設に入所中の児童の事故の場合，民法が適用されれば，加害行為を行った者（施設の職員など）の責任（民法709条）やその使用者の責任（民法715条）が問われることになる。ところが，本件で最高裁は，愛知県が損害賠償責任を負うとした（一審名古屋地裁2004（平成16）年11月29日判決も同じ。控訴審の名古屋高裁（2005年９月29日判決）は，愛知県と社会福祉法人の両者の連帯責任であるとした）。本件について国家賠償法１条１項を適用し，児童福祉法27条１項３号による愛知県の措置により私立児童養護施設に入所した児童に対する職員の養育監護は，「都道府県の公権力の行使に当たる公務員の職務行為と解するのが相当である」と判断したからである。

児童養護施設への養護委託について，最高裁のように判断できるとすれば，児童福祉法24条１項により市町村が私立保育所に対して行う保育委託についても同様に考える余地がある。この場合，私立保育所における園児事故について，国家賠償法１条１項が適用されることになる。

73 綱引き中の園児の親指切断事故

◆親指切断事故損害賠償請求事件◆

大阪地裁1973(昭和48)年６月27日判決

裁判のポイント

幼稚園の綱引き競技における教員の注意義務の内容。

解　説

本事案は，幼稚園の年中組が，遊戯時間中に，園庭で運動会の練習として綱引き競技をしていたところ，年長組の男子園児５，６名が途中からこれに加勢し，綱を引っ張り，さらに綱の先端部分を園舎の鉄柱に巻きつけるような気勢を示した際，綱と鉄柱の間に年中クラスの園児の指が挟まり親指の先端を切断する事故について，担任教諭らの綱引き中の注意義務に過失があったとして，被害を受けた園児およびその保護者が原告となり，幼稚園経営者を被告として損害賠償を求めた。

幼稚園側は，綱引き中に，突然他クラスの男子園児が，担任教諭の制止を聞かず，綱引きに加わり縄を引っ張り始め，原告園児も勝手に元の場所を離れ，加勢に入った園児らと縄の先端部のところでこれを引っ張ったことが事故の原因であり，園児たちが勝手な行動をしたことから生じた突発的かつ不可抗力による事故であったと主張した。

裁判所は，事故の直接の原因は，加勢に入った男児たち５，６名の前述した行動により，原告園児が鉄柱と綱との間に親指を挟まれたことであるとしながらも，園児たちを指導監督して安全に綱引き競技を行わせる立場にあった担任教諭が，綱の南側先端部が園舎や鉄柱に接着するような事態になれば危険であることは当初より気づいていたのであるから，綱の先端を輪型に巻き取っただけではなく，紐で縛るなどして容易に解けないようにしておくべきであったし，担当教諭が女子組に加勢して一緒に綱を引っ張ることをせず，双方の状況をよく監視し，競技を乱すようなことをしようとすれば，いつでもただちにその場に駆けつけてこれを制止することができるような態勢をとっておくべきであったとし，担任教諭の注意義務違反を認めた。

綱引き競技は，単純なスポーツであるが，綱を使用していることや，大勢の者が綱を一斉に引くことにより大きな力が発生することから，危険が伴う競技である。したがって，開始と終了の合図に必ず従うなど，綱引きのルールを子どもに十分理解させた上で実施することが求められる。また，後ろ向きで，全力で綱を引くことから，実施場所の選定についても，十分な注意が必要である。特に幼児は危険に対する判断力や，危険を回避する能力が未熟であり，競技中，大人が予想もしない行動に出ることや突発事故が生じる可能性が大いにあるため，競技を乱すような事態や危険な行動に出た場合は，すぐにそれを止めさせることができるような監視体制が，競技中の担当教諭の注意義務として求められる。綱引きに参加する子どもの人数が多い場合，子どもの安全を確保するために，複数の教諭による監視が求められるであろう。

【事件のあらまし】

事故当時４歳であった原告Ｘは，幼稚園の年中組「すみれ組」（園児約40名）に所属していた。すみれ組では，午後の遊戯時間を運動会での綱引き競技の練習に充てることになり，担任教諭が教室においてあらかじめ競技の要領および笛を吹く合図で競技を開始したり中止したりする注意をした上，園児を園庭に出した。直径約3センチメートル，長さ約32メートルの綱引き用の縄を園庭のほぼ中央部に置いた際，綱の長さが長すぎて，その南側の先端が園舎の廊下およびその屋根を支えている直径約10センチメートルの鉄柱の付近まで延びてしまったため，担任教諭は，そのままの状態で綱引き競技をさせると園児たちが鉄柱等に衝突するおそれがあると考え，その先端部を再び輪の形に巻き取って短くし，巻き取ったままの形で，鉄柱の北3ないし4メートルの地点に置いた。

担任教諭は，男子組を鉄柱のある南側，女子組を北側に分け競技を開始したが，次第に男子組が優勢になり，少しずつ南側に引きずられていく形勢となったため，それまで，両組の中央に立って号令をかけていた担任教諭は，女子組の先頭部分で綱を握り，綱を北側に引き始めた。

綱引きの最中，園舎内にいた年長組の男子園児5，6名が，園庭にとびだし，男子組に加勢すべく，輪側に巻き取っておいた綱の先端部分を延ばして引っ張り始めたので，これに気がついた担任教諭が急いで笛を吹きこれを中止させようとしたが，右園児らはなおもこれを止めようとしなかったばかりではなく，綱の先端部分を鉄柱に巻きつけようとする気配を示すにいたったため，担当教諭が笛を吹いてなおもこれを制止しつつ，走ってその方に赴いたところ，Xが，指が切れたといいながら血の流れている右手をさしあげてその場に立っており，切断された右手親指の先端部が鉄柱から程遠くないところに落ちていた。Xおよび保護者は，幼稚園の経営者Yに対し，担任経論の綱引き中の注意義務違反に基づく，損害賠償を求めた。

裁判所の判断

■原告の損害賠償請求を認めた。

「Xが右のような傷害を受けるにいたったのは，年長組の男子園児たち5，6名が男子組に加勢するため，担任教諭の制止もきかずに巻いてあった綱の先端部を解いて引っ張り，これを鉄柱に巻きつけるような気勢を示した際，これに加わった原告園児が右手拇指の先端を綱と鉄柱との間に挟まれたことがその直接の原因であると推認するのが相当であるけれども，一方，園児たちを指導監督して安全に綱引き競技を行わせるべき立場にあった担任教諭としても，綱の南側先端部が円舎や鉄柱に接着するような状態になれば危険であることは当初から気付いていたのであるから，その先端部を輪型に巻き取って短くしたのであれば，その上からさらに紐で縛るなどしてこれが容易に解けないようにしておくべきであったろうし，また，幼小な園児のこととて，競技中どのような突発事故が生ずるかも知れないのであるから，女子組がいくらか劣勢であったからといって，これに加勢していっしょに綱を引っ張るようなことをしないで双方の状況をよく監視し，他の組の園児が勝手にこれに加わって競技を乱すようなことをしようとすれば，いつでもただちにその場に駆けつけてこれを制止することができるような態勢をとっておくべきであったとみるのが至当であり，このような注意を要求したからといってなんら酷にすぎるとは認められないのである。しかるに，同教諭がこのような注意義務を尽くさなかったことは右認定のとおりであり，かつ，同教諭においてこれを尽くしておれば本件事故の発生を避けることができたことも明らかというべきであるから，本件事故の発生は担任教諭の右過失によるものであって，被告主張のように不可抗力によるものではないといわなければならず，したがって，同教諭の使用者であるYとしては，民法715条により，右事故によって生じた損害の賠償をなすべき義務があるというべきである。」

74 水泳指導中の園児溺死事故の過失責任

◆溺死事故損害賠償請求事件◆

大阪地裁1987(昭和62)年3月9日判決

裁判のポイント

幼稚園での水泳指導における教諭の監視の過失。

解 説

1 水泳授業の特色

本件は幼稚園の水泳指導中の自由遊び時間に，3歳の園児Xが溺死したことについて，保護者が原告となり，幼稚園を経営する学校法人Y_1（被告）および水泳指導にあたっていた3名の教諭を被告（Y_2～Y_4）として，不法行為および債務不履行に基づく損害賠償を求めた事件である。

一般に，体育授業の一環としての水泳指導は，幼児の場合は水に親しませるところから始まり，徐々に泳ぎを覚えさせ，運動機能を高める点で，有益な教育活動であるが，その一方，これまでも，溺死や，飛び込みによる頚部骨折などの事故が生じている。陸上競技と比較すると，水泳は，生命，身体の危険を内在しているため，教諭は，十分な事前指導，事故の発生を未然に防ぐ監視義務，事故後の迅速な救命措置を求められる。

幼稚園児の場合は，どんなに水深が浅い場合であっても，突発的な事態が起きた場合，溺れる可能性が高い。3，4歳児で泳げない子どもの場合，水に慣れていたとしても，ビート板で泳いでいて手が離れた場合など不測の事態が発生すると，冷静に立ち上がるなどの合理的な行動に出ることは期待できず，生命の危険性が高いことが指摘されている。

2 幼稚園教諭の水泳授業における監視義務の内容

裁判所は，監視担当教諭らの過失により事故を防止できなかったとし，教諭とその使用者である学校法人の不法行為責任を認めた。すなわち，Y_2～Y_4を含む4人の教諭による監視がなされていたものの，一般的に行われる人員や配置について形式的にならっていたものにすぎず，被告学園では，監視について具体的な検討，研究がなされておらず，各人の監視能力，その能力に応じた監視可能園児数，監視者の位置関係およびそこでの具体的監視法，監視者相互の緊密な連携保持法といった基本的な事項について検討されていなかったと判断した。また，3，4歳児で泳げない園児の場合は，不測の事態が発生すると，生命の危険性が極めて高いため，監視者としてはいささかの気の緩みも許されないとの厳しい心構え，使命感を持ってその実行に期すべきであったとした。

水泳は生命や身体への危険を伴うため，教諭による監視は形式的な方法では許されず，全ての子どもに目が届く具体的な監視でなければならない。また，幼児の場合は，事故が起きた場合の生命への危険性が高いため，より高度な監視義務が求められる。さらに，自由遊びの場合は，子どもが予測できない行動に出ることや，監視の目が届きにくくなるため，監視方法の工夫や監視者同士のより緊密な連携が求められよう。

【事件のあらまし】

本件幼稚園は，従前から幼児教育に水泳を取り入れていた。本件事故が発生した日は，幼稚園の夏休み最後の水泳指導日であり被害園児Xを含む園児71名が女性教諭ら7名から水泳指導を受けた。Xは，当時3歳で，身長は95センチで年少組の中で最も背が低い方に属し，また，プールではビート板を持ってバタ足で進むことができる程度で，補助具なしでは泳げなかったが，水を怖がらず，年少組の中では最も水に慣れていた。

プールは，縦25メートル，横7.2メートル，深さ１ないし1.1メートルの室内温水プールであった。当日は，プールの南端から8.5メートルの水面上に横にコースロープを張り，右ロープから南側部分を年中・年少組の，北側部分を年長組の水泳指導に利用していた。年中・年少組用部分は，アルミ製長いすをプール底に敷いて底上げをしていたので水深は50数センチであった。10時から10時半まで，園児全員が各担当教諭から通常の水泳指導を受けた後，プールサイドに上がり15分の休憩した後，10時45分からは自由遊びの時間帯として，各自ビート板やボールを使用する等して遊んだ。

その際の年少・年中組の監視体制は次の通りであった。Y_2教諭が主としてプールサイドで，他の３名がプールの中で園児を監視した。そのうち年少組の担任Y_3は，南側プールサイドの近くに立った。その直後にY_3は，プールサイドのシャワー設備のところで泣いている園児を発見し，他の教諭に声をかけないまま，プールを離れ１，２分後に同人を連れてプールに戻った。そのとき，先に近くでビート板を持って遊んでいたXの姿が見えないことに気づき，プールの中を探した。４，５分探し回ったとき，プールの南端から4.9メートル，東端から1.2メートルの地点に，手足を伸ばし，うつぶせになっているXを発見したが，すでに，意識不明，呼吸停止の状態にあった。年長組の担当であったY_4は，自由遊びの時間は，年長組の監視担当者としてプールサイド近くのプール内にいたが，Xを受け取り，シャワー室で背中を叩き軌道を開かせ，保健室に運んだ。その後，救急車で搬送された病院でXの死亡が確認された。

Xの両親は，学校法人Y_1および水泳指導に当たっていたY_2，Y_3，Y_4を被告として，損害賠償を求めた。判決は，Y_1およびY_2，Y_3の不法行為責任を認めたが，Y_4については，年少・年中組の監視義務はなかったとして，責任を否定した。

裁判所の判断

■原告に対する損害賠償の支払いを命じた。（Y_4を除く）

「監視は右４教諭がしていたものの，Y_1では監視について具体的な検討，研究をした結果に基づいて実施していたものでなかったこと，すなわち，右各人の監視能力，右能力に応じた監視可能園児数，右監督者の各位置関係及びそこでの具体的監視法，並びに監視者相互の緊密な連携保持法というような基本的事項についても，単に一般的に行われている人員，位置等を形式的にならっていたにすぎず，このような事情はまた，対象者が被害園児らのような３，４歳児で泳げない園児の場合，たとえ水に慣れ，ビート板につかまって泳いでいたとしても，不意にビート板から手が離れる等不測の事態が発生すると，その殆どが，直ちに立ち上がることを考える余裕などなく，驚がくの余り慌てふためき，ただ恐怖に駆られて水中でもがき，通常考えられる合理的行動に出ることを期待することは到底できず，このため生命の危機率が極めて高いことは，専門家たる被告らが熟知するところであり，したがって，監視者としては事故防止のためいささかの気の緩みも許されないとの厳しい心構え，使命感をもってその実行に遺漏のないよう期すべきであったにもかかわらず，被告らの右知識が抽象的・観念的なものにとどまっていたことと軌を一にすること，そして，これらのことは，Xを自己の監視下に置いていたY_3が他の監視者の誰にも声をかけずにその場を離れ，また，プールサイドにいたY_2を始め他の監視者らのいずれもが，Y_2及び同被告の監視下にあった園児らに対して注意を払わず，Y_3が意識不明のXを抱きあげて急を知らせるまで，被害園児の行動に全く気付いていないことに明瞭に現れているといえるのであり，以上の事実によると，本件事故は，被告Y_3・Y_2ら前記監視担当４教諭らの過失により右事故を防止できなかったものであること，すなわち，同被告らは過失に基づく共同不法行為者としての責めを免れず……Y_1は右被告らの使用者として不法行為責任を免れえないから，右被告らと共同不法行為責任を負うべきことになる。」

75 東日本大震災での津波による園児の死亡

◆津波による園児死亡損害賠償請求事件◆

仙台地裁2013（平成25）年９月17日判決

裁判のポイント

自然災害発生時における園児を保護すべき幼稚園の注意義務。

解 説

2011年３月11日に発生した東日本大震災の直後，宮城県石巻市内の幼稚園の送迎バスが，高台にある幼稚園舎から，幼稚園より低地にある海側の地域を走行中，地震後に発生した津波に巻き込まれて，園児５名が死亡した。死亡した園児５人のうち４人の園児の両親らが原告となり，本件事故は，園長が津波に関する情報収集を懈怠し，送迎バスの出発や避難に係る指示・判断を誤ったことなどによるものである旨主張して，幼稚園を経営する学院Y_1と幼稚園園長Y_2を被告として，債務不履行ないしは不法行為に基づく損害賠償を求めた。

被告側は，このような大地震の発生や，送迎バスの被災地点まで大津波に襲われることは予見できなかったと主張した。これに対し，仙台地裁は，自然災害発生時における園長や職員の注意義務として，できる限り園児の安全に係る自然災害等の情報を収集し，自然災害発生の危険性を具体的に予見し，その予見に基づいて被害の発生を未然に防止し，危険を回避する最善の措置を執り，在園中又は送迎中の園児を保護すべき注意義務を負うと判示した。そして，過去の宮城県沖やその他の地域で発生した地震および津波報道や，日頃の行政による津波に対する防災の呼び掛け等により，Y_2において送迎バスの走行ルートである海沿いの低地帯において津波被害が発生することが予見可能であったことを前提に，Y_2が大地震発生後の情報収集義務を怠ったことにより，バスを海沿いの低地帯向けて発車させ，その結果，園児が津波被災により死亡したとし，Y_2の情報収集義務の懈怠を違法であると判断した。

情報収集義務の内容としては，ラジオ放送によりどこが震源地であって，津波警報が発令されているかどうかなどの情報を積極的に収集する義務および内容を正確に把握する義務が挙げられている。

本件は，日頃から当該地域は地震による津波被害が発生する可能性があり，Y_2もそれを予見できたことを前提に，地震後に，ラジオや行政防災無線などから情報収集を行っていれば，当該海側送迎ルートの具体的な津波発生が予見でき，また，幼稚園が高台にあったため，その場に留まりさえすれば危険を回避することも容易であったと判断したものと考えられる。

また，本件では，Y_2の情報収集義務違反が中心的争点となっているが，地震発生後に発車したもう１台のバスは，運転手の判断により，高台の幼稚園に引き返し津波被災を逃れていることや，バスから園児を徒歩で高台に避難させられた可能性もあったことが認定されており，このことから，幼稚園経営者の安全義務として，日頃から，災害時の教職員の対応についての検討およびその周知徹底が示唆される。

【事件のあらまし】

本件幼稚園Cは，宮城県石巻市の標高約23メートルの高台にあった。2011年3月11日午後2時46分頃，宮城県沖震源地とするマグニチュード9.0の地震が発生した。石巻市門脇地区の震度は6弱であった。地震発生時は，園内に残っていた園児は55名であった。55名の園児のうち，本件被災園児ら5名を含む12名が小さなバスに乗車する園児であり，20名が大きなバスで帰宅することになっていた。

当該バスの送迎ルートは3便あり，2便目は，海側を通るルート，3便目は内陸側を通るルートにわけられていた。しかし，以前より，園児の欠席により2便目と3便目の園児らが合計して12名以下になる場合，2便目と3便目の園児を一緒に乗せて送ることもあったが，この点について，保護者らへの説明はなされていなかった。当日も2便目と3便目の園児を一緒に乗せて送ることになっていた。

気象庁は，宮城県沿岸について，午後2時49分に，予想される津波の高さ6メートル以上の大津波警報を発表し，午後3時14分以降には，予想される津波の高さ10メートル以上の大津波警報を発表し続けていた。幼稚園から80メートルの距離に設置されていた防災行政無線では，午後2時48分頃から，大音量でサイレンが流され，注意喚起がされた後，「大地震発生，大地震発生。津波の恐れがありますので，沿岸や河口付近から離れてください」等の放送がされ，2時52分ないし54分にされた放送以降においては，大津波警報発令の伝達に切り替えられ，沿岸・河口付近から離れることや，至急高台へ避難すること，車での避難は渋滞になる（なっている）ため控えること，等のアナウンスが繰り返されていた。

園長は午後3時過ぎ頃，教諭らに対し，園児らをバスで帰せと指示し，教諭らは，先に送迎される海側ルートの7名と共に，3便目の本件被災園児ら5名も一緒に本件小さいバスに乗せ，午後3時2分過ぎ頃高台にある本件幼稚園から海側に向けて小さいバスを出発させた。

小さいバスは，海側のルートを走行中，バスを追いかけてきた海側のルートの保護者に園児を引き渡したが，ほとんどの保護者が自宅に不在であったため避難所になっていた小学校付近にバスを停車させた。3時10分頃，携帯電話を通じて，バスが小学校に停車中ということがわかった園長は，教諭2名に対して「バスを上げろ」などと言って，徒歩で門脇小学校へ行って本件バスを本件幼稚園に戻すことを伝えるように指示した。教諭らは徒歩で幼稚園を出て階段を下り，小学校へ向かい，園長の指示をバスの運転手に伝えたところ，運転手はバスで戻ると答えたため，教諭らは徒歩で幼稚園に戻った。ここまでの間，本来の2便目の海側に自宅がある園児7名は，保護者に引き取られていた。陸側に自宅がある園児5名を乗せたバスは幼稚園に引き返したが，途中で渋滞に巻き込まれ，3時45分ころ，海岸から約700メートルの地点で，津波に流されてきた家屋に後ろから押され，バスの内部に一気に水が流れ込み，車内にいた本件被災園児ら5名が死亡した。

裁判所の判断

■原告らの損害賠償請求を認めた。

1　園児の保護義務について

「被告Y_1学院が，原告らとの間の在園契約から生じる付随義務として，本件被災園児が幼稚園において過ごす間，本件被災園児ら４名の生命，身体を保護する義務を負っていたことは，いずれも当事者間に争いがない。

特に幼稚園児は３歳から６歳と幼く，自然災害発生時において危険を予見する能力が未発達の状態にあり，園長及び教諭らを信頼してその指導に従うほかには自らの生命身体を守る手だてがないのであるから，被告Y_1学院の履行補助者である本件幼稚園Ｃの園長及び教職員ら職員としては，園児らの上記信頼に応えて，できる限り園児の安全に係る自然災害等の情報を収集し，自然災害発生の危険性を具体的に予見し，その予見に基づいて被害の発生を未然に防止し，危険を回避する最善の措置を執り，在園中又は送迎中の園児を保護すべき注意義務を負うものというべきである。」

２　情報収集義務の懈怠について

「眼下に海が間近に見える高台に位置する本件幼稚園Ｃに勤めるY_2園長としては，午後３時２分過ぎ頃に本件小さいバスを高台から出発させるにあたり，たとえ本件地震発生時まではいわゆる千年に一度の巨大地震の発生を予想し得なかったとしても，約３分間にわたって続いた最大震度６弱の巨大地震を実際に体感したのであるから，本件小さいバスを海沿いの低地帯に向けて発車させて走行させれば，その途中で津波により被災する危険性があることを考慮し，ラジオ放送（ラジカセと予備の乾電池は職員室にあった）によりどこが震源地であって，津波警報が発令されているかどうかなどの情報を積極的に収集し，サイレンの音に繰り返される防災行政無線の放送内容にもよく耳を傾けてその内容を正確に把握すべき注意義務があったというべきである。

そうであるのに，Y_2園長は，巨大地震の発生を体感した後にも津波の発生を心配せず，ラジオや防災行政無線により津波警報等の情報を積極的に収集しようともせず，保護者らに対する日頃の送迎ルートの説明に反して，本来は海側ルートへ行くはずのない本件小さいバスの３便目の陸側ルートを送迎される本件被災園児ら５名を２便目の海側ルートを送迎する同バスに同乗させ，海岸堤防から約200ないし600ｍの範囲内付近に広がる標高０ないし３ｍ程度の低地帯である門脇町・南浜町地区に向けて同バスを高台から発車させるよう指示したというのであるから，Y_2園長には情報収集義務の懈怠があったというべきである。」

「仮にY_2園長において前記情報義務を果たしていれば，大津波警報が発令され，午後３時前後には予想される宮城県の津波の高さが６ｍ以上と報道されていたことを知ることができ，このような状況下において高台から眼下に広がる海側の低地帯に向けて本件小さいバスを発車させることはなく，本件幼稚園Ｃ地震マニュアルに従って高台にある本件幼稚園Ｃに園児らを待機させ続け，迎えに来た保護者に対して園児らを引き渡すことになったものと推認され，本件被災園児ら５名の尊い命が失われることもなかったであろうといえるから，Y_2園長の上記情報収集義務の懈怠と本件被災園児ら５名の死亡の結果発生との間には相当因果関係がある。」

そうすると，「被告学院Y_1には安全配慮義務違反の債務不履行責任及び民法715条１項（使用者責任規定）の不法行為による損害賠償責任があり，被告園長Y_2には民法709条の不法行為による損害賠償責任がある。」

◆学校教育法

第３章　幼稚園

第22条　幼稚園は，義務教育及びその後の教育の基礎を培うものとして，幼児を保育し，幼児の健やかな成長のために適当な環境を与えて，その心身の発達を助長することを目的とする。

第23条　幼稚園における教育は，前条に規定する目的を実現するため，次に掲げる目標を達成するよう行われるものとする。

一　健康，安全で幸福な生活のために必要な基本的な習慣を養い，身体諸機能の調和的発達を図ること。

二　集団生活を通じて，喜んでこれに参加する態度を養うとともに家族や身近な人への信頼感を深め，自主，自律及び協同の精神並びに規範意識の芽生えを養うこと。

三　身近な社会生活，生命及び自然に対する興味を養い，それらに対する正しい理解と態度及び思考力の芽生えを養うこと。

四　日常の会話や，絵本，童話等に親しむことを通じて，言葉の使い方を正しく導くとともに，相手の話を理解しようとする態度を養うこと。

五　音楽，身体による表現，造形等に親しむことを通じて，豊かな感性と表現力の芽生えを養うこと。

第24条　幼稚園においては，第22条に規定する目的を実現するための教育を行うほか，幼児期の教育に関する各般の問題につき，保護者及び地域住民その他の関係者からの相談に応じ，必要な情報の提供及び助言を行うなど，家庭及び地域における幼児期の教育の支援に努めるものとする。

第25条　幼稚園の教育課程その他の保育内容に関する事項は，第22条及び第23条の規定に従い，文部科学大臣が定める。

第26条　幼稚園に入園することのできる者は，満３歳から，小学校就学の始期に達するまでの幼児とする。

第27条　①　幼稚園には，園長，教頭及び教諭を置かなければならない

②　幼稚園には，前項に規定するもののほか，副園長，主幹教諭，指導教諭，養護教諭，栄養教諭，事務職員，養護助教諭その他必要な職員を置くことができる。

③　第１項の規定にかかわらず，副園長を置くときその他特別の事情のあるときは，教頭を置かないことができる。

④　園長は，園務をつかさどり，所属職員を監督する。

⑤　副園長は，園長を助け，命を受けて園務をつかさどる。

⑥　教頭は，園長（副園長を置く幼稚園にあつては，園長及び副園長）を助け，園務を整理し，及び必要に応じ幼児の保育をつかさどる。

⑦　主幹教諭は，園長（副園長を置く幼稚園にあつては，園長及び副園長）及び教頭を助け，命を受けて園務の一部を整理し，並びに幼児の保育をつかさどる。

⑧　指導教諭は，幼児の保育をつかさどり，並びに教諭その他の職員に対して，保育の改善及び充実のために必要な指導及び助言を行う。

⑨　教諭は，幼児の保育をつかさどる。

⑩　特別の事情のあるときは，第１項の規定にかかわらず，教諭に代えて助教諭又は講師を置くことができる。

⑪　学校の実情に照らし必要があると認めるときは，第７項の規定にかかわらず，園長（副園長を置く幼稚園にあつては，園長及び副園長）及び教頭を助け，命を受けて園務の一部を整理し，並びに幼児の養護又は栄養の指導及び管理をつかさどる主幹教諭を置くことができる。

第28条　第37条第６項，第８項及び第12項から第17項まで並びに第42条から第44条までの規定は，幼稚園に準用する。

76 サッカーゴール転倒による園児死亡事故

◆サッカーゴール園児下敷死損害賠償請求事件◆

岐阜地裁1985(昭和60)年9月12日判決

裁判のポイント

1．サッカーゴールの設置・保存の瑕疵。 2．親の監督義務違反の有無。

解 説

1 サッカーゴールの設置・保存の瑕疵

本件は，小学校と幼稚園が併設されていたY学園内の校庭に，杭を打たずに放置されていたサッカーゴールのネットに，約8名の小学生がぶら下がり前後に揺すって遊んでいたところ，サッカーゴールが転倒し，付近で遊んでいた2歳の園児の頭部を強打し，死亡に至った事例である。

Y学園は，学校教育法上の各種学校として設立された民族学校であり，国や自治体からの補助は全くなく，学園における人的・物的な設備の整備は十分ではなかった。学園の幼稚部には，4歳児の年中組と5歳児の年長組しかなく，本来2歳の被害園児は入園資格がなかったが，両親が共働きのため学園に強く入園許可を要請し，小学校にいた姉2人と幼稚部の年中組の姉1人と共に，学園の好意で入園を許可された。

被害園児Xの両親が原告となり，土地の工作物であるサッカーゴールの設置又は保存の瑕疵を理由として，サッカーゴールの占有者である学校法人Y学園を被告として，事故によって生じた損害の賠償を求めたものである。

民法717条は，土地工作物の設置または保存に瑕疵があり，それによって他人に損害が生じた場合は，その工作物の占有者が被害者に対して損害賠償責任を負うと定めている。工作物の設置または保存の瑕疵とは，「工作物が，その種類に応じて，通常予想される危険に対し，通常備えているべき安全性を欠いていること」をいう。岐阜地裁は，本件サッカーゴールが，本来備えるべき転倒防止の措置がとられていないことから，危険な状態にあったと推認されるとし，その設置または保存について，Y学園に瑕疵があったと判断し，損害賠償責任を認めた。

子どもが年少であればあるほど，子どもの判断力や適応力が低いことや，大人が予想しない行動に出ることがあることを前提にして，幼稚園や学校は施設設備の安全性を確保しなければならない。小学生などの小さな子どもが，サッカーゴールによじ登ったり，ぶら下がったりすることは学校側に当然予測できることであり，杭を打つなどの転倒防止の安全策を講じなければならない。

2 サッカーゴールの転倒と被害園児の親の監督義務違反

岐阜地裁は，サッカーゴールのネットにぶら下がって遊んでいた小学生のうちの2人が，被害者の姉であったことから，原告側の過失責任を4割とした。

原告側4割の過失責任の理由は以下の通りである。年中組の教諭が，Xらを帰宅のための送迎バスに乗せ，バスの中で待つように言い聞かせた後，教務室に行くためその場を離れた。その時，小学生の姉2人が運動場で遊んでいるのをXが見て，年長組に在籍するもう1人の姉と共にバスを降り，2人が遊ぶのを見ていたところ，サッカーゴールにぶら下がって揺らす遊びが始まり，本件事故が起きた。裁判所は，原告らは被告の運営状況を熟知し，その人的・物的設備が不十分であることを認識しつつ，民族意識に頼って規定の年齢に達しないXを受け入れてもらっていたのであるから，Xやその姉たちにも危険な行為をしないよう十分注意しておくべきだったとし，その注意義務を十分に尽くさなかった過失があると判断した。

親は，子どもに対する監督義務があるが，親から一般的な注意を受けていたとしても，年少の子どもの場合は，注意を失念したり，危険性を認識できずに危険な行動に出ることは当然予想され，学園内で生じた本件事故の要因を親の監督義務違反とするのは，一般的には疑問が残る。本件は，被告学園側の財政事情や人的，物的設備の不十分さや，原告が規定の年齢に達しない被害者を，被告の好意で入園させてもらっていたという特殊な事情および帰り時刻に原告の子ども達の行動により，偶発的に生じた事故であることを考慮した結果，原告側４割の過失責任を認めたものといえる。

【事件のあらまし】

被告Y学園は，サッカーゴールの設置に当たって，四隅の脚の部分に鉄杭を打ち込んで地面に固定し容易に動かない状態にしていたのであるが，本件事故の２週間程前に校庭において運動会が行われた際，杭を抜いてゴールを移動し，運動会終了後にこれを元の位置に戻したものの，杭を打たずにそのまま放置していた。被害園児Xの姉２名を含む約８名の小学生が，ゴールのネットにぶら下がってゴールを前後に揺すって遊んでいたところ，サッカーゴールが前方に倒れ，その鉄枠の部分が，たまたまその付近で遊んでいた当時２歳11カ月のXの頭部を強打して，死亡させることになった。そこで，Xの両親が原告となり，Y学園に対し，損害賠償を請求した。

裁判所の判断

■Y学園の損害賠償責任を認める（過失相殺）

1　サッカーゴールの設置・保存の瑕疵

「本件事故当時，被告学園において設置していたサッカーゴールは，通常講じられるべき転倒防止のための措置が採られていなかったため，危険な状態にあったものと推認されるところであるから，これによれば，被告学園のサッカーゴールの設置又は保存について瑕疵があったものと認めざるを得ない。」

2　過失相殺

「原告らは，被告学園の運営状況を熟知し，その人的，物的設備が未だ不十分であることを認識しつつ，被告学園の民族意識に頼って規定の年齢に達しないAの入園を好意的に受け入れてもらっていたのであるから，Xはもちろんその姉らにも危険な行為をしないよう平素から十分に注意しておくべきであったにもかかわらず，Xの姉２名を含む上級生が放課後危険な遊びをしたことが本件事故の一因となったことは上記のとおりであるから，他に特段の反証のない本件においては，原告らにも前記注意義務を十分に尽くさなかった過失があると認めるのを相当とすべく，そして，上記認定事実その他本件に現れた一切の事情をしん酌すると，原告らの側の過失割合は４割と評価するのを相当と認める。」

77 園児のO−157感染死亡事故に対する県の責任

◆県の監督義務違反損害賠償請求事件◆

浦和地裁1996(平成8)年9月9日判決

裁判のポイント

私立幼稚園で飲用していた井戸水の汚染に対する県知事の規制権限。

解　説

本件は，私立幼稚園で飲料に使用されていた井戸水から病原性大腸菌O−157に感染し，園児2名が死亡した事件の民事裁判である（本件幼稚園長を被告人とする刑事事件については，**判例78**を参照）。死亡した園児2名の保護者は，幼稚園を設置する学校法人および理事長と理事ならびに埼玉県に対し損害賠償を求めた。

原告は，法令により県知事は学校などの施設において多数の子どもらに供給される飲用水の安全を確保する義務を負っている，県知事は井戸水の汚染を認識していた，又は容易に汚染を知り得た，しかも，法令に基づき規制権限を容易に行使して事故の発生を防止することができたにもかかわらず，これを一切行わず，その結果事故が発生したのであるから，県は損害賠償責任を負うなどと主張した。

本判決は，事故は，幼稚園の設置認可後約30年がたってから生じた汚水の漏出による井戸の汚染が原因であり，県知事の幼稚園の設置認可当時においては，事故発生の切迫性，予見可能性等，規制権限の行使につき作為義務が生ずる要件は満たされていなかったと判断した。また，幼稚園の設置認可後についても，いずれの法令に即しても，井戸水の水質に関する県知事の規制権限を発動する作為義務を見出すことはできないとし，県の責任を否定した。

本件では，幼稚園認可申請時点で，県知事は井戸の存在や井戸水の汚染を知りうることができたと思われ，認可時の見逃しが，幼稚園側の滅菌装置未設置や行政の井戸水の汚染の不知につながっており，原因は複合的であったと思われる。判決は，事故の原因を限定し，事件発生の切迫性，および予見可能性をO−157による具体的な事故と解することによって，県知事の規制権限の範囲を狭くとらえているが，乳幼児の生命・健康を守るための規制権限のあり方として疑問が残る。

【事件のあらまし】

私立幼稚園において飲用した井戸水から，病原性大腸菌O−157に感染して2名の園児が死亡した。井戸から5メートルの位置に，トイレに近接した浄化槽と汚水タンクが設置され，0.8メートルの位置に汚水マスがあった。汚水タンクは地中にある継ぎ目部分及び同部分の下部から漏水しており，特に継ぎ目部分はモルタルが欠落し貫通状態であった。汚水マスにも穴があり，そこから地中に漏水し，井戸に汚水が流入していた。1990(平成2)年9月頃，溶血性尿毒症症候群に罹患した園児又は職員が本件幼稚園のトイレを使用し，病原性大腸菌を大量に含んだ汚水が，浄化槽を経由して汚水タンクに流れ込み，土中に漏水して井戸に侵入し，その結果，井戸水を飲んだ多数の園児が病原性大腸菌に感染し，そのうち同年10月に2名が死亡した。

死亡した園児2名の保護者が原告となり，幼稚園を設置する学校法人，理事長，理事（園長）およびその他の理事（以上被告）には不法行為責任が認められるとし，また，埼玉県知事は法令（原告側があげた法令につき，下記「裁判所の判断」参照）に基づき汚染されている井戸水に対する規制権限を行使することができ，これにより事故の発生を防止することができたにもかかわらず規制権限を行使せず，行政指導も行わなかったとして，国家賠償法1条に基づき同県を被告として，損害賠償を請求した。被告の学校法人および園長は責任を認めたため，県の賠償責任が主な争点となった。

裁判所の判断

■県に対する損害賠償を却下した

1　県知事の規制権限の不行使による違法について

「(規制) 権限の不行使が著しく不合理であるといいうるためには，(1) 国民の生命，身体，財産等に関しては具体的な危険が切迫していたこと (危険の切迫性)，(2) 当該公務員が右危険を知り又は容易に知り得る状況にあったこと (予見可能性)，(3) 当該公務員が当該規制権限を行使することにより容易に結果を回避しえたこと (結果回避可能性)，(4) 当該公務員が当該規制権限を行使しなければ結果発生を防止しえなかったこと (補充性) 等の要素が充足されることを要し，右違法性の判断に当たっては，これら事実をも総合考慮すべきものと解するのが相当である。」

2　行政指導の不作為による違法について

「当該公務員が行政指導を行うべき作為義務を負うといいうるためには，当該公務員において当該行政指導をすることが可能であった場合において，右のような行政指導に関する特性を考慮して，当該具体的事案の下で，当該行政指導をしなかったことが，慣習，条理等に照らし，著しく不合理であるかどうかによって決定するのが相当である。そして，右判断に当たっては (右に挙げた (1) ないし (4) の) 要素等をも総合考慮すべきものと解するのが相当である。」

3　幼稚園設置基準の充足についての判断及びその指導権限について

幼稚園設置基準9条5項 (現在は4項) には，幼稚園を設置しようとする者は，飲料水の水質が衛生上無害であることが証明されたものを設置しなければならないと定められている。事故は，汚水タンクの継ぎ目部分のモルタルが欠落して汚水が漏出し，井戸に侵入したことが原因であり，モルタルの欠落は幼稚園の開設後相当の時間の経過後に生じた。県知事が幼稚園の設置を認可した当時は，事故発生の切迫性，その予見可能性等の規制権限行使につき作為義務が生ずる要件はまだ充たされていなかった。したがって，県知事が，井戸に滅菌装置を設置するように指導し，又は設置を確認してから幼稚園の設置を認可し，もしくは認可の条件に付するような作為義務を負うということはできない。

4　埼玉県自家用水道条例に基づく権限の不行使

「埼玉県自家用水道条例9条によれば，県知事が同条に基づき自家用水道につき報告を求め，あるいはその設備を検査する等の権限は，同条例4条1項により自家用水道の布設につき同知事の確認を受けた者に対して行使しうるものであり，また，同条例11条に基づく施設の使用停止を命ずる権限は，同条例4条1項による確認を受けた者等が，右条例又はこれに基づく規則若しくは命令に違反したときに行使しうるものである」。

本件の井戸は条例の規制の対象となる自家用水道にあたるが，幼稚園は井戸の設置につき知事の確認を受けておらず，知事が規制権限を行使しうる前提要件は欠けていたので，県知事の作為義務は生じない。

5　学校保健法及び保健所法に基づく権限の不行使について

学校保健法2条及び同法施行規則22条の2は，学校の義務を定めたもので，行政庁の何らかの権限もしくは義務を定めたものではない。また，保健所法2条 (平成6年法律84号による改正前のもの) の規定は，県知事の行政指導監督権限を定めたものではない。

6　法令適合性を確認し改善指導する権限の不行使について

本件幼稚園に対して直ちに閉鎖命令をなすべきものであったということはできないから，学校教育法13条を根拠として，県知事に何らかの確認指導をすべき作為義務を認めることはできない

7　私立学校振興助成法，浄化槽法による県知事権限の不行使について

認めることができない。

78 園児のO-157感染死亡事故の園長の責任(刑事事件)

◆業務上過失致死罪事件◆

浦和地裁1996(平成８)年７月30日判決

裁判のポイント

O-157感染死亡事故に対する園長の業務上過失致死傷罪。

解　説

本件は，園児の飲料水として供されていた，幼稚園内の井戸水が病原性大腸菌等に汚染され，その井戸水を飲用した園児２名が同菌に感染し，急性脳症等により死亡した事件につき，同園の経営及び園務の実質的な最高責任者であった園長の業務上過失致死傷罪が問われた刑事事件である。

弁護人は，我が国における病原性大腸菌O-157による集団中毒事件は本件が初めてであり，当時一部の研究者を除いてこれを予見することは不可能であり，被告人は当時本件病原性大腸菌が存在し，これを飲料水とともに飲用することによって同菌に感染し，本件被害者が死亡すること及び結果発生に至る因果関係の基本部分についての予見可能性はなかったと主張した。

裁判所は，被告園長が，飲料水に供していた井戸水について学校保健法上毎年要求される水質検査を一切実施せず，自主的に保健所に持ち込んで行った水質検査では，多量の一般細菌と大腸菌が検出され，保健所から水道法の水質基準に適合しない旨の判定と，煮沸することを指導されていたことを認定した上で，特に抵抗力や判断力に乏しい園児がこれを摂取した時には，単に健康を害するだけにとどまらず，園児のそのときの健康状態，摂取した井戸水に含まれる大腸菌の量等によっては死亡といった重篤な事態に至るおそれがあることについて当然予測しうると判断した。ここでは，病原性大腸菌O-157を原因とした死亡の具体的予見可能性ではなく，一般細菌や大腸菌の混入より井戸水の飲料不適の認識があれば，それを園児が飲料した場合，幼児は一般に抵抗力が弱く判断力に乏しいことから，健康被害に留まらず，死亡といった重篤な結果も当然予測し得ると判断した点で，乳幼児の特質から広く予見可能性を導いている。

【事件のあらまし】

被告人の幼稚園長Ｙは，1964(昭和39)年の幼稚園舎建設時に，園敷地内に井戸を掘削し，園児らの飲料水として供与することとし，井戸水の水質検査を保健所に依頼したところ，一般細菌数が基準を超えて検出されて飲料水としての基準に適合せず，飲料に供するためには要滅菌との判定を受けた。そのため，昭和40年頃被告は滅菌器を汲上げポンプに設置したが故障したため，滅菌器を取り外した。その後昭和53年および55年に，園の便所を水洗式に切り替える工事の際，本件井戸付近に浄化槽およびこれに連結された汚水タンクが埋設された。昭和62年に父母から井戸水について指摘があり，保健所に自宅の井戸水と園の井戸水を共に持ち込み検査したところ，本件井戸水は一ミリリットル中170個の一般細菌と大腸菌群が検出され，水道法の水質基準に適合しないとの判定と，飲料するには煮沸することの指導事項が記載された成績通知書を受け取った。しかし，その後もＹは，滅菌措置をとらず，従前通り園児らに井戸水を日常の飲料水として飲用させていた。

1990(平成２)年９月ごろから下痢により

欠席する園児が現れはじめ，園の運動会が行われた同年10月を境とし園児及びその家族を中心として下痢症状等を発症する者が相次ぎ，そのうちの２名が急性脳症等により入院先で死亡した。埼玉県衛生部の調査により，幼稚園の給水栓から病原性大腸菌及び多種類の型の大腸菌が検出されたこと，死亡した園児の血液中に右病原性大腸菌に対する抗体が認められたこと，井戸から約５メートルの位置にあった浄化槽用汚水タンクのモルタル接合部に亀裂があり，その亀裂から汚水が漏出して井戸に漏入していたこと等が明らかになり，被害者２名は，病原性大腸菌に汚染された本件井戸水を飲用したため，同病原性大腸菌に感染して死亡したとの結論を出した。

裁判所の判断

■禁錮２年，執行猶予４年

「被告人は…昭和39年９月の開園以来一貫してＡ幼稚園の経営及び園務について最も責任のある立場にある者として行動し，これに従事していたものであって，心身の健全な発達を目標とする園児保育において，園児の身体の安全，健康，衛生等に対する配慮，そのための環境の確保についても同様に責任者としての地位にあったものであり，特に園児は三歳から六歳位の幼児であって，体力的に抵抗力の弱い時期にあるのみならず，自己の身の安全，健康，衛生等についての配慮や身体の状況を適切に訴える能力も欠けることから，保護者の下を離れた園児の安全，健康，衛生等については，本来，園の長である被告人の最も重要な職務として万全の配慮を払うべき法的責任があるというべきである。しかるに，被告人は学校保健法及び同施行規則によって園児飲料水については毎年検査して園児の健康，衛生に支障のないよう配慮すべきところ（なお，幼稚園設置基準９条４項によれば，飲料水の水質は衛生上無害であることが証明されたものではなければならないとされている），昭和39年の開園時と昭和62年の11月の２回しか水質検査をしなかったばかりか，自ら直接関与して実施した右２回目の検査結果において，公的機関である保健所から基準値を超える一般細菌，大腸菌群が検出され飲料水としては不適であって，飲用に供するためには煮沸するなどして滅菌することが必要であるとの具体的な指摘まで受けながら，今まで飲んで異常がなかったから大丈夫であろうとの理由のみで，特に昭和39年の検査では一般細菌しか検出されなかったのが，昭和62年の検査では一般細菌に加え大腸菌群まで検出された本件井戸水を，判示のとおり何ら滅菌措置をとることなく，また，他の井戸水からは検出されていない大腸菌群が検出されるに至った原因を調査してこれを除去するための措置を講ずることもせず，従来どおり園児の日常の飲料水として提供してきたものであるが，飲料水はいうまでもなく人が日常的に体内に摂取するものの中でも，健康，生命を維持し，確保していくため最も根源的なものであり，そのため水道法により飲料水としての適否を判定するための水質基準が定められているものである。そして，本件井戸水についての公的専門機関である保健所の右水質基準に適合せず，飲料不適との判定は，これを人がそのままの状態で体内に摂取するときは，健康を損ね，その生理的機能に重大な事態を生じるおそれがあることを指摘したものであることは，多言を要しないところであって，特に前叙のとおり抵抗力や判断力に乏しい園児がこれを摂取した時には，単に健康を害するだけにとどまらず，園児のそのときの健康状態，摂取した井戸水に含まれる大腸菌の量等によっては死亡といった重篤な事態に至るおそれがあることについての当然予測しうるところであり，とりわけ前叙職責を担った園長の被告人においてはこれを予見した上回避するための措置を講ずべき法的責任が存したことは明らかである。」

79 教員の不適格性と勤務態度不良を理由とする解雇

◆地位保全，賃金支払仮処分申請事件◆

大阪地裁 1985(昭和60)年12月25日決定

裁判のポイント

教員の解雇には，やむを得ないとする相当な事由が必要である。

解 説

本件は，私立幼稚園に採用された教員が，就業後1か月もたたないうちに解雇されたため，教員としての地位の保全（教員であることを仮に定めること）と「解雇」されたのちの賃金の仮払いを求めた仮処分申請事件である。

裁判では，雇用者の私立幼稚園側Y（被申請人）は，教員X（申請人）が幼稚園教員として適格性がないことをいろいろ主張したが，裁判所はそれらをことごとく退けた。Yによる勤務態度不良の主張も，小さな問題がないわけでないが，特に問題とすべきことはないとした。Xは試用期間中であると強調したようであるが，裁判所は採用にあたりその旨が示されていないとして退けている。

このように，本件ではYの主張はほとんど正当なものと認められなかった。大阪地裁は，労働者を解雇するには，「解雇が労働者に与える影響の重大性に鑑み，社会通念上解雇をやむを得ないとするに足りる相当な事由の存在することを要し，そのような事白なくしてなされた解雇は，解雇権の濫用として無効と解するのが相当である。」という立場を明確に示している。

私立幼稚園経営の中には，いわゆる同族経営のようなものもあり，そのような経営体の場合，経営者（理事長や園長）の好き嫌いで職員の雇用や解雇が行われていないとはいえないようであるが，本件の大阪地裁決定は，そのような人事のあり方に警鐘を鳴らすものである。

【事件のあらまし】

X（申請人）は，1985年3月に被申請人・学校法人Yに雇用され，翌月からYの経営する幼稚園に教員として就労していたところ，同年4月24日，YはXに対して解雇する旨を通知し，5月24日をもって雇用契約（本件雇用契約）は終了したとして，以後申請人が被申請人の従業員であることを否定している。

Xは，本件解雇は違法・無効であるとして，Yの従業員の地位にあることを仮に定めること，および，賃金の仮払いを求めて，大阪地裁に仮処分を申請した。

Yは，本件雇用契約は，Xをプール主任として試採用した試用契約であるところ，Xに職務の適格性が認められないこと（幼児の集団的水泳指導の基本的要請を全く配慮することなく，素人的観点に立つ水泳指導をなすに過ぎず，この分野における専門的知識経験が全くないものと評価せざるを得ず，プール責任者としての適格性が全くないこと）などから解雇したものであると主張した。Xは，Yに総主任及びプール指導の教諭として普通採用されたものであるところ，本件解雇は何ら正当な理由なくしてなされたもので無効である（仮に，試用期間中であったとしても，合理的理由なくしてなされた本件解雇は無効である。）などと主張した。

裁判所の判断

■Xの申請を認め，地位の保全および賃金の仮払いを命じた。

「使用者が労働者を解雇するには，解雇が労働者に与える影響の重大性に鑑み，社会通念上解雇をやむを得ないとするに足りる相当な事由の存在することを要し，そのような事由なくしてなされた解雇は，解雇権の濫用として無効と解するのが相当である。

また，試用期間のある雇用契約は，試用期間中に従業員として不適格とされた場合には解約しうる旨の解約権留保付の雇用契約であると解されるところ，右留保解約権の行使は通常の解雇の場合よりは広い範囲における解雇の自由が認められるべきではあるが，解約権留保の趣旨，目的に照らして，客観的に合理的な理由が存在し，社会通念上相当として是認することができる場合のみ許されるものと解するのが相当である。」

Xは「採用に際し，Yから何ら試用期間を設ける旨の条件が示されることなく採用されるに至ったものであり，またYの就業規則に試用期間を設ける旨の規定があることについて，Xが告知を受けたのは，Yによる解雇の意思表示がなされた後であって，右告知があるまでXは，就業規則の内容について全く知らず，試用期間のない普通採用であると思っていたこと，Yにおいては，一般に従業員を採用する場合，採用通知書を交付し，同書面に採用条件として就業規則により試用期間後本採用する旨明示しているが，申請人に対しては右採用通知書を交付することなく採用し，試用期間を設ける等の採用条件を付さなかったことが認められる。そうすると，本件雇用契約は，締結に際し試用期間を設ける旨の採用条件が示されず，右条件が労働契約の内容とはされていなかったものというべきであり（なお，労働基準法15条1項参照），従って，申請人において，就業規則の定めに従って試用期間を設けることを承認したことが認められない本件にあっては，本件雇用契約は，試用期間のない雇用契約であると解するのが相当である。」

「Yが解雇事由として主張する事実，ことにスイミング指導の不適格事由なるものは，いずれも認められず，……幼児のプール指導に関する知識経験が欠如しているとは認め難い。そして，Xは，就労していまだ1か月に満たず，スイミング指導は3日間行なったのみであり，水泳指導等におけるYの指導方法とXのそれとに多少の相違があったとしても，Xにおいて十分改善可能なものと考えられる。また勤務態度についても，4月1日から24日までの間，小犬の件を除けば，特に問題とすべき点は認められない（なお，小犬を連れての出勤が認められるとしても，一過的なもので，注意すればXにおいて容易に改善できる事柄である。）。

そうすると，YにおいてXを解雇するについて社会通念上解雇をやむを得ないとするに足りる相当な事由があるとは認められず，本件解雇は解雇権の濫用として無効というべきである。（なお，本件雇用契約が被申請人主張の試用期間の定めのある解約権留保付の雇用契約であると解したとしても，本件解雇は，解約権留保の趣旨，目的に照して，客観的に合理的な理由が存在するとは認められず，社会通念上相当として是認することができる場合ではないので，解雇権の濫用として無効というべきである。）」

80 妊娠，出産を理由とする幼稚園教諭の解雇

◆幼稚園教諭地位保全仮処分申請事件◆

浦和地裁1973(昭和48)年3月31日決定

裁判のポイント

妊娠，出産を理由とする不利益取扱い（解雇）は認められるのか。

解 説

本件は幼稚園から解雇を通告された4名の幼稚園教諭が，解雇の適法性を争う過程において，終局的な判決が出るまでの間，裁判所による暫定的な措置である地位保全（労働者としての地位を有する事を仮に定める決定），ならびに，賃金仮払いを求めた仮処分申請に対して，裁判所が申立てを認容した事案である。4名のうち2名については，遅刻等を理由とする解雇が問題となっているが，以下では，妊娠，出産を理由とする解雇が問題となった残り2名の問題に限定して見ていくこととしたい。

いわゆる「マタハラ」と称される妊娠や出産を理由とする職場での嫌がらせに関して，現行法は，男女雇用機会均等法9条において妊娠・出産を退職理由と予定する規定（例えば結婚退職制度）を定めること（1項），解雇その他不利益な取り扱いをすること（3項）を禁じ，さらに，4項で妊娠中あるいは出産後1年を経過しない女性労働者の解雇を原則として禁止している（4項）。また，労働基準法においても母性保護の観点に基づく産前産後休業規定（65条），および休業期間中，ならびに，期間後30日間の解雇禁止規定（19条1項）等が設けられている。これらの規定に基づき，従来の裁判例の中には，事業主が賃金の引き上げや，賞与支給の判断基準の中に，産前産後休業取得による不就労を含める取り扱いをしていた場合，これらの取り扱いは労働者に認められた権利行使を抑制するとして，公序良俗違反とした事案がある（最高裁判決平1・12・14民集43巻12号）。他方で，解雇，ならびに，降格，減給のような不利益取り扱いが無効，違法とされるためには，当該解雇に正当な理由がないこと（均等法9条4項），あるいは，不利益取り扱いにつき労働者が自由な意思に基づき承諾したと認められる客観的合理的理由がないこと，または，不利益取り扱いに立法趣旨に反しないような特段の事情が存在しないことが必要であるとされる（最高裁判決平26・10・23民集68巻8号）。したがって，たとえば，ミッション系女子大学講師が婚外子を出産したこと等により解雇されたことにつき，当該出産が大学の教育方針に反し，明らかに学生らに対し悪影響を及ぼす事柄であって，就業規則所定の「職員として有るまじき行為」に該当するとして解雇が有効とされた事案がある（大阪地裁判決昭56・2・13労働判例362号）。同様に，産前休業により，労働者に技能不足が生じて昇格が遅れたような場合も，不利益取り扱いには該当しないこととなる。

本件において幼稚園側は解雇が正当である理由として，幼稚園教諭が激務であり妊娠とは両立し得ないこと，妊娠出産により労働者が休業することが経営上の圧迫要因となること，幼稚園教諭の資格があれば再就職が容易であることを挙げているが，裁判所はいずれも正当化理由とは認めていない。

【事件のあらまし】

被告の学校法人（被申請人）は，勤務する幼稚園教諭のうち２名を，妊娠による活動能力の低下，ならびに，出産前後期間の労務提供不能を理由として解雇し，さらに２名を，無断欠勤，遅刻回数が多いこと等を理由として解雇した。これに対して原告の幼稚園教諭ら（申請人）は妊娠出産を理由とする解雇は公序良俗に反し無効であり，また，その他の解雇事由もいずれも軽微なものに過ぎないことから，解雇権濫用に当たり無効であるとして，本案判決確定までの間暫定的に法律状態を定めておくために（民事保全法23条以下），幼稚園教諭としての地位を仮に有することの認定，および，賃金の仮払いを求めて本件を提起した。

裁判所の判断

■申請人（原告）の申請を認め，幼稚園教務としての地位を有することを仮に定めた。

「申請人A，Bに対する解雇事由（被申請人は再雇傭しない等の意思の表明である旨の主張をなすが，それが実質上解雇の意思表示にあたると解すべきであることは前叙のとおりである。以下解雇というのはこの趣旨である）として被申請人が主張するところは，同申請人らの妊娠および出産により幼稚園教諭としての職務の遂行に困難を来たすという点にある。

しかしながら女性である限り妊娠，出産は通常誰でも経験する事柄であり，しかもそれなくしては社会も国家も成り立ち得ない事実である。それ故女性が労働者として受け入れられる場合には，女性が女性であるが故に有する母性としての機能が十分に保護されなければならず，従ってその反面使用者はそれにより蒙る不利益を受忍しなければならない。労働基準法第六六条が，女子労働者に使用者に対して妊娠した場合の軽易な作業への業務の転換及び産前，産後の休業を請求する権利を与え，これに対応して使用者に女子労働者が右請求権を行使した場合に蒙る不利益を受忍する義務を刑罰の担保の下に課しているのも，このためであり，従って，予め女子労働者を解雇することにより，右受忍義務を回避することは，同法第65条をかいくぐるものとして許されないことに鑑みるときは，女子労働者の妊娠，出産の事実を解雇の事由とすることは，それ相当の合理的理由なしにはなし得ないものといわざるを得ない。被申請人は申請人らの妊娠，出産による経営への多大な圧迫，再就職の容易性を主張するが，以上述べたところからすれば，いずれも妊娠，出産を解雇の事由とすることの合理的理由とは到底なしえないものというべく，あるいは幼稚園教育においては園児と教諭との人間的な結びつきが重視されることから，教諭が休暇をとることにより園児に与える影響には少なからざるものがあるとしても，教諭の出産休暇は予め予測しうることであるので，代替者を出産休暇前につける等の方法をとることによって右弊害を十分防止しうることなどに鑑みれば，幼稚園における教諭としての職務の特質も又，妊娠，出産を解雇の事由とすることの合理的理由とはしがたいものといわなければならない。」

判例掲載誌（番号順）

（◆は参考判例を囲みで掲げている）

1　松江地裁益田支部1975（昭和50）年９月６日決定　判時805号
2　福岡地裁1977（昭和52）年12月23日判決　判時898号，判タ365号，保育情報12号
3　大阪高裁1989（平成元）年８月10日決定　判時1331号，判タ724号，判自36号，保育情報
4　大阪地裁2002（平成14）年６月28日判決　賃社1327号，裁判所 Web
5　さいたま地裁2002（平成14）年12月４日判決　判自246号，裁判所 Web
6　さいたま地裁2004（平成16）年１月28日判決　判自255号，保育情報334号
7　東京地裁2006（平成18）年１月25日決定　判時1931号，判タ1218号，判自283号，裁判所 Web
8　京都地裁2013（平成25）年１月17日判決　保育情報453号
9　さいたま地裁2015（平成27）年９月29日決定　賃社1648号，保育情報469号
10　横浜地裁2006（平成18）年５月22日判決　判自284号，賃社1420号
10　東京高裁2009（平成21）年１月29日判決【控訴審】　判時1862号151頁，判タ1162号
10　最高裁2009（平成21）年11月26日判決　民集63巻９号，判タ1262号，判自284号
◆　高知地裁2010（平成22）年３月23日決定　保育情報403号……〈33頁〉
11　神戸地裁2007（平成19）年２月27日決定，賃社1442号判自282号
12　大阪高裁2006（平成18）年４月20日判決　判自282号
13　鳥取地裁1973（昭和48）年10月12日判決，判時731号
14　京都地裁1971年（昭和46）年12月８日判決，判時669号
15　東京地裁八王子支部1998（平成10）年12月７日判決，判自188号
16　名古屋高裁2006（平成18）年２月15日判決，判時1948号
17　松山地裁1971（昭和46）年８月30日判決，判時652号
18　名古屋地裁2007（平成19）年９月６日判決，判時2000号
19　盛岡地裁一関支部1981（昭和56）年11月19日判決，判タ460号
20　和歌山地裁1973（昭和48）年８月10日判決，判時721号
21　京都地裁1975（昭和50）年８月５日判決，判タ332号
22　岡山地裁2006（平成18）年４月13日判決，裁判所 Web
23　福岡高裁2006（平成18）年５月26日判決，判タ1227号
24　さいたま地裁2009（平成21）年12月16日判決，判時2081号，判タ1324号
25　東京高裁1995（平成７）年６月28日判決，判時1573号
26　仙台高裁2015（平成27）年３月20日判決，判時2256号
27　最高裁1983（昭和58）年10月27日判決，労判427号
28　大阪地判1980（昭和55）年５月26日判決，行集31巻５号
29　東京高裁1985（昭和60）年２月26日決定，判タ554号
30　大阪地裁1989（平成１）年３月３日決定，労判536号
31　高松地丸亀支部1991（平成３）年８月12日判決，労判596号
32　横浜地裁1998（平成10）年11月17日判決，労判754号
33　大阪地裁2000（平成12）年８月25日判決，労判795号

34 最高裁2006(平成18)年３月28日，労判933号
35 福島地裁郡山支部2013(平成25)年８月16日判決，労働判例ジャーナル20号裁判所 Web
36 京都地判1989(平成１)年４月６日判決，労判538号
37 東京高裁平2007(平成19)年11月28日判決，労判951号
38 横浜地裁1987(昭和62)年10月29日判決，労判510号
39 神戸地裁2005(平成17)年10月12日判決，労判906号
40 大阪高裁1987(昭和62)年９月16日判決，判タ660号
41 最高裁1997(平成９)年11月28日判決，労判727号
42 大阪地裁2012(平成24)年６月11日判決，裁判所 Web
43 富山地裁2012(平成24)年10月11日判決，裁判所 Web
44 名古屋地裁1976(昭和51)年９月３日判決，判時832号
45 京都地裁1999(平成11)年６月18日判決　賃社1269号
46 東京高裁昭和55(1980)年７月28日判決，行集31巻７号
47 名古屋地裁平成21(2009)年11月５日判決，判タ1342号
48 大阪地裁1997(平成９)年９月16日判決，判自173号
49 名古屋地裁1984(昭和59)年３月７日判決，判時1123号，判タ530号
50 千葉地裁1992(平成４)年３月23日判決，判時1443号，判タ789号
51 東京地裁1992(平成４)年５月28日判決，判時1455号
52 東京地裁1992(平成４)年６月19日判決，判時1444号
53 千葉地裁1993(平成５)年12月22日判決，判時1516号
54 東京高裁1995(平成７)年２月３日判決，判時1591号，判自140号
55 神戸地裁1995(平成７)年６月９日判決，判時1564号，判タ890号
56 横浜地裁川崎支部2014(平成26)年３月４日判決，判時2220号
57 高松高裁2006(平成18)年１月27日判決，裁判所 Web
58 東京地裁2007(平成19)年11月27日判決，判時1996号，判タ1277号
59 和歌山地裁2007(平成19)年６月27日判決，裁判所 Web
60 東京高裁1990(平成２)年１月29日判決　号　判時1315号，判タ735号，判自795号
61 東京高裁1982(昭和57)年３月31日判決　判タ473号
62 東京地裁1988(昭和63)年３月17日決定，判時1288号
63 最高裁1984(昭和59)年12月18日判決　判時1143号，判タ549号，裁判所 Web
64 徳島地裁2005年(平成17年)６月７日決定，判自270号
65 浦和地裁1995(平成７)年12月12日判決，判時1575号
66 東京高裁1993(平成５)年５月26日判決，判タ848号
67 札幌地裁1996(平成８)年９月25日判決，判時1606号
68 浦和地裁2000(平成12)年７月25日判決，判時1733号，判タ1102号
69 松山地裁1997(平９)年４月23日判決，判タ967号
70 千葉地裁2008(平20)年３月27日判決，判時2009号
71 札幌地裁1988(平成元)年９月28日判決，判時1347号
72 東京地裁1970(昭和45)年５月７日判決，判時612号
◆ 最高裁2007(平成19)年１月25日判決，民集61巻１号，判時1957号，賃社1445号……181

判例掲載誌

73　大阪地裁1973（昭和48）年６月27日判決，判時727号
74　大阪地裁1987（昭和62）年３月９日判決，判時1256号
75　仙台地裁2013（平成25）年９月17日判決，判時2204号
76　岐阜地裁1985（昭和60）年９月12日判決，判時1187号
77　浦和地裁1996（平成８）年９月９日判決　判時1605号　判タ921号，判自158号
78　浦和地裁1996（平成８）年７月30日判決，判時1577号
79　大阪地裁1985（昭和60）年12月25日決定　労判468号
80　浦和地裁1973（昭和48）年３月31日決定，労判177号

判例集等略語（本書の判例で使用したもの）

裁判所 Web　最高裁判所ウェブサイトの「裁判例情報」欄
民集　最高裁判所民事判例集（法曹会）
行集　行政事件裁判例集（法曹会）
判時　判例時報（判例時報社）
判タ　判例タイムズ（判例タイムズ社）
判自　判例地方自治（ぎょうせい）
労判　労働判例（産労総合研究所）
賃社　賃金と社会保障（賃社編集室：発行，旬報社：発売）
保育情報　（保育研究所：編集，全国保育団体連絡会：発行）
労働判例ジャーナル　労働開発研究会

あとがき

私が保育法制研究を志した1970年代の前半ごろは，保育判例を見つけることは容易でなかった。それでも1982年に『保育所関係判例集』を編集し，保育研究所の独自刊行物として出版した。この本には23件の判例を収録したが，そのうち6件は，私が独自に入手したものであった。つまり，当時ありったけの保育判例を見つけ出して編集・出版した観があった。

30余年後に本書を編集する機会を得たが，今では判例の取捨選択に苦労しなければならない状態である。本書では，幼稚園関係判例も取り上げることができた。これによって文字通り「保育」判例を通覧できるものになった。

本書を４人の共編著として出版できたのは，とてもうれしいことである。私は，長い間，自嘲気味に保育法制研究の「唯一人者です」と称してきたが，今や共同で１冊の本を作れるのだから，もはや唯一人者は返上である。共同作業にあたった３人の法学研究者は，私からみればかなり若い世代であるが，それぞれの得手を生かしながら，編集と解説の執筆にあたっている。この３人の更なる発展を期待している。

信山社社長の今井貴さんと稲葉文子さんの配慮，尽力に感謝したい。もともと私は，本書の編集・出版には少し腰が引けていた。お２人が本書の意義を説き，準備作業を進めてくださったことにより，腰を上げざるを得なくなってしまった。また，７年前より信山社から『保育六法』を刊行してきたことも（第３版，2013年），今から見れば，本書出版の伏線である。『保育六法』は私が編集代表をつとめ，このたびの３人の共編者も編集の任を担っている。

2015年４月の新保育制度への移行は，その評価は別として，わが国の保育法制における大変革である。今後，新制度の下で保育判例が形成されることになるが，これまでの判例とどう関係しているのか，どの点で新たな法理的展開をみせるのか，そして，保育のいっそうの発展に寄与するものになるのか，注意深く見つめていきたい。

2016年７月

田　村　和　之

著者紹介［執筆分担箇所］

田村和之（広島大学名誉教授）
Ⅰ 保育所［判例１～12, 45］, 小解説1 2
Ⅲ 幼稚園［判例60, 61, 79］

古畑　淳（桜花学園大学教授）
Ⅰ 保育所［判例13～26］, 小解説3
Ⅱ 無認可保育所［判例49～59］, 小解説

倉田賀世（熊本大学教授）
Ⅰ 保育所［判例27～44, 46～48］, 小解説4 5
Ⅲ 幼稚園［判例62, 80］

小泉広子（桜美林大学准教授）
Ⅲ 幼稚園［判例63～78］, 小解説

保育判例ハンドブック

2016（平成28）年８月10日　第１版第１刷発行

3182-3 P216　￥2200E：012-013-003

著　者　田村和之　古畑　淳
　　　　倉田賀世　小泉広子
発行者　今井　貴　稲葉文子
発行所　株式会社　信　山　社

〒113-0033　東京都文京区本郷 6-2-9-102
Tel 03-3818-1019　Fax 03-3818-0344
henshu@shinzansha.co.jp
笠間才木支店　〒309-1611　茨城県笠間市笠間 515-3
Tel 0296-71-9081　Fax 0296-71-9082
笠間来栖支店　〒309-1625　茨城県笠間市来栖 2345-1
Tel 0296-71-0215　Fax 0296-72-5410
出版契約 No.2016-3182-3-01011　Printed in Japan

印刷・製本／亜細亜印刷・渋谷文泉閣
ISBN978-4-7972-3182-3 C3332　分類50-328.670-C091
3182-3-01011：012-010-002